Los últimos años
de Karl Marx
1881-1883

DEBATE

Los últimos años
de Karl Marx
1881-1883

Una biografía intelectual

Marcello Musto

Traducción de
Juan Rabasseda y Teófilo de Lozoya

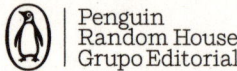

Penguin
Random House
Grupo Editorial

Primera edición: abril de 2025

© 2016, 2023, Marcello Musto
© 2025, Penguin Random House Grupo Editorial, S. A. U.
Travessera de Gràcia, 47-49. 08021 Barcelona
© 2025, Teófilo de Lozoya y Juan Rabasseda Gascón, por la traducción

Printed in Spain – Impreso en España

ISBN: 978-84-10433-54-0
Depósito legal: B-2.550-2025

Compuesto en M. I. Maquetación, S. L.

Impreso en Black Print CPI Ibérica
Sant Andreu de la Barca (Barcelona)

C 433540

A la Secretaria y a Brunetto,
misterio de los marxólogos de todo el mundo

Índice

Nota preliminar

Los escritos de Marx en la edición original son citados por los volúmenes de la *Marx Engels Opere* (MEO), Roma, Editori Riuniti, 1972-1990. No obstante, en esta colección se editaron solo 32 de los 50 tomos previstos en un principio. A ellos se añadieron después 15 volúmenes publicados en Génova por las Edizioni Lotta Comunista, 2006-..., que en este libro se indican siguiendo la numeración del plan de la obra de Editori Riuniti. Como las traducciones italianas comprenden solo los principales escritos de Marx, en algunos casos remitimos al lector a ediciones aisladas de otros textos. Todas las traducciones han sido modificadas a menudo por el autor.

Para los manuscritos y los cuadernos de apuntes de Marx que no están traducidos al italiano y no han sido incluidos en las ediciones que acabamos de mencionar, hemos hecho referencia a la edición *Marx-Engels-Gesamtausgabe* (MEGA^2), Berlín, Dietz-Akademie-De Gruyter, 1975-...), de la cual han aparecido hasta la fecha 70 de los 114 volúmenes previstos (30 después de 1998). Para los textos de Marx que todavía no han sido publicados en la MEGA^2, pero que ya se han editado, remitimos a los *Marx Engels Werke* (MEW), Berlín, Dietz, 1956-1968, 41 vols., cuando fueron escritos originalmente en alemán, o a ediciones aisladas en la lengua de su redacción original, cuando no están incluidos en los MEW.

Por último, los manuscritos de Marx todavía inéditos se indican por su sigla de colocación en el Instituto Internacional de Historia Social (IISH, por sus siglas en inglés) de Ámsterdam, y en el

Archivo Estatal de Rusia de Historia Sociopolítica (RGASPI, por sus siglas en ruso) de Moscú, en los que se conservan.

Por lo que respecta a la literatura secundaria, los títulos de los libros y de los artículos no publicados en italiano, así como las citas tomadas de estos, han sido traducidos por el autor.

Los nombres de las revistas y de los periódicos mencionados (excepto los rusos, que han sido traducidos) aparecen citados en la lengua original.

Los nombres de todos los personajes citados en el texto van seguidos, la primera vez que aparecen, de las fechas de nacimiento y de defunción; el símbolo (?) indica la falta de informaciones seguras al respecto.

Nota sobre la traducción

Cualquier acercamiento a la obra de Marx en castellano es un reto. La mayoría de títulos están desperdigados en un gran número de editoriales y en traducciones diversas, algunas más actuales que otras, y las traducciones «clásicas» resultan hoy en algunos casos de difícil lectura. No obstante, en esta edición se ha intentado respetar todo lo posible las traducciones ya existentes. En otros casos, aun y habiendo traducciones disponibles, se ha preferido proponer una propia a partir de los textos originales. Si no se ha encontrado traducción, se ha partido siempre que ha sido posible de la edición original que propone el autor.

El lector encontrará todas las referencias a las traducciones al castellano en las «Notas» y reunidas también en la «Bibliografía». Proponer una mayor selección crítica o sistemática de la vasta bibliografía de Marx en castellano queda fuera del alcance de estas líneas.

Introducción

De mil socialistas, puede que sólo uno haya leído
una obra económica de Marx; de mil antimar-
xistas, ni uno ha leído a Marx.[1]

Un nuevo examen del pensamiento político de Marx

Tras la crisis financiera de 2007-2008, la recesión económica mundial más grave después de la Gran Depresión de 1929, Karl Marx
ha vuelto a ser calificado como un pensador clarividente cuya actualidad se ve confirmada en todo momento. Muchos autores de
perspectivas progresistas han reconocido que sus ideas siguen siendo indispensables para todos los que consideran necesario construir
una alternativa al sistema social existente.[2]

Para llevar a cabo una reinterpretación global de Marx, resulta
muy interesante la publicación, reiniciada en 1998, de la *Marx-Engels-Gesamtausgabe* (MEGA²), la edición histórico-crítica de las obras
completas de Marx y Engels. A los cuarenta volúmenes publicados
entre 1975 y 1990, se han añadido otros treinta —y hay muchos en
curso de elaboración— que comprenden nuevas versiones de algunos textos de Marx, todos los manuscritos preparatorios de *El
capital*, el epistolario de importantes periodos de su vida, que in-
cluye además las cartas recibidas —no solo las enviadas por él—,
y cerca de doscientos cuadernos de apuntes.[3] Estos últimos contienen los resúmenes de los libros leídos por Marx y las reflexiones

que suscitaron en él; constituyen la cantera de su teoría crítica, muestran el complejo itinerario seguido durante el desarrollo de su pensamiento y manifiestan las fuentes a las que tuvo acceso durante la elaboración de sus concepciones.

Del estudio de estos preciosísimos materiales —muchos de ellos disponibles solo en alemán y por lo tanto destinados a un restringido círculo de estudiosos—, surge un autor muy distinto del representado, durante largo tiempo, por muchos de sus críticos y presuntos seguidores. Las nuevas adquisiciones textuales de la MEGA[2] acreditan hasta qué punto Marx, entre los clásicos del pensamiento político y filosófico, es aquel cuyo perfil ha cambiado en mayor medida a lo largo de los últimos años. Además, la implosión del «socialismo real» ha contribuido a liberar su figura de la ideología del aparato estatal soviético.

Después de 1917, la ortodoxia marxista-leninista impuso un monismo inflexible que no pudo por menos que producir efectos perversos también en los escritos de Marx. De modo irrefutable, con la revolución rusa el marxismo vivió un momento muy significativo de expansión y de circulación por ámbitos geográficos y clases sociales de los que hasta entonces se había visto excluido. Sin embargo, la difusión de los textos, más que afectar directamente a los de Marx, tuvo que ver con manuales de partido fabricados por el Instituto Marx-Engels-Lenin de Moscú, y con vademécums y antologías «marxistas» acerca de temas de lo más variado. Por otra parte, se impuso cada vez más la censura de algunas obras, el desmembramiento y la manipulación de otras, así como la práctica de la extrapolación y de la manipulación interesada de las citas. Este tipo de praxis estaba ya en boga desde finales del siglo XIX entre los socialdemócratas alemanes.[4] Se asignó a los textos de Marx el mismo trato que el bandido Procustes reservaba a sus víctimas: si sus miembros eran demasiado largos se los amputaba, y si eran demasiado cortos se los estiraba. El afán de popularizar el pensamiento de Marx y la necesidad de no empobrecerlo teóricamente constituyen un connubio difícil de conseguir. A Marx no habrían podido irle peor las cosas en la Unión Soviética de Iósif Stalin (1878-1953), luego en la de Nikita Jrushchov (1894-1971) y después en la de Leonid Brézhnev (1906-1982).

De ese modo, de la reducción dogmática de su teoría, crítica por antonomasia, nacieron las paradojas más inimaginables. El pensador más decididamente contrario a «formular recetas [...] para el bodegón del porvenir»[5] fue transformado de manera ilegítima en el padre de un sistema social totalitario. Crítico rigurosísimo y nunca satisfecho con llegar a consecuencias cómodas, se convirtió, por el contrario, en fuente del doctrinarismo más tozudo. Firme defensor de la concepción materialista de la historia, ha sido arrancado de su contexto histórico más que cualquier otro autor. Pese a estar convencido de que «la emancipación de la clase obrera debe ser obra de la propia clase obrera»,[6] fue enjaulado dentro de una ideología que vio cómo se imponía el protagonismo de las vanguardias políticas y del partido en el papel de impulsores de la conciencia de clase y de guías de la revolución. Aunque propugnaba la idea de que la condición fundamental de la maduración de las capacidades humanas era la disminución de la jornada de trabajo, fue asimilado al credo productivista del estajanovismo. Valedor convencido de la abolición del Estado, acabó siendo identificado con su principal baluarte. Interesado como pocos otros pensadores en el desarrollo libre de la individualidad de los seres humanos, afirmando, frente al derecho burgués que esconde las diferencias sociales detrás de una mera igualdad jurídica, que «el derecho no tendría que ser igual, sino desigual»,[7] fue emparejado con una concepción que neutralizaba la riqueza de la dimensión colectiva en la indeterminación de la homologación.

Investigaciones recientes han demostrado la inconsistencia de las interpretaciones que han reducido la concepción marxiana de la sociedad comunista al mero desarrollo de las fuerzas productivas. En particular, se ha demostrado la relevancia que dio Marx a la cuestión ecológica. Denunció en repetidas ocasiones que la expansión del modo de producción capitalista aumenta no solo el robo del trabajo de los obreros, sino también el saqueo de los recursos naturales.

Otro tema que le interesó mucho fue el de las migraciones. Marx demostró que el movimiento forzoso de mano de obra generado por el capitalismo era un componente considerable de la explotación burguesa y que la clave para combatirlo era la solidaridad de clase entre los trabajadores, independientemente de sus orígenes o de cualquier distinción entre mano de obra local y mano de obra importada.

Marx se ocupó en profundidad de muchas otras temáticas —a menudo infravaloradas, cuando no ignoradas por muchos de sus estudiosos— que revisten una importancia crucial también en el debate político de nuestro tiempo. Entre ellas figuran la emancipación de género, la crítica de los nacionalismos, la falta de libertad individual en la esfera económica, los potenciales de emancipación que conlleva la tecnología[8] y la búsqueda de formas de propiedad colectiva no controladas por el Estado.

Emprendió estudios concienzudos de las sociedades extraeuropeas y se expresó sin ambigüedades en contra de las devastaciones causadas por el colonialismo. Esas consideraciones resultan demasiado obvias para cualquiera que haya leído su obra, y es un error gravísimo dar a entender lo contrario. Además, Marx criticó a los pensadores que, aun evidenciando las consecuencias destructivas del colonialismo, utilizaban modos de análisis típicamente europeos en contextos socioeconómicos y culturales completamente distintos. Advirtió numerosas veces de que había que guardarse de aquellos que no tenían debidamente en cuenta las diferencias necesarias entre fenómenos distintos y, sobre todo después de los progresos teóricos madurados a lo largo de la década de 1870, fue mucho más cauto a la hora de transferir categorías interpretativas a campos históricos y geográficos muy diferentes entre sí. Todo esto ha sido demostrado por una voluminosa y rigurosa literatura sobre el tema,[9] a pesar del escepticismo reinante, que actualmente goza de un gran éxito en determinados ambientes académicos.

Ahora, treinta años después de la caída del Muro de Berlín, es posible descubrir la verdadera fisonomía de un autor que se nos revela muy alejado de la imagen de teórico dogmático, economicista y eurocéntrico que se ha difundido durante mucho tiempo.

En el enorme legado textual de Marx hay múltiples pasajes que permiten presumir la idea de la disolución del modo de producción capitalista a través del desarrollo de las fuerzas productivas. Aun así, sería un error afirmar que Marx creía en la inevitabilidad histórica de la llegada del socialismo. A su juicio, la posibilidad de transformar la sociedad dependía de la clase obrera y de su capacidad, a través de la lucha, de provocar trastornos sociales que pudieran generar el nacimiento de un sistema económico y político alternativo.

Los progresos de la investigación y las nuevas condiciones políticas permiten presagiar, por lo tanto, que la renovación de la interpretación de la obra de Marx es un fenómeno destinado a continuar. Con esta perspectiva, los temas abordados por Marx durante el periodo tratado en el presente volumen ofrecen al lector actual interesantes motivos de reflexión sobre algunas de las cuestiones políticas más relevantes de nuestra época. Durante largo tiempo, muchos marxistas han encumbrado las obras juveniles de Marx (ante todo los *Manuscritos económicos y filosóficos de 1844* y *La ideología alemana*), mientras que el *Manifiesto del partido comunista* sigue siendo su texto más leído y citado. Sin embargo, en estos escritos se exponen numerosas ideas que fueron superadas por sus estudios posteriores. Por el contrario, es en *El capital* y en sus numerosos borradores preliminares, así como en las investigaciones realizadas en sus últimos años de vida, donde encontramos las reflexiones más valiosas por lo que respecta a la crítica de la sociedad burguesa. Representan las últimas conclusiones a las que llegó Marx y, al ser revisadas críticamente y reconsideradas a la luz de los cambios acontecidos después de su muerte, pueden resultar muy útiles para replantear un modelo socioeconómico alternativo al capitalismo.

En el bienio 1881-1882, Marx emprendió un estudio en profundidad de los descubrimientos más recientes en el campo de la antropología, de la propiedad comunal en las sociedades precapitalistas, de las transformaciones más notables que estaban teniendo lugar en las sociedades no occidentales, de los posibles escenarios globales de la revolución socialista, y de la concepción materialista de la historia. Además, fue un observador atento de los principales acontecimientos de la política internacional: no es casualidad que sus cartas de esta época atestigüen un apoyo decidido a la lucha por la liberación de Irlanda y al movimiento populista en Rusia, así como la firme oposición a la opresión colonial de Inglaterra en la India y en Egipto, y a la de Francia en Argelia.

Interesado no ya solo en el conflicto de clase, Marx consideró que las investigaciones dedicadas a luchas políticas marginales únicamente en apariencia, a temáticas que hasta entonces había tratado poco y a áreas geográficas todavía inexploradas, eran fundamentales para poder avanzar en la construcción de su crítica del sistema capitalista. Ello le permitió madurar una concepción más abierta a la especificidad de los distintos países y considerar diferentes accesos al socialismo de los que se habían previsto anteriormente.

EL CAPÍTULO OLVIDADO: EL ÚLTIMO MARX

Las ideas de Marx han cambiado el mundo. Sin embargo, pese al triunfo de sus teorías, convertidas, en el siglo xx, en ideología dominante y doctrina de Estado para una parte considerable del género humano, a fecha de hoy todavía no se ha publicado una edición completa de sus escritos. El motivo primordial de esta singular situación reside en el carácter incompleto de su obra. El número de trabajos publicados es inferior al de los múltiples proyectos que quedaron incompletos, por no hablar de la voluminosa mole de apuntes relacionados con las numerosas investigaciones emprendidas.

Marx dejó muchos más manuscritos de los que llegó a publicar.[10] Su carácter inacabado determinó buena parte de los trabajos que tenía en cartera. Las condiciones de profunda miseria y el permanente estado de mala salud que lo atenazaron toda su vida; el método extraordinariamente riguroso y la autocrítica más despiadada, que aumentaron las dificultades que había que superar para acabar las obras emprendidas; la inextinguible pasión cognoscitiva, que no cesó nunca y lo empujó siempre a abordar nuevos estudios; los compromisos políticos, que nunca supo poner en segundo plano; y, por supuesto, la ingente labor teórica que se había planteado, «presentar la organización interna del modo capitalista de producción, por así decirlo, en su término medio ideal»,[11] fueron las causas de que no llegara a terminar algunos de sus escritos. A pesar de todo, sus incesantes esfuerzos intelectuales resultaron muy fértiles por las extraordinarias consecuencias que tuvieron para el futuro.[12]

18

En muchas biografías de Marx, el relato de los principales acontecimientos de su vida es muy exiguo comparado con el análisis de sus reflexiones teóricas.[13] De forma análoga, los estudios de carácter académico han ignorado en su mayoría los acontecimientos biográficos de Marx que, sin embargo, influyeron notablemente en el desarrollo de sus trabajos. Con frecuencia, muchas publicaciones se han dedicado a discutir las diferencias entre los escritos del Marx joven y los del Marx maduro. No han examinado con la atención debida el imponente volumen de trabajo realizado por Marx tras la publicación de *El capital* y las ideas innovadoras que surgieron de este. Finalmente, muchos otros estudios se han concebido a partir de la división ficticia entre el «Marx filósofo», el «Marx economista» y el «Marx político».

Además, la casi totalidad de las biografías intelectuales publicadas hasta ahora, incluidas las más recientes,[14] ha dado la máxima relevancia a los escritos juveniles. De hecho, durante mucho tiempo, la dificultad que supone acceder a las investigaciones llevadas a cabo por Marx a lo largo de los últimos años de su vida ha imposibilitado el conocimiento de los desarrollos teóricos a los que había llegado. Por tal motivo, todos sus biógrafos han limitado a unas cuantas páginas el análisis de los estudios que emprendió tras la disolución de la Asociación Internacional de los Trabajadores en 1872.[15]

Por si fuera poco, basándose en la convicción errónea de que Marx había renunciado a terminar *El capital*, no se atrevieron a investigar en mayor profundidad a qué se dedicó realmente Marx durante aquel periodo. Aunque semejante actitud pudiera tener una justificación en el pasado, debido al conocimiento limitado del legado marxiano, resulta pasmoso que esa tendencia no haya cambiado a pesar de la enorme cantidad de nuevos materiales incluidos en la MEGA^2 y de las investigaciones publicadas acerca del Marx «maduro» a partir de los años setenta.[16]

El presente volumen pretende colmar el vacío existente en la literatura acerca de Marx, aun a sabiendas de que representa un resultado todavía incompleto y parcial. Y ello no solo porque los volúmenes de MEGA^2 relativos al periodo 1881-1883 todavía no han sido publicados en su totalidad, sino también porque la obra de Marx se encuentra entre las disciplinas más diversas del saber humano y su síntesis representa una meta difícil de alcanzar incluso para los estudiosos más exigentes.

Además, la obligación de respetar las dimensiones convencionales de una monografía ha impedido que podamos analizar con la misma atención todos los escritos de Marx. Por consiguiente, a menudo ha sido preciso resumir en pocas palabras lo que habría sido preciso desarrollar por lo menos en todo un párrafo, y en una página lo que habría necesitado mucho más espacio. En particular, el tratamiento de los *Apuntes etnológicos* habría requerido, por su riqueza y complejidad, un capítulo entero. Conscientes de estas limitaciones, ofrecemos al lector los resultados de las investigaciones llevadas a cabo hasta la fecha. Constituirán el punto de partida de ulteriores estudios de carácter teórico aún más detallados.

En 1957, Maximilien Rubel (1905-1996), una de las mayores autoridades en Marx del siglo XX, afirmó que todavía quedaba por escribir una «biografía monumental» del pensador.[17] Semejante afirmación, ya a muchos años de distancia, sigue siendo válida. Las publicaciones de la MEGA² han venido a desmentir a cuantos han declarado que Marx era un autor sobre el que ya se había dicho y escrito todo. Pero sería erróneo sostener —como afirman, haciendo un ruido excesivo, los estudiosos que apelan a un «Marx desconocido» cada vez que sale a la luz alguna pequeña obra inédita— que los textos aparecidos recientemente vienen a dar un vuelco a todo lo que ya se conocía de este autor.

Todavía hay mucho que aprender de Marx. Actualmente es posible hacerlo no solo profundizando en lo que escribió en los trabajos que llevó a cabo, sino también a través de las preguntas y las dudas contenidas en los manuscritos inacabados. Tales consideraciones son incluso más válidas por lo que respecta a los textos escritos a lo largo de sus últimos años de vida.

El «último» Marx, en definitiva, es el Marx más íntimo, el que no esconde su fragilidad ante la vida, sino que sigue combatiendo a pesar de todo. Es el estudioso que no elude la duda, sino que, por el contrario, la desafía, optando por continuar con sus investigaciones y por arriesgarse a no acabarlas, en vez de refugiarse en las certezas tranquilizadoras de su saber y acomodarse a los juramentos dogmáticos de los primeros «marxistas». Se trata de una figura completamente distinta de la representación decimonónica de su esfinge granítica que anunciaba el porvenir con una seguridad dogmática. Supone un ejemplo extraordinario y radicalmente subversivo para una nueva generación de intelectuales y militantes políticos que continúan la lucha a la que Marx, como tantos hombres y mujeres antes que él y después de él, dedicó toda su existencia.

Preludio

«¡La lucha!»

En agosto de 1880, John Swinton (1829-1901), influyente periodista estadounidense de ideas progresistas,[1] que estaba de visita en Europa, se trasladó hasta Ramsgate, una pequeña localidad balnearia de Kent, situada a pocos kilómetros del extremo sudoriental de Inglaterra. El objeto de su viaje era hacer una entrevista que pensaba publicar en *The Sun*, el periódico que dirigía y al mismo tiempo uno de los más vendidos de Estados Unidos, a uno de los principales exponentes del movimiento obrero internacional: Karl Marx.

Alemán de nacimiento, Marx se había convertido en apátrida tras ser expulsado de sus respectivos territorios por los gobiernos de Francia, Bélgica y Prusia, que habían conseguido derrotar los movimientos revolucionarios surgidos en sus países entre 1848 y 1849. Cuando en 1874 solicitó en Inglaterra un certificado de naturalización, le fue denegado porque un informe especial del departamento de investigación de Scotland Yard lo había etiquetado de «famoso agitador alemán [...] que propugna los principios comunistas, [... y que] no ha sido leal ni a su rey ni a su país».[2]

Corresponsal del *New-York Tribune* durante más de una década, en 1867 publicó una exhaustiva crítica del modo de producción capitalista, y a lo largo de ocho años, a partir de 1864, Marx se convirtió en el principal guía teórico de la Asociación Internacional de los Trabajadores. Su nombre había aparecido en las páginas de los periódicos de mayor difusión de Europa, aunque en 1871, tras defender la Comuna de París en su obra *La guerra civil en Francia*, la prensa más reaccionaria le otorgó el título de «doctor del terror rojo».[3]

En el verano de 1880, Marx se encontraba en Ramsgate con su familia, obligado por los médicos a «no hacer nada»[4] y a «curar mis nervios mediante el *far niente*».[5]

El estado de salud de su esposa era peor que el suyo. Jenny von Westphalen (1814-1881) estaba enferma de cáncer; su estado «empeoró súbitamente de una enfermedad que padecía hace ya mucho tiempo, de tal manera que se temió un fatal desenlace».[6] Ese fue el contexto en el que Swinton, que durante toda la década de 1860 había sido redactor jefe del *New York Times*, conoció personalmente a Marx y llegó a esbozar un perfil comprensivo, profundo y minucioso del personaje.

En el plano personal, lo describió como un «hombre de sesenta años, de cabeza grande, facciones generosas, cortés y amable, con [una] hirsuta mata de cabellos grises largos y rebeldes», que conocía «el arte de ser abuelo tan bien como Victor Hugo».[7] Añadió que el modo de conversar de Marx, «muy libre, arrollador, creativo y auténtico», le recordó al de Sócrates «por su tono irónico, sus destellos de humor y su alegría juguetona». Se percató también de que era una persona «sin deseos de fama u ostentación, al que nada importan las fanfarronadas de la vida o las pretensiones de poder».[8]

No obstante, en la entrevista aparecida el 6 de octubre de 1880 en la primera página de *The Sun*, Swinton presentó a los lectores estadounidenses sobre todo al Marx público. A su juicio, era «uno de los hombres más extraordinarios de estos tiempos, que ha desempeñado un papel enigmático, pero poderosísimo, en la política revolucionaria de los últimos cuarenta años». Decía de él:

> No tiene prisa y no sabe lo que es el descanso. Es un hombre de mente poderosa, amplia y elevada; siempre empeñado en llevar a cabo proyectos ambiciosos, en utilizar métodos lógicos y conseguir objetivos prácticos. Ha sido y sigue siendo el inspirador de muchos de los terremotos que han convulsionado naciones y destruido tronos. Más que cualquier otro hombre amenaza y aterroriza hoy día a las testas coronadas y a los más redomados charlatanes de Europa.[9]

La entrevista con Marx generó en el periodista neoyorquino la convicción de que se encontraba ante un hombre «profundamente inmerso en su época, y que desde el Nevá hasta el Sena, desde los Urales hasta los Pirineos, su mano está empeñada en preparar el advenimiento de una nueva era». Marx le causó impresión porque era capaz de hacer un «repaso del mundo europeo país por país, poniendo de manifiesto sus peculiaridades, sus evoluciones y personalidades, tanto las que actúan en la superficie como las que operan por debajo de ella».[10] Lo entretuvo hablándole

> de las fuerzas políticas y de los movimientos populares de las diversas naciones de Europa: de la amplia corriente del espíritu ruso, de los movimientos de la mente alemana, del activismo de Francia, del inmovilismo inglés. Estaba lleno de esperanzas en lo tocante a Rusia, se mostró filosófico hablando de Alemania, alegre cuando hizo referencia a Francia y sombrío respecto a Inglaterra, refiriéndose despectivamente a las «reformas atomistas» con las que los liberales del Parlamento británico pasan el tiempo.[11]

Swinton quedó sorprendido también por los conocimientos de Marx acerca de Estados Unidos. Lo consideró «un observador atento de la actividad norteamericana» y calificó de «sumamente sugestivas [...] sus sugerencias acerca de algunas de las fuerzas constituyentes y sustanciales de la vida americana».

La jornada transcurrió en medio de una sucesión de apasionadas discusiones. Por la tarde, Marx «propuso salir a dar un paseo [...] por la playa», para poder reunirse allí con su familia, que Swinton describe como «un delicioso grupo de una decena de personas más o menos».

Al atardecer, se quedaron haciendo compañía a ambos los yernos de Marx, Charles Longuet (1839-1903) y Paul Lafargue (1842-1911): «Hablamos del mundo, del hombre, de nuestro tiempo y de las ideas, mientras las [...] copas tintineaban con el mar al fondo».[12]

En uno de esos momentos fue cuando el periodista estadounidense, pensando en «las incertidumbres y los tormentos de la época actual y de las anteriores», impresionado por las palabras oídas e «inmerso en la profundidad del lenguaje escuchado», se decidió a preguntar al gran hombre que tenía ante sí cuál era «la ley última del ser humano». De ese modo, durante un momento de silencio, «interrumpí al revolucionario y filósofo a un tiempo planteándole esa fatídica pregunta: "¿Cuál es?"». Por un instante, tuvo la sensación de que la mente de Marx «se revolvía sobre sí misma [...], mientras escuchaba el mar embravecido y observaba a la multitud que no paraba de moverse por la playa. "¿Cuál es esa ley?", le había preguntado». Tras dirigir de nuevo la mirada a Swinton, Marx, «en un tono profundo y solemne, respondió: "¡La lucha!"».[13]

1

Nuevos horizontes de investigación

El gabinete de Maitland Park Road

Unos meses después de la entrevista concedida a John Swinton, una noche de enero de 1881, en la habitación de una casa de la periferia de Londres, un hombre de barba ya casi completamente blanca se hallaba inmerso en el estudio de un cúmulo de libros amontonados en una mesa. Absorto en la lectura y profundamente concentrado, hojeaba sus páginas, anotando con sumo cuidado los pasajes más significativos. Con una perseverancia comparable a la de Job, llevaba a cabo la tarea que había asignado a su vida: proporcionar al movimiento obrero las bases teóricas para acabar con el modo de producción capitalista.

Su físico evidenciaba los signos de décadas y décadas de duro trabajo cotidiano, dedicadas siempre a la lectura y la escritura. En la espalda y en distintas partes de su cuerpo habían quedado las cicatrices de los horribles forúnculos aparecidos a lo largo de los años, mientras trabajaba en la composición de *El capital*. Refiriéndose a ellos con cáustica ironía, había escrito al término de una de sus manifestaciones más graves, que había precedido la conclusión de su trabajo más importante, lo siguiente: «Espero que la burguesía recuerde toda su vida mis diviesos».[1] En su ánimo llevaba la carga de otras heridas, infligidas por una vida que había transcurrido entre penalidades y privaciones económicas, mitigadas de vez en cuando por la satisfacción que le proporcionaba cualquier buen golpe asestado a los carcas de las clases dominantes y a los rivales de su propio espectro político.

27

Durante el invierno solía estar enfermo y, a menudo, cansado y débil. La vejez empezaba a limitar su habitual vigor y la angustia por el estado de salud de su esposa lo afectaba cada vez más. Sin embargo, seguía siendo él: Karl Marx.

Con una pasión inalterable, perseveraba en su compromiso con la causa de la emancipación de las clases trabajadoras. Su método era el mismo de siempre, el que había adoptado desde los tiempos de sus primeros estudios universitarios: un rigor increíble y una crítica intransigente.

La mesa ante la que solía ponerse a escribir, sentado en un sillón de brazos de madera sobre el cual se había matado a trabajar años y años durante todo el día y buena parte de la noche, era pequeña y modesta; medía noventa centímetros de largo por sesenta de ancho.[2] Apenas cabía en ella una lámpara de pantalla verde, los folios en los que solía escribir y un par de libros de los que copiaba las citas que encontraba de mayor interés. No necesitaba nada más.

Su estudio se encontraba en el primer piso de la casa, y tenía una ventana que daba al parque. Como los médicos le habían prohibido fumar, había desaparecido de la habitación el olor a tabaco, pero las pipas de arcilla, cuyo humo había aspirado durante tantos años mientras permanecía absorto en la lectura, seguían allí para recordarle las noches de insomnio pasadas devorando los clásicos de la economía política cuyas teorías se encargaría de demoler.

Un muro impenetrable de estanterías ocultaba las paredes. Las baldas estaban cargadas hasta lo inverosímil de libros y paquetes de periódicos y revistas. Su biblioteca no era tan imponente como la de los intelectuales burgueses de su misma talla, desde luego mucho más acomodados que él. Durante los años de pobreza, había utilizado mayormente los volúmenes de la sala de lectura de la biblioteca del Museo Británico, pero de cualquier forma había llegado a reunir cerca de dos mil libros.[3] La sección más nutrida era la de economía; pero otros muchos eran clásicos de teoría política. También eran muy numerosos los estudios de historia, en particular, de la de Francia, y las obras de filosofía, sobre todo de la tradición alemana. Era igualmente abundante la colección de textos de ciencia.

La variedad de disciplinas iba en paralelo a la diversidad de las lenguas en las que estaban escritos esos libros. Los volúmenes en alemán representaban un tercio del total, las obras en inglés eran casi una cuarta parte y las escritas en francés eran unas pocas menos. No faltaban ejemplares en otras lenguas románicas, como el italiano, pero, a partir de 1869, cuando Marx ya había empezado a aprender ruso para poder estudiar directamente los libros que describían las transformaciones que estaban teniendo lugar en ese imperio, en el transcurso de pocos años las obras en alfabeto cirílico se incrementarían notablemente.

En las librerías de Marx, sin embargo, no estaban presentes solo textos académicos. Un corresponsal anónimo del *Chicago Tribune*, que visitó su gabinete de trabajo en 1878 para entrevistarlo, describía su contenido en estos términos:

> En general puede juzgarse a una persona por los libros que lee. El lector podrá extraer por sí mismo sus propias conclusiones si le digo lo que al echar un vistazo rápido, vi: Shakespeare, Dickens, Thackeray, Molière, Racine, Montaigne, Bacon, Goethe, Voltaire, Paine; *libros azules*[4] ingleses, americanos y franceses; obras políticas y filosóficas en ruso, alemán, español, italiano y otras lenguas.[5]

Los intereses literarios y la vastedad de los conocimientos de Marx fueron descritos también de modo parecido por el socialista francés —y a la sazón su yerno— Paul Lafargue. Al recordar cómo era el cuarto —sobre el cual dijo: «Aquel gabinete es histórico y resulta necesario conocerlo para poder penetrar en la vida intelectual de Marx»— subrayaba que

> conocía de memoria a Heine y a Goethe y los citaba con frecuencia en sus conversaciones; era lector asiduo de los poetas en todas las lenguas europeas. Leía todos los años a Esquilo en el original griego. Admiraba a Esquilo y a Shakespeare, a los que consideraba los más grandes genios dramáticos que hubiera producido la humanidad. [...] Dante y Robert Bums se contaban entre sus poetas favoritos. [...] Era un gran lector de novelas y prefería las del si-

glo XVIII, especialmente *Tom Jones* de Fielding. Los novelistas más modernos que consideraba más interesantes eran Paul de Kock, Charles Lever, Alejandro Dumas padre y Walter Scott, cuyo libro *Vieja Mortalidad* consideraba una obra maestra. Tenía una clara preferencia por las historias de aventuras y de humor. Situaba a Cervantes y a Balzac por encima de todos los novelistas. Veía en *Don Quijote* la épica de la caballería en desaparición, cuyas virtudes eran ridiculizadas y escarnecidas en el mundo burgués en ascenso. Admiraba tanto a Balzac que quería escribir una crítica de su gran obra, *La comedia humana*. […] Marx leía todos los idiomas europeos. […] Gustaba de repetir: «Una lengua extranjera es un arma en la lucha por la vida». […] Cuando empezó a estudiar el ruso […] en seis meses lo aprendió tan bien que encontraba gran placer en la lectura de los poetas y prosistas rusos, entre los que prefería a Pushkin, Gógol y Shchedrín.[6]

Lafargue insistiría además en la relación que Marx mantenía con sus libros, que para él eran

instrumentos de trabajo mental, no artículos de lujo. «Son mis esclavos y deben servirme según mi voluntad», según solía decir… [Los trataba de mala manera], doblaba las esquinas de las páginas, marcaba con lápiz los márgenes y subrayaba líneas enteras. Nunca escribía en los libros, pero algunas veces no podía abstenerse de hacer un signo de exclamación o de interrogación cuando el autor iba demasiado lejos. Su sistema de subrayar le facilitaba encontrar cualquier pasaje que necesitara en un libro.[7]

Por otra parte, se entregaba a ellos con absoluta devoción, hasta el punto de definirse como «una máquina condenada a devorar libros para vomitarlos, de manera distinta, en el basurero de la historia».[8]

La biblioteca de Marx contenía también sus propias obras, que, en el fondo, no eran tantas, comparadas con el número de las que había proyectado escribir y que había dejado inacabadas a lo largo de su intensa actividad intelectual. Había un ejemplar de

La sagrada familia, la crítica de la izquierda hegeliana publicada en colaboración con Friedrich Engels (1820-1895) en 1845, cuando solo tenía veintisiete años; la *Miseria de la filosofía*, escrita dos años después, en francés, para que pudiera entenderla el destinatario de su polémica, Pierre-Joseph Proudhon (1809-1865). Evidentemente no faltaban algunas ediciones del *Manifiesto del partido comunista*, texto elaborado siempre en colaboración con Engels y aparecido oportunamente pocas semanas antes del estallido de la revolución de 1848, aunque solo empezó a gozar de una difusión significativa a partir de la década de 1870. Uno de sus libros, *El 18 de brumario de Luis Bonaparte* le permitía refrescar sus estudios acerca de la historia de Francia, mientras que al lado de algunos opúsculos de contenido político, como *Historia de la vida de lord Palmerston*, dirigido contra el primer ministro británico, podían encontrarse escritos que databan de fecha más antigua, como las *Revelaciones sobre el proceso contra los comunistas de Colonia*, de 1853, las *Revelaciones sobre la historia diplomática del siglo XVIII*, de 1856-1857, y otros que no habían gozado de éxito: *Contribución a la crítica de la economía política*, de 1859, y *El señor Vogt* [*Herr Vogt*], de 1860. Por fin, entre las publicaciones de las que se sentía más orgulloso estaban su obra maestra, *El capital*, que por entonces ya había sido traducida al ruso y al francés, y las directrices y resoluciones más importantes de la Asociación Internacional de los Trabajadores, de la cual había sido el principal organizador entre 1864 y 1872.

Hacinados por ahí también había algunos ejemplares de revistas y periódicos que había dirigido de joven, entre ellos el volumen correspondiente a los *Deutsch-Französische Jahrbücher*, de 1844, el último número del periódico *Neue Rheinische Zeitung*, publicado en color rojo en 1849 poco antes de la victoria del frente contrarrevolucionario, y los fascículos de la *Neue Rheinische Zeitung. Politisch-ökonomische Revue*, del año siguiente.[9] Amontonados en otras secciones de la biblioteca también había decenas de cuadernos de extractos y algunos manuscritos que habían quedado inacabados. La mayor parte de ellos, en cualquier caso, había sido relegada al desván. Allí permanecían almacenados los proyectos en los que había trabajado en diversas fases de su vida y que no había logrado terminar. El conjunto de este voluminoso montón de documentos, parte de los cuales, como él mismo escribiera en 1859, había sido abandonada a la «roedora crítica de los ratones»,[10] correspondía a un gran número de libretas de notas y de hojas sueltas.[11]

Entre ellas se encontraban los papeles de los que se extraerían y se darían a la imprenta dos de los textos teóricos más leídos y discutidos a lo largo del siglo XX: los *Manuscritos económico-filosóficos de 1844* y *La ideología alemana*, que fue esbozada durante los dos años siguientes a la redacción de la obra anterior. Su difusión póstuma habría resultado muy sorprendente y habría causado una impresión sumamente negativa a Marx, que «no publicó una sola obra sin haberla revisado repetidas veces, hasta encontrar la forma más apropiada», y que afirmó que «preferiría quemar sus manuscritos antes que dejarlos inconclusos».[12]

La parte más voluminosa y relevante de sus manuscritos, en cualquier caso, seguía siendo la correspondiente a todas las versiones preliminares de *El capital*, empezando por los *Elementos fundamentales para la crítica de la economía política* (los llamados *Grundrisse*) de 1857-1858, y acabando por los últimos apuntes redactados precisamente en 1881. La mayor parte de la correspondencia que Marx y Engels solían llamar el «archivo del partido» se encontraba, sin embargo, en casa de este último.

En medio de todos estos libros, colocado en el centro de la estancia, había un sofá de piel en el cual, de vez en cuando, se tumbaba un rato a descansar. Entre los rituales que solía seguir para encontrar alivio del tiempo que pasaba clavado ante el escritorio, estaba también la costumbre de caminar de un lado a otro por la habitación, ejercicio que repetía con breves intervalos. Según Lafargue, «puede decirse que [Marx] incluso trabajaba mientras caminaba en su estudio, sentándose solo durante cortos periodos para escribir lo que había pensado mientras caminaba». Recordaba que a Marx «le gustaba caminar para arriba y para abajo mientras hablaba, deteniéndose alguna que otra vez cuando la explicación se hacía muy animada o la conversación muy seria».[13] También Henry Hyndman (1842-1921), otro de sus visitantes más asiduos por aquel entonces, contaría que «cuando estaba vivamente interesado en una discusión, Marx tenía por costumbre pasear arriba y abajo por la habitación dando grandes zancadas, como si caminara sobre la cubierta de un barco, para moverse un poco».[14]

Enfrente del escritorio había otra mesa. En medio del batiburrillo de folios sobre ella, el visitante ocasional se habría encontrado perdido, pero los que conocían bien a Marx sabían que, como decía Lafargue,

> el desorden en que se encontraban era solo aparente; en realidad todo estaba en el sitio escogido, de modo que para él resultaba fácil tomar el libro o el cuaderno de notas que necesitaba. [...] Él y su estudio eran uno: los libros y papeles que había allí estaban bajo su control en la misma medida que sus propias piernas.[15]

Para completar el mobiliario, había una gran cómoda, sobre la que aparecían alineadas las fotografías de sus personas más queridas, como su amigo Wilhelm Wolff (1809-1864), al que había dedicado *El capital*. Durante mucho tiempo formaron parte también de su gabinete de trabajo un busto de Júpiter y dos piezas del empapelado de la casa de Gottfried Leibniz (1646-1716). Marx había recibido aquellas dos reliquias como regalo de Ludwig Kugelmann (1828-1902), médico y durante muchos años queridísimo amigo suyo. La primera de ellas había llegado a sus manos en Londres con ocasión de la Navidad de 1867, y la segunda en 1870, con motivo de su quincuagésimo segundo cumpleaños, a raíz de la demolición en Hannover de la casa del mayor filósofo alemán, nacido en esa ciudad en el siglo XVII.

El domicilio de Marx se hallaba situado en el número 41 de Maitland Park Road, una casita unifamiliar adosada en la zona norte de Londres. La familia Marx se había trasladado allí en 1875, cuando tomó, siempre en alquiler, una casa más pequeña y económica que la que habían ocupado durante más de diez años en el número 1 de la misma calle.[16] Por aquel entonces, la familia estaba compuesta por Marx y su mujer, Jenny, por la hija menor de la pareja, Eleanor (1855-1898), y por Helene Demuth (1823-1890), la leal ama de llaves que vivía con ellos desde hacía casi cuarenta años. A ellos habría que añadir los tres perros que tanto amaba Marx, Toddy, Whisky y un tercero cuyo nombre no ha sido transmitido, «que no pertenecían a ninguna raza en concreto, [pero] estaban entre los miembros más importante de aquella comunidad».[17]

Tras retirarse de los negocios y dejar su alojamiento en el centro de Mánchester, a partir de 1870 Engels también pasó a residir en la zona, concretamente en el 122 de Regent's Park Road, apenas a un kilómetro de la casa del compañero con el que compartía la lucha política y la más sincera amistad desde el lejano 1844.[18]

Debido a los numerosos problemas de salud que lo aquejaban, según decía el propio Marx, «mis médicos me han prohibido por años el trabajo nocturno».[19] Sin embargo, haciendo gala de una terquedad y una aplicación incansables, seguía dedicando sus días al estudio. Su principal objetivo era llevar a término *El capital*, cuyo Libro Segundo ya estaba en preparación desde que se publicó el Primero, en 1867.

Además, Marx seguía con atención y espíritu crítico la totalidad de los principales acontecimientos políticos y económicos del momento, esforzándose por imaginar los nuevos escenarios que pudieran producirse en la lucha por la emancipación de las clases trabajadoras. Por último, su mente enciclopédica, gobernada por una curiosidad intelectual inagotable, lo empujaba a actualizar en todo momento sus conocimientos y a mantenerse informado puntualmente de los últimos desarrollos científicos. Por ese motivo Marx escribió en los últimos años de su vida decenas de cuadernos de apuntes y resúmenes de una gran cantidad de libros de matemáticas, fisiología, geología, mineralogía, agronomía, química y física, además de artículos aparecidos en periódicos y revistas, informes parlamentarios, estadísticas, reseñas y publicaciones de distintos departamentos gubernamentales, como en el caso de los famosos *libros azules*. El tiempo dedicado a esos estudios multidisciplinares, efectuados a partir de textos escritos en distintas lenguas, rara vez era interrumpido. Incluso Engels se lamentaba de aquella situación: según decía, «solo con gran dificultad [se consigue] convencerlo de que abandone su gabinete de trabajo».[20] Aparte de esos casos excepcionales, Marx dejaba de trabajar solo con ocasión de sus citas rituales y consuetudinarias.

Por ejemplo, a última hora de la tarde solía envolverse en una capa, para protegerse del frío, y dirigirse al cercano Maitland Park, donde le gustaba pasear con Johnny (1876-1938), su nieto mayor, o al parque, un poco más alejado, de Hampstead Heath, escenario de muchos domingos felices pasados en compañía de su familia. Una amiga de su hija pequeña, la actriz inglesa Marian Comyn (1861-1938), contó, con palabras tan breves como eficaces, la escena a la que asistían las dos cada día:

> Muchas veces, al atardecer, mientras Eleanor Marx y yo estábamos sentadas en la alfombra delante de la chimenea del cuarto de estar [...], oíamos cerrarse suavemente la puerta de la calle, e inmediatamente después pasaba ante la ventana la figura del doctor Marx, envuelto en una capa negra y tocado con un sombrero flexible de fieltro (su hija solía decir que a todo el mundo debía de parecerle un conspirador sacado de una escena teatral). Por lo general no volvía a casa hasta que ya había oscurecido.[21]

Otro momento de asueto era el que representaban las reuniones del llamado «club Dogberry»,[22] denominación inspirada en un personaje de la comedia de William Shakespeare (1564-1616) *Mucho ruido y pocas nueces*, con la que designaban las representaciones familiares de las obras del escritor inglés y las cenas a las que eran invitados Engels, las relaciones más íntimas y los amigos de sus hijas.[23] El sarcasmo con que Marx describe las sensaciones que experimenta en el transcurso de aquellas veladas no es menos intenso que el que emplea en sus escritos para demoler a sus adversarios teóricos: «Es extraño que no podamos vivir bien sin estar rodeados de amigos, y que después tratemos de liberarnos de ellos de cualquier modo».[24]

La difícil situación económica de la familia Marx no impidió que su casa estuviera siempre abierta a los numerosos visitantes que, procedentes de diversos países, se presentaban allí para debatir personalmente con el venerado economista y famoso revolucionario. Entre otros, en 1881 fueron a conocer a Marx el economista Nikolái

Zíber (1844-1888), nacido en Crimea, el profesor de la universidad de Moscú Nikolái Kablukov (1849-1919); el periodista alemán y futuro diputado del *Reichstag* Louis Viereck (1851-1922); Friedrich Fritzsche (1825-1905), socialdemócrata no precisamente de nuevo cuño, y el populista ruso Leo Hartmann (1850-1908). También frecuentaron asiduamente Maitland Park Road Carl Hirsch (1841-1900), periodista vinculado al Partido Socialdemócrata alemán; Henry Hyndman, que precisamente aquel mismo año había fundado en Inglaterra la Federación Democrática (DF, por sus siglas en inglés), y Karl Kautsky (1854-1938), joven socialista originario de Praga, que había ido a Londres a profundizar sus conocimientos de política a través de la relación con Marx y Engels, y que estaría destinado a convertirse en uno de los teóricos más influyentes del movimiento obrero.

Cualquiera que llegara a tener contacto con Marx no podía mostrarse indiferente a la fascinación que suscitaba su persona ni tampoco dejar de sorprenderse al ver su aspecto físico. El político escocés Grant Duff Mountstuart Elphinstone (1829-1906), que lo conoció a comienzos de 1879, dijo que la mirada de Marx tenía «algo de severo, pero la expresión de su rostro [era] en general muy afable, muy distinta de la del hombre acostumbrado a devorar recién nacidos en su cuna, como piensa de él —[no puedo por menos] que decirlo— la policía».[25]

También a Eduard Bernstein (1850-1932) le llamó la atención la humanidad y la modestia de Marx: «Según las descripciones que había oído, en su mayoría procedentes de sus adversarios, esperaba encontrarme a un viejo cascarrabias e irritable. En cambio, me encontré a un hombre de cabellos blancos y ojos oscuros que sonreía amistosamente, y cuyas palabras denotaban gran sosiego».[26]

Kautsky recordaba que «Marx tenía el aspecto lleno de dignidad propio de un patriarca»,[27] y que fue recibido por él «con una sonrisa amable, que me pareció casi paternal».[28] Afirma además que, a diferencia de Engels, que «siempre iba bien vestido», él «era indiferente a las formas exteriores».[29]

También Comyn describe muy bien su temperamento:

[La suya era] una personalidad extraordinariamente fuerte y dominante. Tenía la cabeza grande, cubierta por una mata bastante larga de pelo gris, en consonancia con su barba hirsuta y su bigote espeso; sus ojos, aunque pequeños, eran muy vivos, penetrantes, sarcásticos, y podían apreciarse en su mirada destellos de humor. […] Como contertulio resultaba encantador, nunca criticaba y siempre seguía la corriente cuando alguien decía algo divertido, riendo de buena gana hasta que las lágrimas rodaban por sus mejillas cada vez que oía algún comentario particularmente cómico. Pese a ser el más viejo por edad, su espíritu era tan juvenil como el de cualquiera de nosotros.[30]

Si la casa de Marx estaba a menudo llena de gente, lo mismo ocurría con su buzón, que siempre estaba atestado de cartas. Efectivamente, eran muchas las cartas de militantes e intelectuales que llegaban cada semana a su dirección, procedentes de distintos países. Sus remitentes deseaban consultar al dirigente de la Asociación Internacional de los Trabajadores acerca de los principales acontecimientos políticos del momento, y solicitaban su asesoramiento sobre las decisiones que debían tomar y sobre los comportamientos más adecuados que había que adoptar.

El telón de fondo de la vida de Marx se encargaba de ponerlo el clima inglés, gris y lluvioso. Como decía en una carta al economista Nikolái Danielson (1844-1918), «en general, desde mi regreso de Ramsgate, mi salud mejoró»; pero «el espantoso tiempo que tenemos desde hace meses» había sido la causa de que sufriera los «continuos resfríos y la tos que perturban el sueño».[31]

Desgraciadamente, también el estado de Jenny von Westphalen siguió empeorando, y a comienzos de la primavera Marx tuvo que recurrir a un nuevo especialista, el doctor Bryan Donkin (1842-1927), con la esperanza de encontrar una cura para la enfermedad de su mujer.

Marx también le contó a Danielson, su amigo ruso, otro triste acontecimiento de carácter personal. Una amnistía del Gobierno francés, promulgada en julio de 1880, permitió regresar a su patria a centenares de revolucionarios, obligados a huir al extranjero a raíz de la represión que siguió a la derrota de la Comuna de París de 1871. Aunque aquella noticia política no podía más que alegrar a Marx, sus consecuencias en el ámbito personal serían causa de disgustos. Su hija mayor, Jenny (1844-1883), casada desde hacía diez años con el periodista y *comunard* Charles Longuet, al que le habían ofrecido el puesto de codirector de *La Justice*, el periódico de los radicales fundado por Georges Clemenceau (1841-1929), pudo regresar así a la capital de Francia con sus hijos. La separación les causó mucha tristeza tanto a Marx como a su esposa, pues «tanto para ella como para mí nuestros nietos, tres pequeños varones, han sido una fuente inagotable de alegría de vivir».[32]

Durante los meses siguientes, su ausencia le haría evocar constantemente el recuerdo de su compañía, alternando en el ánimo de sentimientos alegres y melancólicos. En las cartas dirigidas a Jenny, pedía siempre noticias de ellos y les enviaba saludos:

> Estamos tristes desde que te fuiste; sin ti, sin Johnny y sin Harry; ¡y sin «Mr. Tea»![33] A menudo corro a la ventana cuando oigo voces infantiles que suenan como las de nuestros niños, olvidándome de que los pequeños están al otro lado del Canal.[34]

A finales de abril, cuando Jenny dio a luz al cuarto de sus nietos, Marx la felicitó en tono jocoso diciéndole que sus «mujeres» esperaban que «el recién llegado» incrementase «"la mejor mitad" de la población». Y añadía: «Por mi parte, prefiero que los niños nacidos en este momento decisivo de la historia sean de sexo "masculino". Tienen ante sí el momento más revolucionario que los seres humanos hayan tenido que atravesar jamás».

A estas consideraciones, en las que se mezclaban las esperanzas políticas y los prejuicios habituales entre los hombres de su generación, les seguían dos motivos de pesar. El primero, estrictamente personal, venía dado por la amargura que suponía para él no poder ayudar a su hija, que ahora vivía lejos y tenía que soportar una vida de privaciones que le recordaba la que él mismo había sufrido durante largo tiempo. En efecto, en su carta reproducía las palabras de su esposa enferma, que le deseaba a Jenny «todo lo mejor que cabe imaginar», pero se lamentaba de que esos deseos sirvieran solo para «disfrazar mi propia impotencia». El segundo motivo de disgusto, en cambio, estaba ligado al terreno político, esto es, a la conciencia de no poder vivir la nueva y emocionante fase de luchas del movimiento obrero internacional que estaba a punto de florecer: «Lo malo de ser tan "viejo" es que uno ya solo puede prever las cosas, en lugar de verlas».[35]

Por desgracia, todos los problemas se agravarían ulteriormente. A primeros de junio, Marx le comunicó a Swinton que la enfermedad de su esposa iba «adquiriendo un carácter cada vez más funesto».[36] Él mismo siguió sufriendo nuevas molestias físicas y, debido a que una pierna se le había quedado rígida como consecuencia del reuma, tuvo que someterse a varias sesiones de baños turcos.[37] Según contaba a su hija Jenny, padecía también un «catarro espantoso» que parecía eterno, aunque tenía la impresión de que se le «pasaría muy deprisa». Finalmente, echaba mucho de menos la compañía de su primogénita y de sus nietos: «No pasa un solo día en que mis pensamientos no estén contigo y mis preciosos niños». Le había enviado a Johnny un ejemplar del cuento *El zorro Reineke*, de Johann Wolfgang von Goethe (1749-1832),[38] y preguntaba: «¿Tiene el pobre niño a alguien que se lo lea?».[39]

La primera mitad de 1881 transcurrió en ese clima difícil y angustioso. Y la segunda sería aún peor.

TRAYECTORIAS TEÓRICAS INNOVADORAS

En el mes de septiembre de 1879, Marx tomó entre sus manos y se puso a leer con enorme interés el libro *La propiedad comunal de la tierra. Causas, trayectoria y consecuencias de su declive* [1879], del sociólogo ruso Maxim Kovalevski (1851-1916), al que definió como uno de sus «amigos científicos».[40] Los extractos que sacó de este texto tenían que ver, sobre todo, con las secciones en las que se abordaba la cuestión de la propiedad de la tierra. De hecho, resumió las distintas modalidades en las que los colonizadores españoles, ingleses y franceses habían regulado los derechos de posesión respectivamente en América Latina, en la India y en Argelia.[41]

Analizando estas tres áreas geográficas distintas, las primeras consideraciones que reprodujo Marx fueron las relativas a las formas de propiedad de la tierra existentes en las civilizaciones precolombinas. A este respecto señalaba que, con el comienzo de los imperios azteca e inca, «la población rural siguió, como hasta entonces, poseyendo la tierra de modo comunal, pero, al mismo tiempo, tuvo que renunciar a una parte de sus ingresos en forma de pagos en especie en beneficio de sus reyes». Según Kovalevski, ese proceso sentó las bases «del desarrollo de los latifundios creados a expensas de los que poseían la tierra en común. La disolución de esta última se vio simplemente acelerada por la llegada de los españoles».[42] Las terribles repercusiones del imperio colonial hispano fueron condenadas tanto por Kovalevski, que denunció la «primitiva política de exterminio de los españoles frente a los pieles rojas», como por Marx, que añadió de su puño y letra que «tras el saqueo del oro encontrado [por los españoles], los indios [fueron] condenados a trabajar en las minas».[43] Para completar esta parte de los extractos de la obra de Kovalevski, Marx observaba que, a pesar de todo, se había producido una «supervivencia (en gran medida) de la comunidad rural», posibilitada entre otras cosas por la «falta de legislación colonial (a diferencia de las Indias orientales inglesas) respecto a regulaciones que habría dado a los miembros de los clanes la posibilidad de vender las porciones de terreno que les pertenecían».[44]

Más de la mitad de los extractos que Marx hizo del libro de Kovalevski estaban dedicados a la dominación inglesa de la India. Prestó especial atención a las secciones de la obra en las que se reconstruía el análisis de las formas contemporáneas de propiedad comunal de la tierra, así como a la historia de la posesión de la tierra en tiempos de los rajás. Utilizando el texto de Kovalevski, Marx observó que la dimensión colectiva del pasado seguía viva incluso tras la parcelación de los terrenos introducida por los ingleses: «Entre esos campos minúsculos siguen existiendo algunas conexiones que, a distancia, evocan los anteriores grupos de propiedad comunal de la tierra».[45] Aunque Marx compartía la profunda hostilidad de Kovalevski hacia el colonialismo británico, puso en entredicho algunos aspectos de su exégesis histórica, pues los consideraba erróneos por cuanto proyectaban los parámetros del contexto europeo en el de la India. Con breves, pero detalladas, observaciones, Marx reprochaba a Kovalevski haber homologado fenómenos diferentes entre sí. En efecto, el hecho de que «la prebenda, el cultivo dado en forma de concesión —[…] algo que en realidad no tiene nada de [únicamente] feudal, como nos atestigua [la historia de] Roma— y la *commendatio*[46] [pudieran encontrarse] en la India», no significaba que también allí se hubiera desarrollado el «feudalismo en el sentido europeo del término». Para Marx, Kovalevski también había pasado por alto un dato significativo, a saber, que en la India no existía «la servidumbre», que era un «elemento esencial» del feudalismo.[47] Además, argumentaba que «basándose en la ley india, el poder dominador no estaba sujeto a la división [hereditaria] entre los hijos y, por lo tanto, se impedía [así] una forma característica del feudalismo».[48] En conclusión, Marx manifestaba un profundo escepticismo respecto de la trasposición de unas mismas categorías interpretativas a ámbitos históricos y geográficos totalmente distintos.[49] Las puntualizaciones y la mayor profundización que hizo Marx a partir del texto de Kovalevski fueron integradas posteriormente al estudio de otras obras acerca de la historia de la India.

Finalmente, por lo que respecta a Argelia, Marx no se olvidó de resaltar la importancia que la propiedad comunal tenía en ese país antes de la llegada de los colonizadores franceses y de los cambios que estos habían introducido. A este respecto, transcribió el siguiente texto de Kovalevski: «La formación de la propiedad privada de la tierra (a ojos del burgués francés) es una condición necesaria de todo el progreso en la esfera política y social. El ulterior mantenimiento de la propiedad comunal "como forma que sostiene las tendencias comunistas en las mentes" [resultaba] peligroso tanto para la colonia como para la madre patria».[50] Marx extrajo las siguientes consideraciones de la obra *La propiedad comunal de la tierra, causas, trayectoria y consecuencias de su declive*:

> … la distribución de la propiedad entre los clanes es algo que se fomenta e incluso que se ordena; ante todo, como medio para debilitar a las tribus subyugadas que, pese a todo, se hallan permanen-

temente dominadas por el impulso de la rebelión y, en segundo lugar, como único modo de llevar a cabo un ulterior traspaso de la propiedad inmueble de las manos de los nativos a las de los colonizadores. Esa misma política ha sido llevada a cabo por los franceses bajo todos los regímenes [...]. El objetivo es siempre el mismo: la destrucción de la propiedad colectiva de los indígenas y su transformación en un objeto de libre compraventa, lo que significa hacer que sea más sencillo el paso final a manos de los colonizadores franceses.[51]

En cuanto al proyecto de ley sobre la situación argelina presentado en el parlamento por el diputado de la izquierda republicana Jules Warnier (1826-1899) y aprobado en 1873, Marx tomó de Kovalevski la denuncia de que su único objetivo era «la expropiación de la tierra en detrimento de las poblaciones nativas por parte de los colonizadores europeos y de los especuladores».[52] La desvergüenza de los franceses había llegado incluso hasta el «robo descarado»,[53] es decir, hasta la transformación en «propiedad del Gobierno»[54] de todas las tierras incultas que habían seguido estando en uso comunal entre los indígenas. Ese proceso se proponía producir otro resultado importante: anular el riesgo de resistencia de las poblaciones locales. Siempre según las palabras de Kovalevski, Marx tomaba nota de ello y subrayaba:

... la fundación de la propiedad privada y el asentamiento de los colonizadores europeos entre los clanes árabes [...] se convertirían en el medio más potente para acelerar el proceso de disolución de la unión de los clanes. [...] La expropiación de los árabes que quería la ley [servía]: 1) para proporcionar la mayor cantidad posible de tierra a los franceses; y 2) para arrebatar a los árabes sus vínculos naturales con la tierra, rompiendo así la fuerza última de la unión de los clanes y, por consiguiente, una vez disuelta esta, eliminar cualquier peligro de rebelión.[55]

Marx observó que este tipo de «individualización de la propiedad de la tierra» no solo habría supuesto para los invasores un enorme beneficio económico, sino que habría favorecido también un «objetivo político [...]: destruir las bases de esa sociedad».[56]

Por la selección de apuntes efectuada por Marx, así como por las pocas, pero inequívocas palabras de condena hacia las políticas coloniales europeas que añadió al texto de Kovalevski, se deduce su negativa a creer que las sociedades india y argelina estaban destinadas a seguir irremediablemente la misma trayectoria de desarrollo que la sociedad europea.[57] Mientras que Kovalevski pensaba que la propiedad de la tierra habría seguido el ejemplo europeo como si de una ley de la naturaleza se tratara, pasando en todas partes de comunal a privada, Marx sostenía que la propiedad colectiva podía resistir en algunos casos, y que indudablemente no había desaparecido como consecuencia de una especie de inevitabilidad histórica.[58]

Entre el otoño de 1879 y el verano de 1880, tras examinar las distintas formas de propiedad de la tierra en la India a través de la obra de Kovalevski, Marx se dedicó a la elaboración de un cuaderno de resúmenes dedicado a las *Notas sobre la historia de la India (664-1858)*. Estas notas, en las que se resumían más de mil años de historia de la India, fueron tomadas de varios libros, en particular de *La historia analítica de la India* [1870], de Robert Sewell (1845-1925), y de la *Historia de la India* [1841], de Mountstuart Elphinstone (1779-1859).

Marx subdividió sus apuntes en cuatro periodos. El primero contiene una cronología, bastante esencial, de la conquista musulmana, a partir del 664, año de la primera penetración árabe en la India, hasta comienzos del siglo XVI. Sigue una segunda parte dedicada al Imperio mogol, que fue fundado en 1526 por Zahīr ud-Dīn Muhammad (1483-1530) y que duró hasta 1761. Esta sección contiene también un brevísimo panorama de las invasiones extranjeras de la India y un esquema de cuatro páginas reservado a la difusión de las actividades de los mercaderes europeos, desde 1497 hasta 1702. Marx copió del libro de Sewell algunas observaciones específicas acerca de Murshid Quli Khan (1660-1727), el primer nabab de Bengala. Quli Khan había sido el artífice de la adopción de nuevos criterios en la recaudación de los tributos y, «a través de un sistema de extorsión y opresión sin escrúpulos, había creado un gran excedente [derivado] de los impuestos de Bengala que era enviado puntualmente a Delhi».[59] Según Quli Khan, a falta de esos ingresos, el Imperio mogol no habría podido sobrevivir en su integridad. La tercera parte —y la más sólida— de las notas sobre historia de la India, en la que se resumía el tiempo transcurrido entre 1725 y 1822, se reservaba a la presencia de la Compañía Británica de las Indias Orientales en el subcontinente. En esta sección, las anotaciones de Marx eran mucho más densas y no se limitaban a meras transcripciones de los principales acontecimientos, de fechas y de nombres, sino que relataban de un modo más minucioso y detallado el curso de los acontecimientos históricos, refiriéndose en particular a la dominación inglesa de la India. Finalmente, la última parte de los apuntes de Marx estaba dedicada a la revuelta de los cipayos de 1857 y a la caída de la Compañía Británica de la Indias Orientales, que se produjo un año después.

Aunque en las *Notas sobre la historia de la India (664-1858)* Marx dedicó muy poco espacio a sus reflexiones personales, los escasos comentarios presentes en ellas proporcionan indicaciones muy relevantes acerca de sus ideas. Los invasores eran calificados a menudo con los siguientes epítetos: «perros británicos»,[60] «usurpadores»,[61] «ingleses hipócritas» o «intrusos ingleses».[62] Por el contrario, las luchas de la resistencia india iban acompañadas siempre de expresiones de solidaridad.[63] No es de extrañar que Marx sustituyera el término «amotinados», que Sewell utilizaba cada vez que se refería a los indios, por la palabra «insurgentes».[64] Su condena del colonialismo europeo, expresada sin ambages, era inequívoca.

Por último, Marx dirigió su atención a Australia, de la cual observó con particular interés la organización social de sus comunidades aborígenes. A través del libro *Algunos informes de Australia central* [1879], del etnólogo Richard Bennet (?), adquirió los conocimientos críticos necesarios para rebatir a quienes afirmaban, erróneamente, que en la sociedad aborigen no existían ni leyes ni cultura. En la *Victorian Review* leyó después otros artículos acerca de la situación económica del país, entre ellos «El futuro comercial de Australia» [1880] y «El futuro de la Australia del nordeste» [1880].

A partir del otoño de 1879, Marx empezó a estudiar en profundidad las ciencias de la naturaleza. A pesar de su comprometido estado de salud, su curiosidad intelectual nunca satisfecha lo indujo a emprender una laboriosa actualización de sus conocimientos sobre algunas disciplinas que, a lo largo de la segunda parte del siglo XIX, habían dado origen a importantes desarrollos científicos.

Animado por ese intento, llevó a cabo voluminosos resúmenes de libros de reciente publicación, como *Las teorías modernas de la química y su significado para la estática química* [1872], de Lothar Meyer (1830-1895), la cuarta edición revisada del *Breve manual de química según las nuevas perspectivas de la ciencia* [1873] y los dos volúmenes del *Tratado de química* [1877-1879], ambas obras escritas a cuatro manos por Henry Roscoe (1833-1915) y Carl Schorlemmer (1834-1892). De este último, que durante mucho tiempo fue amigo y colaborador de Engels en Mánchester, Marx también leyó el *Manual de química de los compuestos de carbono, o de química orgánica* [1874]. Por último, Marx transcribió algunas observaciones del *Manual de química fisiológica* [1868], de Wilhelm Kühne (1837-1900). Utilizó estos textos para elaborar numerosos prospectos y cuadros sinópticos de química, tanto orgánica como inorgánica,[65] prestando especial atención a los metales, el carbono y la teoría molecular.

Junto a estos textos de química leyó otros de física, fisiología y geología, elaborando, como era habitual en él, varios resúmenes. Entre ellos cabe citar *La física expuesta de manera comprensible según su nueva perspectiva* [1858], del matemático Benjamin Witzschel (1822-1882), los *Elementos fundamentales de la fisiología humana* [1863], del fisiólogo Ludimar Hermann (1838-1914), los *Rasgos fundamentales de la fisiología humana teniendo en cuenta el cuidado de la salud y las exigencias prácticas del médico* [1868], del antropólogo y fisiólogo Johannes Ranke (1836-1916), y nuevos extractos tomados de la obra de Joseph Beete Jukes (1811-1869), estudiada ya en 1878.

A lo largo de 1880, Marx se dedicó también al estudio del *Tratado de economía política* [1876], de Adolph Wagner (1835-1917), profesor de Economía Política de la Universidad de Berlín y defensor del socialismo de Estado. Como era habitual en él, a medida que iba leyendo esta obra elaboró un compendio de las principales partes del texto, dedicando a cada una de ellas una densa serie de comentarios críticos. En las *Notas marginales al «Tratado de economía política» de Adolph Wagner*, Marx observaba que, incluso en el tipo de sociedad postulada por aquellos intelectuales alemanes que, con sarcasmo, eran definidos como socialistas de cátedra, las contradicciones fundamentales del capitalismo seguían siendo prácticamente inmutables. Decía, en efecto, que «allí donde el Estado es productor capitalista, como ocurre en la explotación de las minas, los bosques, etc., sus productos son "mercancías" y poseen, por tanto, el carácter específico de otra mercancía cualquiera».[66]

Uno de sus intentos consistió en demostrar que Wagner no había entendido la diferencia entre valor y valor de cambio. Por consiguiente, no había sido capaz de distinguir la teoría de Marx de la de David Ricardo (1772-1823), que se había ocupado exclusivamente del «trabajo como medida de la magnitud del valor».[67] Según Wagner, valor de uso y valor de cambio «han de derivarse [...] del concepto de valor»;[68] para Marx, en cambio, debían considerarse a partir de un *«concretum* [...]: las mercancías».[69]

Como Wagner había afirmado que la teoría del valor expuesta por Marx era «la piedra angular del sistema socialista»,[70] el propio Marx replicaba que, «en vez de echar sobre mí la carga de probar hechos futuros», habría debido aportar pruebas de lo que sostenía en líneas generales. Wagner se equivocaba cuando decía que ningún «proceso de producción puede desarrollarse sin la mediación de esa actividad de los capitalistas privados». Marx le llevaba la contraria mencionando los casos de «las comunidades de la antigua India, [...] las colectividades familiares de los países eslavos del Sur, etc.».[71] Señalaba que «en una comunidad primitiva en la que, por ejemplo, se produzcan colectivamente los medios de vida y se repartan entre los miembros de la comunidad, el producto común satisface directamente las necesidades de cada individuo, de cada productor». En este caso, «el carácter social del producto, del valor de uso, radica aquí en su carácter colectivo (comunal)».[72]

Marx dirigía luego la atención a otras tesis de Wagner. Según había afirmado este, «la ganancia capitalista [era] un elemento constitutivo del valor y no, como quieren los socialistas, algo que se le sustrae o se le roba al obrero». Marx, por el contrario, quería recalcar que él había demostrado que el capitalista «no se limita a "sustraer" o "robar", sino que lo que hace es extorsionar la producción de plusvalor». Se trataba de un mecanismo distinto, en el que, cuando el capitalista «paga al obrero el valor real de su fuerza de trabajo […] tiene derecho a […] apropiarse del plusvalor». Pero eso constituía un «derecho», una no violación del intercambio de mercancías, solo «dentro de ese modo de producción» y, en cualquier caso, no convertía, como afirmaba Wagner, «la "ganancia del capital" en el elemento "constitutivo" del valor».[73]

Además, Marx transcribió otra declaración paradójica de Wagner en la que afirmaba que «Aristóteles […] se equivocaba al no considerar como transitorio el régimen [económico] esclavista», mientras que Marx postulaba una tesis equivocada al considerar la economía capitalista un «régimen transitorio». Para aquel economista oriundo de Baviera, «la actual organización de la economía nacional y la base jurídica [esto es] la propiedad privada en tierras y capital», constituían «un arreglo, en general inalterable».[74] Por el contrario, para Marx la propiedad privada era un modo de producción histórico y, por ende, habría podido sustituirse por una forma de organización económica y política radicalmente distinta, a saber, por una sociedad sin clases.

ENTRE LA ANTROPOLOGÍA Y LAS MATEMÁTICAS

En los primeros meses de 1881 y, siempre que le fue posible, Marx siguió trabajando, a pesar de las desfavorables circunstancias personales. También en este periodo, contrariamente a lo que han afirmado sus biógrafos, que han presentado los últimos años de su existencia como una fase durante la cual había dado ya por satisfecha su curiosidad intelectual y su capacidad de elaboración teórica,[75] Marx no solo continuó sus investigaciones, sino que las extendió a nuevas disciplinas.

En el mes de febrero había confiado a Danielson que «tengo una masa colosal de deudas» en forma de cartas con las personas con las que se escribía, pues estaba muy embebido en sus nuevos estudios y se había empeñado en acabar las investigaciones basadas en «una enorme masa de *libros azules*, que recibí desde distintos países, principalmente desde los Estados Unidos».[76]

Entre diciembre de 1880 y junio de 1881, el interés de Marx se vio absorbido también por otra disciplina: la antropología. Marx dio comienzo al estudio en profundidad de este tema gracias al libro *La sociedad primitiva* [1877],[77] del antropólogo estadounidense Lewis Morgan (1818-1881), que había recibido dos años después de su publicación gracias a Kovalevski, que se lo había traído consigo al regresar de un viaje a Estados Unidos.

La lectura de este texto, en la que Marx se concentró con particular atención —lo que más le sorprendió fue la relevancia que Morgan atribuía a la producción y a los factores técnicos como condiciones previas del desarrollo del progreso social—, se revelaría determinante hasta el punto de impulsarlo a redactar un denso compendio de cien páginas. Ese resumen constituye la parte principal de los llamados *Apuntes etnológicos*. Entre ellos figuran también los extractos de los volúmenes *Java, o cómo administrar una colonia* [1861], de James Money (1818-1890), abogado y conocedor experto de Indonesia; *La aldea aria en India y Ceilán* [1880], de John Phear (1825-1905), presidente del tribunal supremo de Sri Lanka; y *Lecciones sobre la historia antigua de las instituciones* [1875], del historiador Henry Maine (1822-1888), que en conjunto suponen otros cien folios.[78] Las comparaciones entre las teorías de estos autores, presentadas por Marx en sus resúmenes, permiten suponer que la redacción de todo este material se llevó a cabo en un periodo relativamente breve, y que tras ella subyace la voluntad de realizar un estudio exhaustivo sobre el tema.

A lo largo de sus anteriores investigaciones, Marx ya había examinado las formas socioeconómicas del pasado, respecto a las cuales desarrolló numerosos comentarios en la primera parte del manuscrito de *La ideología alemana*, concretamente en la amplia sección titulada «Formas que preceden a la producción capitalista»,[79] contenida en los *Grundrisse*, y también en el Libro Primero de *El capital*. El tema, sin embargo, no se convirtió en materia de estudio en profundidad ni fue actualizado hasta la elaboración de los *Apuntes etnológicos*.

Marx emprendió las investigaciones que acompañaron su redacción con el fin específico de incrementar sus conocimientos sobre periodos históricos, áreas geográficas y temas considerados fundamentales para poder seguir adelante con el proyecto de crítica de la economía política. Además, estos estudios le permitieron conseguir informaciones detalladas acerca de las características sociales y las instituciones del pasado más remoto, que todavía no estaban en su poder cuando había elaborado los manuscritos y las obras de las décadas de 1850 y 1860. Y, por si fuera poco, fueron actualizados gracias a las teorías postuladas por los especialistas más eminentes en estos campos, que eran contemporáneos suyos.

Marx se dedicó a este estudio, muy dispendioso en términos de energía, por la misma época en la que todavía aspiraba a terminar el Libro Segundo de *El capital*. No se ocupó de la antropología por mera curiosidad intelectual, sino con una intención exquisitamente teórico-política. Quiso reconstruir, sobre la base de un conocimiento histórico correcto, la secuencia en la cual se habían sucedido verosímilmente los diferentes modos de producción a lo largo del tiempo. Necesitaba ese conocimiento para aportar unos fundamentos históricos más sólidos a la posible transformación de tipo comunista de la sociedad.[80]

Al perseguir este objetivo, cuando se puso a escribir los *Apuntes etnológicos*, Marx elaboró amplios resúmenes e interesantes anotaciones sobre la prehistoria, el desarrollo de los lazos familiares, la condición de la mujer, el origen de las relaciones de propiedad, las prácticas comunales existentes en las sociedades precapitalistas, la formación y la naturaleza del poder estatal, el papel del individuo, y sobre otras cuestiones más próximas a su época, como, por ejemplo, las connotaciones racistas de algunos antropólogos y los efectos del colonialismo.

En el tema concreto de la prehistoria y del desarrollo de los lazos familiares, Marx extrajo tantas indicaciones útiles del pensamiento de Morgan que, como diría Henry Hyndman, «cuando [...] [las tesis expuestas en] *La sociedad primitiva* demostraron [a Marx] de manera convincente que la *gens*,[81] y no la familia, era la unidad social del antiguo sistema tribal y de la sociedad originaria, modificó inmediatamente su anterior opinión».[82]

Precisamente fueron los estudios de antropología de Morgan sobre la estructura social de las poblaciones primitivas los que le permitieron superar los límites de las interpretaciones tradicionales acerca de los sistemas de parentesco, y entre ellas la postulada por el historiador Barthold Niebuhr (1776-1831) en su *Historia de Roma* [1811-1812]. Morgan había establecido con claridad, ante todo y en contra de todas las hipótesis anteriores, que quienes afirmaban que la *gens* era «posterior [...] a la familia monógama» habían cometido un grave error, pues esta no era más que el resultado de un «conglomerado de familias».[83] En sus estudios sobre la prehistoria de la humanidad y de las sociedades primitivas, había llegado a una conclusión muy interesante para Marx. La familia patriarcal no era considerada la unidad básica originaria de la sociedad, sino una forma de organización social aparecida con posterioridad y en una época más reciente de lo que se pensaba en general. Era «una organización demasiado débil como para poder afrontar sola la lucha por la existencia». Era mucho más posible suponer la presencia de una forma como la que adoptaron los aborígenes de América, la familia sindiásmica, cuyos miembros se caracterizaban por «practica[r] el principio del comunismo en su modo de vivir».[84]

Marx criticó, en cambio, a Maine, con quien mantuvo una polémica constante en las páginas de sus resúmenes. En su libro *Lecciones sobre la historia antigua de las instituciones*, el jurista e historiador británico había concebido que «la familia privada es la base de la que proceden el *sept*[85] y el clan». La discrepancia de Marx con este intento de retrasar la marcha de las agujas del reloj de la historia, trasladando la época victoriana a la prehistoria, lo llevó a afirmar que «el señor Maine, como buen zoquete inglés, no parte de la *gens* sino del patriarca, que luego se convierte en jefe, etc. Estupideces».[86] Y siguió lanzando una sucesión de críticas burlonas hacia él: «Maine, después de todo, no se puede quitar de la cabeza la familia privada inglesa»;[87] «Maine traslada su familia "patriarcal" romana al mismo comienzo de las cosas».[88] Otro de los autores que Marx leyó por entonces y que tampoco se libró de sus invectivas fue Phear, del cual llegó a decir: «El burro de él lo basa todo en la familia privada».[89]

Por lo que respecta a Morgan, Marx encontró también estimulantes otras constataciones suyas relacionadas con el concepto de familia, por cuanto el «significado original» de la palabra «familia» —en latín *familia* tenía la misma raíz que *famulus* (criado)— «no tenía relación con la pareja unida en matrimonio y sus hijos, sino con el conjunto de esclavos y sirvientes que trabajaban para su mantenimiento y que se hallaban bajo la autoridad del *pater familias*».[90] A este respecto, Marx hizo la siguiente anotación:

> La familia moderna encierra en germen no solo la *servitus* (esclavitud) sino también la servidumbre, pues se halla ligada de antemano a servicios agrícolas. Es la miniatura de todos los antagonismos que se despliegan posteriormente en la sociedad y su Estado. [...] La familia monógama presupone siempre, para poder existir aislada autónomamente, una clase de servidores que originariamente en todas partes fueron directamente esclavos.[91]

También en otro punto de sus resúmenes, añadiendo una consideración suya, Marx escribió que «esto se halla inevitablemente unido con la familia monógama, una vez que se da la propiedad privada de casas, tierras y rebaños».[92] De hecho, como se señala en el *Manifiesto del partido comunista*, aquello representaba el punto de partida de la historia como «historia de lucha de clases».[93]

En *El origen de la familia, de la propiedad privada y del Estado* [1884], un libro definido por su autor como «la ejecución de un testamento» y un «trabajo [que] solo medianamente puede reemplazar al que mi difunto amigo no logró terminar»,[94] Engels completó el análisis llevado a cabo por Marx en los *Apuntes etnológicos*, y afirmó que la monogamia representaba la esclavización de un sexo por el otro, como la proclamación de un conflicto entre los sexos, desconocido hasta entonces en la prehistoria. En un viejo manuscrito inédito, redactado en 1846 por Marx y por mí, encuentro esta frase: «La primera división del trabajo es la que se hizo entre el hombre y la mujer para la procreación de hijos».[95] Y hoy puedo añadir: el primer antagonismo de clases que apareció en la historia coincide con el desarrollo del antagonismo entre el hombre y la mujer en la monogamia; y la primera opresión de clases, con la opresión del sexo femenino por el masculino. La monogamia [...] es la forma celular de la sociedad civilizada, y en ella ya podemos estudiar la naturaleza de las contradicciones y antagonismos que alcanzan su pleno desarrollo en esta sociedad.[96]

Sin embargo, la tesis de Engels planteaba una relación demasiado esquemática entre conflicto económico y opresión de género, ausente en las notas —fragmentarias y muy abstrusas— de Marx.[97]

Por otra parte, Marx había prestado también mucha atención a las consideraciones de Morgan acerca de la paridad entre los sexos. El antropólogo estadounidense pensaba que las sociedades antiguas eran más avanzadas en lo tocante al trato de las mujeres y los comportamientos hacia ellas. En este sentido, Marx transcribió las partes del libro de Morgan en las que este había señalado que, entre los griegos, «El cambio de la descendencia por línea femenina a la masculina fue perjudicial para la posición y los derechos de la mujer y de la madre». El estadounidense había añadido que «en todo momento predominó entre los griegos un principio, difícil de encontrar entre los salvajes, de egoísmo calculado por parte de los hombres, que tendía a menguar la estimación de la mujer». Morgan valoraba muy negativamente el modelo social de la antigua Grecia: «Los griegos siguieron siendo bárbaros en el apogeo de su civilización en el tratamiento del sexo femenino; [la] educación [que se le impartía era] superficial [... y] su inferioridad le era inculcada como un principio, hasta el punto de que llegó a ser aceptada como un hecho por las mujeres mismas». Pensando en el contraste que ello suponía con respecto a los mitos del mundo clásico, Marx añadió un comentario muy agudo: «Pero la situación de las diosas del Olimpo muestra reminiscencias de una posición anterior de las mujeres más libre e influyente. La ansiosa de poder Juno, la diosa sabiduría nace de la cabeza de Zeus, etc.».[98] Para Marx, el recuerdo de las divinidades libres del pasado proporcionaba un ejemplo de una posible emancipación en el presente.[99]

En la lectura de Morgan, Marx también encontró inspiración para otro tema de importancia muy significativa: el origen de las relaciones de propiedad. En efecto, el famoso antropólogo estadounidense había establecido una relación de causalidad entre los distintos tipos de estructura de parentesco y las formas socioeconómicas. En la historia de Occidente, según Morgan, los motivos de la afirmación del sistema descriptivo, esto es, aquel en el que se describen los parientes consanguíneos y la relación de parentesco de cada individuo es más específica (los parientes consanguíneos son «hijo del hermano, nieto del hermano, hermano del padre, hijo del hermano del padre»), y de la decadencia del sistema clasificatorio, en el que los parientes consanguíneos son agrupados en categorías sin tener en cuenta la «cercanía o lejanía del ego» («mis propios hermanos y los hijos de los hermanos de mi padre son todos hermanos míos por igual»), debían ponerse en relación con el desarrollo de la propiedad privada y del Estado.[100]

En el libro de Morgan, dividido en cuatro partes, la correspondiente al «Desarrollo del concepto de familia» (III) se situaba después de las secciones que trataban del «Desarrollo de la inteligencia a través de los inventos y los descubrimientos» (I), y sobre el «Desarrollo del concepto de gobierno» (II), y antes de la que trataba del «Desarrollo del concepto de propiedad» (IV). Marx invirtió el orden de los temas: I. Inventos. II. Familia. III. Propiedad y IV. Gobierno, para que resultara más evidente el nexo existente entre las dos últimas secciones.

Morgan afirmaba respecto al «principio aristocrático» que, aunque hiciera miles de años que «[los derechos de] riqueza, de jerarquía y de posición oficial» se habían impuesto al «[poder] de la justicia y de la inteligencia», había pruebas suficientes para poder afirmar que «las clases privilegiadas [...] no han dejado de mostrar su carácter oneroso [*burdensome*] para la sociedad».[101] En una de las últimas páginas de *La sociedad primitiva*, reproducida casi íntegramente por Marx, acerca de las consecuencias perversas que era capaz de generar la propiedad privada, se expresan algunos conceptos que le causaron una profunda impresión:

> A partir del advenimiento de la civilización, el acrecentamiento de la propiedad ha sido tan inmenso, sus formas tan diversificadas, sus empleos tan generalizados y su manejo [*management*] tan inteligente para el interés de sus dueños, que ha llegado a ser para el pueblo una potencia indomable. La mente humana se siente aturdida en presencia de su propia creación. Llegará el día, sin embargo, en que el intelecto humano se eleve hasta dominar la propiedad y defina las relaciones del Estado con la propiedad que salvaguarda y las obligaciones y limitaciones de derechos de sus dueños. Los intereses de la sociedad son mayores que los de los individuos y debe colocárselos en una relación justa y armónica.

Morgan se negaba a creer que «el destino final de la humanidad [pueda ser] una mera carrera hacia la propiedad» y lanzó, a este respecto, una severa advertencia:

> La disolución social amenaza claramente ser la terminación de una empresa de la cual la propiedad es el fin y la meta, pues dicha empresa contiene los elementos de su propia destrucción. La democracia en el gobierno, la fraternidad en la sociedad, la igualdad de derechos y privilegios y la educación universal anticipan el próximo plano más elevado de la sociedad, al cual la experiencia, el intelecto y el saber tienden firmemente. (Un nivel superior de la sociedad)[102] será una resurrección, en forma más elevada, de la libertad, igualdad y fraternidad de las antiguas *gentes*.[103]

La «civilización» burguesa no sería, pues, la última fase de la humanidad, sino que también representaría una etapa transitoria. Si esta había surgido al término de dos largas épocas definidas, según los términos utilizados por entonces, como «estado salvaje» y «estado bárbaro», tras la abolición de las formas comunitarias de organización social, que habrían implosionado a raíz de la acumulación de propiedades y de riquezas y de la aparición de las clases sociales y del Estado, la prehistoria y la historia estaban destinadas a encontrarse de nuevo.[104]

Morgan consideraba que las sociedades antiguas eran muy democráticas y solidarias. Por lo que respecta a la actual, se limitaba a hacer una declaración de optimismo acerca del progreso de la humanidad, sin apelar en ningún momento a la necesidad de la lucha política.[105] Marx, por su parte, no postuló nunca como hipótesis la revisión socialista del «mito del buen salvaje». De hecho, no aspiró nunca a una vuelta al pasado, sino que, como había comentado al copiar el libro de Morgan, esperaba el advenimiento de «un tipo de sociedad superior»,[106] basada en una nueva forma de producción y un modo distinto de consumo. Por otra parte, esa sociedad no surgiría gracias a una evolución mecánica de la historia, sino solo a través de la lucha consciente de las trabajadoras y los trabajadores.

En los textos de antropología Marx leyó, en definitiva, todo lo que tenía que ver con el origen y las funciones del Estado. A través de los extractos de Morgan, resumió el papel desempeñado por esta institución en la fase de transición de la barbarie a la civilización; mientras que con los apuntes elaborados a partir del texto de Maine, se dedicó al análisis de las relaciones entre el individuo y el Estado.[107] Continuando con sus elaboraciones más significativas al respecto, desde la *Crítica de la filosofía del derecho de Hegel*[108] hasta *La guerra civil en Francia*,[109] también en los *Apuntes etnológicos* presentaba al Estado como un poder de sometimiento social, como una fuerza que impide la plena emancipación del individuo.

En las notas escritas en 1881, insistió en el carácter parasitario y transitorio del Estado y, refiriéndose a Maine, precisó:

> Maine ignora [...] que incluso la existencia, aparentemente suprema e independiente, del Estado, no es más que una apariencia, y que el Estado en todas sus formas es una excrecencia de la sociedad. Incluso su apariencia no se presenta hasta que la sociedad ha

alcanzado un cierto grado de desarrollo, y desaparecerá de nuevo en cuanto la sociedad llegue a un nivel hasta ahora inalcanzado.

Tras la crítica a la institución política Marx siguió con la crítica a la condición de los hombres, en unas circunstancias históricamente dadas. Para Marx, si «llega a destacarse unilateralmente la individualidad»[110] es debido a la formación de la sociedad civilizada, con la consiguiente transición de un régimen de propiedad común a otro de propiedad individual. «Pero la verdadera naturaleza de esta individualidad "del Estado" no se muestra hasta que se analiza su contenido, esto es "sus intereses"». Eso demuestra que dichos intereses son «intereses comunes a ciertos grupos sociales», que son «intereses de clase». Según Marx, se trata de un Estado que presupone «las clases». Por lo tanto, la individualidad que existe en este tipo de sociedad es una individualidad de clase: «Los individuos son individuos de clase, es decir individuos de grupos sociales basados en condiciones económicas que también sustentan al Estado».[111]

En los *Apuntes etnológicos* Marx desarrolló también no pocas observaciones relacionadas con otro tema, sugerido por el lenguaje plagado de definiciones discriminatorias de los documentos que estaba estudiando: las connotaciones racistas empleadas por los antropólogos.[112] El rechazo de Marx a semejante ideología fue categórico, y sus comentarios acerca de los autores que se expresaban de ese modo fueron muy cáusticos. Por ejemplo, cuando Maine utiliza epítetos discriminatorios, Marx comenta en tono perentorio: «¡Otra vez este disparate!». Son asimismo recurrentes expresiones del siguiente tenor: «¡Que el diablo se lleve esta jerigonza aria!».[113]

Por último, a través de los libros *Java, o cómo administrar una colonia*, de Money, y *La aldea aria en India y Ceilán*, de Phear, Marx estudió los efectos negativos de la presencia europea en Asia. Por lo que se refiere a la primera de las obras citadas, Marx, que no estaba en absoluto interesado en las opiniones acerca de la política colonial de su autor, encontró, en cambio, útiles las detalladas informaciones relativas al comercio presentes en el libro.[114] Adoptó un enfoque similar con la obra de Phear, del cual destacó los datos que aportaba sobre el estado de Bengala en la India, ignorando sus endebles construcciones teóricas.

Todos los autores leídos y resumidos por Marx en los *Apuntes etnológicos* se habían visto influenciados, aunque con matices distintos, por la concepción evolucionista imperante en aquella época, y algunos eran incluso abanderados convencidos de la superioridad de la cultura burguesa. Un examen de los *Apuntes etnológicos* pone de manifiesto, de manera evidente, que Marx no sufrió influjo alguno de sus posturas ideológicas.

Las teorías del progreso, predominantes en el siglo XIX y también muy difundidas entre los antropólogos y los etnólogos, postulaban que la sucesión de los acontecimientos respondía a una trayectoria dada, debida a factores externos a la acción del hombre, que seguía unos estadios sucesivos rígidamente concatenados entre sí, y que tenía una única meta final, igual en todos los casos: el mundo capitalista.

Al cabo de pocos años, con el florecimiento de la Segunda Internacional, también cuajó entre las filas del movimiento obrero la ingenua convicción del desarrollo automático de la historia. La única variante respecto a la versión burguesa era la previsión de una etapa final, que vendría seguida por el «hundimiento» del sistema capitalista, destinado automáticamente al ocaso: el advenimiento del socialismo (definido a continuación, por si fuera poco, como «marxista»).[115]

Este análisis, además de ser epistemológicamente erróneo, produjo una especie de pasividad fatalista que se transformó en factor de estabilidad del orden existente y en un debilitamiento de la acción social y política del proletariado. Marx supo oponerse a semejante postura considerada «científica» por muchos, que venía a unir la de matriz burguesa que ya se había impuesto, y la que también empezaba a levantar cabeza en el frente socialista, sin ceder a los fáciles cantos de sirena que anunciaban el curso unívoco de la historia, conservando su característico planteamiento: complejo, dúctil y multiforme.

Si bien hubo numerosos oráculos darwinistas que lo consideraron un autor inseguro y vacilante,[116] Marx supo escapar de la trampa del determinismo económico en la que cayeron; en cambio, cabe achacar a otros muchos de sus seguidores y de sus presuntos continuadores una de las peores características del «marxismo», más allá de la distancia sideral de los propósitos en los cuales pretendían inspirarse.

En los manuscritos, en los cuadernos de apuntes, en las cartas dirigidas a los camaradas y militantes que estaban en contacto con él, así como en sus intervenciones públicas, pocas a todas luces debido a los múltiples dramas familiares y a la decadencia de sus fuerzas físicas, Marx continuó sus investigaciones para reconstruir la compleja historia del paso de las formas de las sociedades antiguas a la capitalista. Gracias a los estudios llevados a cabo sobre las obras de antropología que leyó y sintetizó, Marx encontró la confirmación de que el progreso humano había avanzado con más rapidez en las épocas en las que se habían ampliado las fuentes de subsistencia, empezando por el surgimiento de la agricultura. Acumuló las informaciones históricas y los datos recopilados a partir de esas obras, pero no compartió sus rígidos esquemas sobre la inevitable sucesión de determinados estadios de la historia de la humanidad.

Rechazó las rígidas representaciones que ligaban los cambios sociales solamente a las transformaciones económicas. Por el contrario, defendió las especificidades de las condiciones históricas, las múltiples posibilidades que ofrecía el paso del tiempo y el protagonismo de la intervención del hombre a la hora de modificar las condiciones existentes y hacer realidad el cambio.[117] Estas fueron las características más sobresalientes de la elaboración teórica del último Marx.

Junto al estudio de la antropología, durante la primera mitad de 1881 Marx reanudó el estudio de la química orgánica y, continuando con ese interés desde 1879, elaboró una serie de tablas sobre la parafina, la gasolina y sus diversos compuestos aromáticos.[118] Pero sobre todo en esa primera mitad del año volvió a ocuparse de las matemáticas, disciplina a la que ya se había enfrentado en varias ocasiones en el pasado.

A comienzos de 1858, Marx le comentaba a Engels que había cometido tantos errores de cálculo durante la redacción de los

Grundrisse que, «por desesperación», se había puesto de nuevo a estudiar álgebra. Según le había confesado a su amigo, «la aritmética me ha resultado siempre difícil, pero a través de la vía indirecta del álgebra he conseguido meterme con ella otra vez».[119] En un principio, pues, el interés que mostró Marx por la ciencia de los números fue en función de sus estudios de economía política y de los problemas teóricos que estos le planteaban, tras comprender lo urgente que era para él emprender unas determinadas investigaciones a fin de resolverlos.

Por otro lado, cuando Marx comenzó esas investigaciones, su relación con las matemáticas experimentó un profundo cambio. Además de resultarle útiles para *El capital*, se convirtieron en una fuente de interés cultural por sí solas, hasta el punto de asumir un carácter muy especial en el ámbito de su actividad intelectual.

Ya desde finales de 1860, por la época en la que su mujer había enfermado de viruela y sus hijas habían tenido que alejarse de casa para evitar el peligro de contagio, Marx, que había tenido que convertirse en una especie de «enfermero», le había contado a Engels que, dadas las circunstancias, «está prácticamente *out of question* [fuera de cuestión] que escriba artículos [para el *New-York Tribune*]. La única ocupación que me permite conservar mi *quietness of mind* [tranquilidad de espíritu] necesaria, son las matemáticas».[120] Siguió con esta costumbre hasta el final de sus días. En la correspondencia con su amigo, que por entonces residía aún en Mánchester, comentaría en numerosas ocasiones el placer que le procuraban las matemáticas. En la primavera de 1865, le contaba a Engels que, durante la redacción de *El capital* —que lo obligó a sudar la gota gorda, «como un mulo»—, aprovechaba el tiempo en el que se sentía con ganas de trabajar, pues los forúnculos no le daban tregua, aunque, por fortuna, no afectaban a la cavidad craneal: «A ratos, como no se puede siempre estar escribiendo, hago algo de cálculo diferencial dx/dy». Según diría más tarde, «Toda otra lectura me conduce siempre de vuelta a mi escritorio».[121]

A largo de la década de 1870, Marx siguió por esta misma senda.[122] Más aún, a partir de finales de esta década, se dedicó a las matemáticas de un modo más sistemático y escribió varios centenares de páginas que, posteriormente, recibirían la denominación de *Manuscritos matemáticos*.[123]

Por último, en 1881 Marx centró su atención en las teorías matemáticas de Isaac Newton (1643-1727) y de Leibniz, autores a caballo entre los siglos XVII y XVIII que, independientemente el uno del otro,[124] habían inventado —el primero en Inglaterra y el segundo en Alemania— el cálculo diferencial y el cálculo integral, los dos componentes del cálculo infinitesimal. A raíz de estos nuevos estudios, surgieron dos breves manuscritos —titulados *Sobre el concepto de derivada de una función* y *Sobre el diferencial*—, en los que Marx presentaba, mediante la exposición sistemática de sus ideas, su interpretación del cálculo diferencial e ilustraba el método descubierto.[125] Ambos trabajos iban dedicados a Engels, a quien Marx los hizo llegar en cuanto los hubo concluido, para que le diera su opinión.

Los estudios de Marx sobre la historia del cálculo diferencial, empezando por sus orígenes, fueron acompañados por la elaboración de variados apuntes y borradores preliminares[126] y tenían un objetivo muy concreto: criticar los cimientos del cálculo infinitesimal, negando la existencia de unas matemáticas primarias a los diferenciales dx y dy.[127] En el transcurso de estas investigaciones puso en entredicho, ante todo, la creación «mística» del cálculo diferencial desarrollado por Newton y por Leibniz, porque ninguno de los dos habían proporcionado una explicación formal sobre cómo lo habían hecho. Marx los criticó a ambos por haberlo introducido sin definirlo.[128]

Este aspecto negativo ya había sido visto por otros grandes matemáticos, como Jean d'Alembert (1717-1783) y Joseph-Louis Lagrange (1736-1813), cuyas tesis había estudiado Marx con mucho interés. Pero tanto uno como otro, el primero a través del método racionalista y mediante la introducción de la noción de límite, y el segundo utilizando el método puramente algebraico y el concepto de función derivada, habían sido incapaces de resolver la cuestión puesta de relieve por Marx.

Insatisfecho después de intentar profundizar en el problema, Marx decidió seguir con sus investigaciones con el fin de atribuir al cálculo diferencial un estatus formal y riguroso, no de modo «místico», sino a partir de bases conceptuales. Sin embargo, no estaba al corriente de los nuevos estudios sobre el tema, pues sus conocimientos de la literatura matemática se habían quedado en los descubrimientos llevados a cabo a comienzos del siglo XIX. No logró ponerse al día sobre las soluciones descubiertas por dos matemáticos de su época, Augustin-Louis Cauchy (1789-1857) y Karl Weierstrass (1815-1897),[129] lo cual, probablemente, le habría permitido avanzar hacia el objetivo que se había fijado.[130]

En cuanto a la lectura de los *Manuscritos matemáticos* por parte de Engels, según dice este en una carta de agosto de 1881, «ayer me armé de valor y decidí estudiar[los]». Felicitó inmediatamente a Marx afirmando que «así queda claro de una vez para todas lo que muchos matemáticos llevaban tiempo sosteniendo sin poder ofrecer unos fundamentos racionales: a saber, que el cociente diferencial es el original, [y] que las diferenciales dx y dy son derivadas». Engels quedó tan impresionado por los estudios de su amigo que llegó a comentarle: «Esta historia me ha obsesionado hasta tal punto que no solo pienso en ella todo el día, sino que incluso la noche pasada le di en sueños a un tipo mis gemelos para diferenciar, y él lo resolvió con ayuda de ellos».[131]

Las discusiones sobre el tema entre Marx, Engels y su común amigo Samuel Moore (1838-1911) continuaron hasta finales del año siguiente. En noviembre de 1882, Marx seguía convencido de que «podría cerrar el pico a todo este desarrollo histórico del análisis replicando a mi vez que, prácticamente, nada esencial ha cambiado en la aplicación geométrica del cálculo diferencial, es decir, en la representación sensible que efectúa la geometría». No obstante, en contra de lo que esperaba, no hubo nunca una «ocasión futura» en la que pudiera continuar con sus investigaciones en la biblioteca del Museo Británico de Londres y preparar «una discusión pormenorizada de los distintos métodos».[132]

En esta fase de la vida de Marx, el interés por el cálculo diferencial no debe ponerse en relación con la preparación del Libro Segundo de *El capital*. El pensador se ocupó sobre todo de las matemáticas puras y no de su aplicación a la economía, como había sucedido, por el contrario, a comienzos de la década de 1870, cuando «repetidas veces he tratado de calcular [...] esas *ups and downs* [subidas y bajadas]» de los precios, «y he creído posible (y sigo creyendo) que es posible [...] determinar matemáticamente, partiendo de ahí, las leyes esenciales de las crisis».[133] Y tampoco tenía intención, a diferencia de lo que han llegado a argumentar algunos expertos en relación con estos manuscritos,[134] de escribir su propio libro de matemáticas.

Los *Manuscritos matemáticos* ponen de relieve, en cambio, la peculiaridad de la relación que mantuvo Marx con las matemáticas. Dicha relación supuso, ante todo, un estímulo intelectual útil para la búsqueda de su método de análisis social, en particular en lo tocante a la dialéctica y a la representación de la «totalidad». Las matemáticas se convirtieron finalmente para Marx casi en un lugar físico; acaso a veces en un espacio lúdico, pero, sobre todo, en un refugio al que retirarse en los momentos de mayor dificultad personal.

CIUDADANO DEL MUNDO

Pese a que otros estudios teóricamente más dificultosos lo absorbían por completo, Marx no dejó nunca de interesarse por los principales acontecimientos económicos y de la política internacional de su época. De hecho, era un lector puntual de los principales diarios «burgueses»; además, recibía también y hojeaba regularmente la prensa obrera alemana y francesa. Sus jornadas empezaban siempre con los periódicos. Su mirada curiosa y ávida de noticias recorría con atención las páginas y se detenía en los principales sucesos internacionales, con el fin de estar informado en todo momento. Junto a estas lecturas, la correspondencia con dirigentes políticos e intelectuales de distintos países representaba a menudo otra fuente para adquirir informaciones, obtener nuevos estímulos y profundizar en el conocimiento de los temas más diversos.

Por ejemplo, la pregunta que le formuló a comienzos de 1881 Ferdinand Nieuwenhuis (1846-1919), máximo exponente de la Liga Socialdemócrata, la principal fuerza política socialista de Holanda por aquel entonces, sirvió para que Marx pudiera aclarar una vez más sus opiniones sobre el proceso de transición hacia el comunismo.

Al aproximarse el congreso socialista de 1881,[135] convocado con la ambición de reunificar los partidos más grandes del proletariado europeo en una nueva Internacional, Nieuwenhuis se dirigió a Marx para resolver un problema que, a su juicio, causaba grandes divisiones. Le preguntaba cuáles eran las medidas legislativas de carácter político y económico que habría debido adoptar un Gobierno revolucionario, una vez tomado el poder, con el fin de garantizar la afirmación del socialismo.

También en esta ocasión, reafirmándose en lo expresado anteriormente, Marx se declaró del todo contrario a responder con una fórmula general. Semejantes preguntas, de hecho, le parecían «un error», desde el momento en que «lo que es preciso hacer en un momento preciso del futuro y lo que debe hacerse de inmediato, son cosas que por supuesto dependen totalmente de las condiciones históricas en las que a cada uno le toca actuar». Para Marx, pues, aquella pregunta estaba planteada «en abstracto [...] y por ello es en realidad el planteo de un problema fantasma, cuya única solución puede ser la crítica de la cuestión misma».[136]

A Marx no le interesaba hacer previsiones sobre cómo iba a ser la sociedad libre del futuro; por el contrario, prefería centrarse en las condiciones que la harían realizable. Por ese motivo, la respuesta a Nieuwenhuis era perentoria, pues «no se puede resolver ninguna ecuación a menos que en sus términos estén implicados los elementos de su solución». Además, afirmaba estar seguro de que

> un gobierno socialista no llega al poder en un país a menos que las condiciones estén tan desarrolladas que pueda, sobre todo, adoptar las medidas necesarias para intimidar suficientemente a la gran masa de la burguesía a fin de ganar tiempo —el primer desiderátum— para una acción perdurable.[137]

Vistas estas consideraciones resulta evidente que, para Marx, la instauración de un sistema socialista de producción y de consumo era un proceso largo y complejo, y desde luego no realizable tan solo mediante la toma de la sede del poder. Afirmaba, de hecho, que «las dificultades de un gobierno surgido de repente de una victoria del pueblo no tienen nada que sea específicamente "socialista"». La Comuna de París —la única experiencia revolucionaria concreta que llegó al Gobierno— no podía ser considerada de ninguna manera un modelo útil de comparación. Había representado un caso muy particular, pues había sido «simplemente el levantamiento de una ciudad en condiciones excepcionales», y, además, la mayoría de sus dirigentes políticos «no era ni podía ser socialista en ningún sentido».[138]

Al comparar la posición de la clase obrera de su época con la de la burguesía naciente anterior a la caída del *Ancien Régime*, Marx pensaba que el frente proletario no iba con retraso:

> Las demandas generales de la burguesía francesa planteadas antes de 1789 eran aproximadamente las mismas, *mutatis mutandis*, que las demandas elementales del proletariado, actualmente uniformes en todos los países de producción capitalista. Pero ¿cualquier francés del siglo XVIII tenía *a priori* la menor idea de la forma en que podrían cumplirse los reclamos de la burguesía francesa?[139]

En términos más generales, Marx no abandonó nunca la convicción de que

> las anticipaciones teóricas, y necesariamente fantásticas, del programa de acción de una revolución futura solo nos desvían de la lucha del presente. El sueño de que el fin del mundo estaba al alcance de la mano inspiró a los cristianos primitivos en su lucha contra el Imperio romano dándoles confianza en la victoria. La visión científica de la inevitable descomposición del orden social vigente, que se produce continuamente ante nuestros ojos, y el creciente apasionamiento de las masas acicateadas por los viejos fantasmas del gobierno —en tanto que al mismo tiempo avanza con zancadas de gigante el desarrollo positivo de los medios de producción— todo esto es garantía suficiente de que en el momento en que es-

talle una verdadera revolución proletaria existirán también las condiciones (si bien éstas, seguramente, no serán idílicas) de su inmediato *modus operandi*.[140]

Por último, manifestaba también su opinión sobre el inminente congreso socialista del que le hablaba Nieuwenhuis y no escondía su escepticismo acerca de la posibilidad de hacer realidad, de inmediato, una nueva organización transnacional, según el modelo de la que él mismo había coordinado durante casi una década:

> Estoy convencido de que todavía no ha llegado el momento adecuado para la formación de una nueva Asociación Internacional de los Trabajadores, y por esta razón considero que todos los congresos obreros, y en particular los congresos socialistas —en la medida en que no están vinculados con las condiciones inmediatas en una u otra nación— no son sólo inútiles, sino perjudiciales. Se desvanecerán siempre en innumerables trivialidades generales y anacrónicas.[141]

Algunos corresponsales de Marx le pidieron que prestara atención a otro asunto que ocupaba el primer plano en las páginas de sucesos: el gran éxito obtenido por la obra *Progreso y pobreza*, publicada en 1879 por el economista estadounidense Henry George (1839-1897). En este libro, posteriormente traducido a muchísimas lenguas y del que llegaron a venderse millones de ejemplares, George había planteado una propuesta que lo había hecho famoso, a saber, que había que instituir un único impuesto sobre el valor de la tierra en sustitución de todos los demás impuestos existentes:

> Ya recaudamos parte de la renta en los impuestos. Sólo tenemos que hacer algunos cambios en el sistema tributario, para tomarla toda. [...] Por consiguiente, lo que yo propongo como el remedio sencillo pero soberano, [...] es recaudar la renta por medio del impuesto público. [...] En su forma, la propiedad de la tierra quedaría tal como está ahora. No hay necesidad de quitarle su tierra a ningún propietario, ni de restringir la cantidad de tierra que

cualquiera puede poseer. Porque, recaudando el Estado la renta mediante un impuesto, la tierra, no importa a nombre de quién esté la tierra, ni en qué parcelas se halle repartida, será efectivamente la propiedad común de todos, y cada miembro de la sociedad participará en los beneficios de su propiedad. De este modo, como el impuesto sobre la renta, o valor de la tierra, necesariamente ha de aumentarse a medida que los otros impuestos se supriman, podemos dar a la proposición una forma práctica, proponiendo que se supriman todos los impuestos salvo uno sobre el valor de la tierra.[142]

Como desde varios frentes habían pedido su opinión sobre el individuo que había planteado resolver en estos términos las causas de la paradójica coexistencia de progreso y pobreza, Marx se sintió en la obligación de darla, tras ser interpelado al respecto por Friedrich Sorge (1828-1906) —revolucionario alemán emigrado a New Jersey—, por John Swinton y por el socialista estadounidense Willard Brown (?). Su «breve juicio sobre el libro» fue, como ocurría con frecuencia, demoledor. Marx reconocía a George la cualidad de «escritor talentoso» y afirmaba que los elogios recibidos por la obra en Estados Unidos se debían en su mayor parte al hecho de que representaba «un primer intento, aunque fracasado, de emancipación de la economía política ortodoxa». No obstante, una vez hechas estas dos pequeñas concesiones, se declaró totalmente en contra de las apreciaciones del economista estadounidense: «Teóricamente, el hombre está espantosamente atrasado». A su juicio, «no entiende nada sobre la naturaleza de la plusvalía» y se perdía en especulaciones sobre sus componentes, a los que «se atribuye existencia independiente (acerca de las relaciones de beneficio, renta, interés, etc.)».[143]

Marx ponía totalmente en entredicho la «tesis fundamental» de la obra de George y le negaba cualquier originalidad. En su juventud, los propios Marx y Engels ya habían incluido en el *Manifiesto del partido comunista* la «expropiación de la propiedad inmueble y [la] aplicación de la renta del suelo a los gastos públicos»[144] entre las diez medidas que debían adoptarse en los países económicamente más desarrollados tras la toma del poder a manos de la clase obrera.

Marx recordaba a Swinton que «los discípulos más viejos de Ricardo, los radicales, ya imaginaban que, con la apropiación de la renta de la tierra por parte del Estado, todo estaría en su sitio».[145] Su crítica a este planteamiento databa incluso de 1847, cuando en la *Miseria de la filosofía* afirmaba: «Comprendemos que economistas tales como Mill, Cherbuliez, Hilditch y otros hayan pedido que el Estado se apropie de la renta a fin de sustituir con ella los impuestos. Era la expresión franca del odio que el capitalista industrial siente hacia el propietario del suelo, el cual es a sus ojos inútil y redundante».[146] Desde luego no bastaba para modificar las desigualdades existentes en la sociedad de la época.

En su respuesta a la carta que le había enviado Sorge, mencionaba los casos de otros autores que habían propuesto recetas similares en el pasado. Entre ellos estaban el francés Jean-Hyppolite Colins (1783-1859), que había intentado convertir «este desiderátum de los economistas burgueses avanzados de Inglaterra en una panacea socialista, declarando que este procedimiento era la solución de las contradicciones existentes en el actual modo de producción». Comentaba también que el economista alemán Adolph Samter (1824-1883), seguidor de Johann Rodbertus (1805-1875), un «banquero y exdueño de loterías [...] de Prusia Oriental [...] ha presentado su "socialismo" en un grueso volumen», publicado en 1875 con el título de *Doctrina social. Sobre la liberación de las necesidades en la sociedad humana.*

Para Marx, el libro de George se inscribía en esa línea de pensamiento. Además, «en él es tanto más imperdonable». Como ciudadano estadounidense, habría tenido que explicar cómo era posible que, en una realidad como la de su país, «donde relativamente —es decir, en comparación con la Europa civilizada— la tierra era accesible a la gran masa del pueblo y hasta cierto punto (también relativamente) lo sigue siendo, la economía capitalista y la correspondiente esclavización de la clase obrera se han desarrollado más rápida y desvergonzadamente que en cualquier otro país». Según Marx, lo que tenían en común todos estos pseudosocialistas era que sostienen la existencia del trabajo asalariado y de la producción capitalista y tratan de engañarse a sí mismos o al mundo creyendo que si la renta del suelo se transformase en impuesto estatal desaparecerían solos todos los males de la producción capitalista.[147]

Pues bien, a pesar de sus intenciones, las teorías de George y de todos los que las compartían constituían «simplemente un intento barnizado de socialismo, de salvar la dominación capitalista y, por cierto, de restablecerla sobre una base aún más amplia que la actual».[148] Para concluir, desdeñaba «la repelente presunción y arrogancia» del economista estadounidense, un rasgo, según Marx, «que despliegan sin excepción todos los mercachifles de panaceas».[149]

También a lo largo de 1881, atento como siempre a lo que ocurría en el mundo, Marx observó y comentó con amigos y familiares las novedades políticas del momento. En particular en el mes de febrero de aquel año, en una extensa carta dirigida a Danielson, incluiría algunas observaciones valiosísimas acerca de la situación reinante en algunos países.

El estudio de las crisis económicas, que siempre habían sido una de sus prioridades, y la Gran Depresión que desde 1873 se había abatido sobre diversos países del mundo, y de Inglaterra en particular, habían suscitado la atención del estudioso e intensificado las esperanzas del militante. Interpretando los acontecimientos financieros que estaban teniendo lugar en el Reino Unido, decía:

> Si la gran crisis industrial y comercial inglesa se produjo sin una bancarrota financiera culminante en Londres, este fenómeno *excepcional* se debió únicamente a [la introducción de] dinero francés.[150]

Estas consideraciones iban acompañadas de la descripción del cuadro económico general. La recesión se había manifestado mediante una caída muy sensible de la tasa de productividad y un drástico estancamiento de las exportaciones. Gran Bretaña había dejado de ser el motor del mundo y la «prosperidad victoriana» de las décadas anteriores se había convertido en un recuerdo del pasado. A este respecto, de un modo más pormenorizado, Marx observaba:

> El sistema ferroviario inglés se desliza por el mismo plano inclinado que el sistema europeo de la deuda pública. Los principales magnates directores de las diferentes redes ferroviarias no solo contratan —progresivamente— nuevos empréstitos para ampliar sus redes, es decir, el «territorio» que gobiernan como monarcas absolutos, sino que extienden sus respectivas redes para tener nuevos pretextos de contratar nuevos empréstitos, que les permitan pagar los intereses a los tenedores de obligaciones, acciones preferidas, etc., y también de vez en cuando, para apaciguar a los sufridos accionistas corrientes con dividendos algo mayores. Este agradable método terminará algún día en una fea catástrofe.[151]

No fue menor el interés que mostró Marx por los acontecimientos más destacados que ocurrían al otro lado del Atlántico. Uno de ellos fue la revuelta de San Francisco de 1877, es decir, los actos de violencia basados en motivos étnicos que fueron perpetrados contra la comunidad china en julio de dicho año. Las continuas peticiones que Marx le dirigió a Sorge para que le hiciera llegar desde Estados Unidos algún material «rico en contenido sobre las condiciones económicas de California» se remontan a noviembre de 1880.[152] Aquello le habría permitido avanzar en su análisis sobre la situación de la región, considerada extremadamente relevante porque «en ninguna otra parte [del mundo] la transformación provocada por la concentración de capital se había llevado a cabo con semejante descaro y con tanta rapidez».[153] Poco después, tras recibir el material necesario para sus investigaciones, Marx elaboró los extractos del artículo de George, «The Kearney Agitation in California» [1880], publicado en *The Popular Science Monthly*. En relación con el contexto de miseria cada vez mayor generada por la Gran Depresión económica de 1873 y espoleado por lo que había escrito George a ese respecto, Marx se interesó por las argumentaciones demagógicas y racistas utilizadas por

Dennis Kearney (1847-1907) contra los trabajadores chinos. Este último se había opuesto a las agitaciones organizadas por el Workingsmen's Party of the United States [WPUS, Partido de los Trabajadores de los Estados Unidos], y utilizando el eslogan *The Chinamen Must Go* ["¡Fuera los chinos!"],[154] había especulado con la rabia de los trabajadores por la crisis que estaba produciéndose para dirigirla contra los emigrantes y fomentar la guerra entre los pobres. Marx reprodujo lo que había observado George, esto es, que «el comunismo o el socialismo (entendiendo por estos términos el deseo de cambios sociales fundamentales)» no habían logrado conquistar el consenso de la mayoría de los trabajadores porque «la presencia de los chinos ha absorbido en gran medida la atención de las clases trabajadoras, ofreciendo lo que les ha parecido una explicación suficiente de la caída de los salarios y de la dificultad para encontrar trabajo».[155] Marx tenía muy presente que los conflictos entre proletarios, y en particular aquellos surgidos a raíz de procesos migratorios, constituían un arma muy potente en manos de la burguesía para distraer la atención de los trabajadores de los problemas reales que generaba la sociedad capitalista. Conservó siempre una gran esperanza en las potencialidades revolucionarias del movimiento obrero, aunque observaba cada vez con más atención las dificultades y contradicciones de la lucha de clases.[156]

Además, Marx siguió con atención el ascenso en el mundo de las finanzas de Jay Gould (1836-1892), uno de los principales constructores de líneas férreas de Estados Unidos, quien, a través de especulaciones gigantescas, se convirtió en uno de los hombres más ricos —y más carentes de escrúpulos— de su tiempo. De hecho, no sin razón se había ganado la fama de ser uno de los peores «barones ladrones» [*Robber Barons*] de su país.[157] Este personaje, que había sido el dueño de la Erie Railroad Company, la histórica línea férrea que operaba entre Nueva York y el nordeste de Estados Unidos, había asumido en 1879 el mando de tres grandes redes ferroviarias del Oeste, incluida la Union Pacific Railroad, que operaba en muchos estados del Pacífico, y la Missouri Pacific Railroad, que discurría al este del río Mississippi. Con ellas controlaba más de 16.000 kilómetros de ferrocarril, una novena parte del total de las líneas existentes en todo el país. Y en 1881 había conseguido expandir todavía más su imperio y hacerse también con la Western Union.

Interesado como estaba en el desarrollo de la sociedad estadounidense, Marx no pudo dejar de ocuparse del rápido ascenso de Gould y de comentar las palabras que el magnate había empleado para defenderse de los ataques de que había sido objeto por parte de un gran segmento de la opinión pública:

> En los Estados Unidos, los reyes del ferrocarril se han convertido en el centro de los ataques, no solo como antes por parte de los granjeros y otros «empresarios» industriales del Oeste, sino también por parte del gran representante del comercio [...]. Por su parte, el pulpo ferroviario y estafador financiero Gould ha dicho a los magnates comerciales de Nueva York: «Ahora atacan ustedes a los ferrocarriles porque los creen más vulnerables porque actualmente son impopulares; pero presten atención: después de los ferrocarriles le llegará el turno a toda clase de *corporación* (lo que en el lenguaje yanqui significa sociedad anónima); y más adelante a todas las formas de capital asociado; por último, a todas las formas de capital; de modo que ustedes están preparando el camino al comunismo, cuyas tendencias se difunden cada vez más en el pueblo».

«Mr. Gould "*a la flair bon*" [tiene buen olfato]»,[158] puntualizaba Marx, con la esperanza de que esa tendencia pudiera afirmarse realmente al otro lado del Atlántico.

En esa misma carta a Danielson, Marx se detuvo también a comentar los desarrollos políticos de la India, y hablando de ellos llegó a sospechar que el Gobierno británico no tardaría en encontrarse con «serias complicaciones, si no es un violento disturbio». A medida que pasaba el tiempo, la explotación resultaba cada vez más intolerable:

> Lo que los ingleses les sacan anualmente como renta, dividendos para los ferrocarriles que no usan los hindúes, pensiones para

el servicio militar y civil, para la guerra de Afganistán y otras, etc., etc., todo lo que les sacan sin retribución alguna y aparte de lo que se apropian anualmente *dentro* de la India, teniendo en cuenta únicamente el valor de las mercancías que los hindúes tienen que enviar gratuita y anualmente a Inglaterra, ¡todo esto alcanza a ser más que el total de ingresos de los sesenta millones de trabajadores agrícolas e industriales de la India! ¡Es una sangría hasta la exageración! Los años de hambre se suceden, y en proporciones todavía insospechadas en Europa. Se prepara una verdadera conspiración en la que cooperan hindúes y musulmanes; el gobierno británico se da cuenta de que algo se está «tramando», pero esta gente superficial (me refiero a la del gobierno), atontada por sus propios procedimientos parlamentarios de hablar y pensar, ni siquiera desea ver claro y comprender las dimensiones del inminente peligro. Engañar a otros y engañarse a sí mismos: ¡esta es la sabiduría parlamentaria en una cáscara de nuez! *Tant mieux!* [Tanto mejor].[159]

Marx dedicó también una atención especial, que no había abandonado en ningún momento desde la década de 1860, a la causa irlandesa. Algunas de sus consideraciones al respecto se encuentran en una carta del 11 de abril dirigida a su hija Jenny, comprometida desde hacía años con el apoyo al movimiento feniano. La oposición de Marx a la ocupación y a los terribles abusos que sufría Irlanda por parte de los ingleses fue total. En 1868, en cuanto tuvo conocimiento de que había sido nombrado primer ministro, William Gladstone (1809-1898) —definido por Marx como un «archihipócrita y casuista de vieja escuela»—[160] había afirmado que su «misión» política sería «pacificar Irlanda».[161]

Las primeras medidas adoptadas por su Gobierno para reorganizar la peliaguda problemática de la propiedad de la tierra en favor de los campesinos no respondieron a sus anuncios previos y resultaron ser un gran fracaso. La Ley del Terrateniente y el Arrendatario (Irlanda) [«Landlord and Tenant (Ireland) Act»], promulgada en 1870 con el fin de modificar la legislación existente, no hizo más que empeorar la situación. En efecto, al final de la citada década Irlanda fue el escenario de numerosas protestas que no solo iban dirigidas contra la terrible explotación perpetrada por los terratenientes, sino que además suponían una muestra de rebelión contra la dominación británica.

Cuando en abril de 1881 los liberales presentaron en el Parlamento la Ley de la Tierra (Irlanda) [«Land Law (Ireland) Act»], la segunda serie de medidas sobre la propiedad de la tierra, Marx la emprendió de nuevo contra el Gobierno, que, a diferencia de lo que afirmaban sus defensores, no estaba en realidad comprometido con limitar la arbitrariedad de los terratenientes ingleses frente a sus arrendatarios. Escribió una carta a su hija, Jenny Longuet, en la que decía que, en realidad, «con sus vergonzosas medidas preliminares (entre ellas la anulación de la libertad de palabra de los miembros de la Cámara de los Comunes)», el primer ministro no había hecho más que preparar «las condiciones en que están teniendo lugar, en gran escala, los desalojos en Irlanda».[162] Para Marx, las reformas propuestas por el Gobierno representaban «un simple pugilato en la oscuridad, ya que los lores —quienes consiguen de Gladstone todo lo que quieren y ya no tienen por qué temblar ante la Liga de la Tierra—[163] la rechazarán sin duda o la podarán de tal manera que los propios irlandeses votarán eventualmente contra ella».[164] Marx se equivocó, porque las medidas fueron aprobadas por el Parlamento inglés, pero acertó cuando supuso que no resolverían, ni mucho menos, los problemas de Irlanda. Tras la promulgación de la nueva legislación, solo unos pocos centenares de campesinos pudieron comprar las tierras y, al cabo de unos años, los disturbios se reanudaron.

En otra carta a Jenny, enviada un par de semanas después de la anterior, Marx volvería a tocar el tema, afirmando que la jugada de Gladstone había sido muy astuta. De hecho, con la nueva reforma, «en un momento en el que, como consecuencia de la importación de ganado y cereales procedentes de Estados Unidos, la propiedad agraria en Irlanda (al igual que en Inglaterra) empieza a depreciarse», el primer ministro había proporcionado a los grandes propietarios de tierras la «posibilidad de vender sus propiedades al Tesoro Público a un precio que ya no les correspondía».[165] Ya le había pedido a Jenny que le dijera a su marido, Charles Longuet, que leyera el discurso pronunciado en Cork por Charles Parnell (1846-1891), el principal exponente del Partido Parlamentario Irlandés, y añadía, dándole su aprobación, que encontraría en él «lo esencial que hay que decir sobre la nueva Ley de Tierras».[166] En definitiva, para Marx,

> el problema agrario irlandés presenta unas complicaciones muy reales —de hecho, no específicas de Irlanda—, de tal envergadura que el único modo de resolverlas sería conceder el autogobierno a los irlandeses y obligarlos así a encontrar una solución por ellos mismos. Pero John Bull es demasiado estúpido para entenderlo.[167]

Desde luego, no puede decirse que Marx estuviera muy entusiasmado en general con la idea de vivir bajo la monarquía inglesa. La muerte de Benjamin Disraeli (1804-1881), primer ministro en dos ocasiones y líder del Partido Conservador durante muchos años, acontecida el 19 de abril, fue acompañada de una campaña de «exaltación» de su figura. A Marx aquello le pareció «la última extravagancia londinense», que había brindado a Gran Bretaña «la satisfacción de admirar su propia magnanimidad». Lo cierto es que, en la última etapa de su gobierno, Disraeli no había hecho más que acumular derrotas. Entre ellas habría que destacar, en política exterior, la evolución negativa de la segunda guerra anglo-afgana y el sangriento conflicto de Sudáfrica durante la guerra anglo-zulú, y, en materia de economía, el hundimiento de la producción agrícola e industrial. Estos eran los motivos que habían provocado la severa derrota de Disraeli en las elecciones políticas de 1880.

Reflexionando sobre la vuelta de su popularidad, Marx señalaba: «¿No es acaso "grandioso" homenajear a un muerto que, poco antes de que estirara la pata, había sido recibido con lanzamientos de manzanas y huevos podridos?». Su misiva terminaba con una afirmación irónica: según él, lo que enseñaba todo aquello «a las "clases inferiores" [era] que, por mucho que sus "superiores por naturaleza" puedan pasarse la vida entera disputando por "el rango y el dinero", la muerte pondrá de manifiesto la verdad, esto es, que los mandamases de las "clases dominantes" son siempre "hombres grandes y buenos"».[168]

Por lo demás, detestaba también el clima de Inglaterra. El 6 de junio le contaba irritado a su hija Jenny que llevaba dos días con un «frío asqueroso». El frío y la lluvia habían coincidido con la protesta organizada en la capital inglesa por los irlandeses y, en tono burlón, comentaba que había sido «una de las peores bromas que el Padre Celestial tiene siempre reservadas para su grey plebeya de Londres. Ayer arruinó con la lluvia la manifestación de Parnell en Hyde Park».[169]

Evidentemente, Marx no podía pasar por alto a los dos países principales del continente, Alemania y Francia. Se ocuparía de ellos, como había hecho ya en el pasado, cada vez que le fuera posible, reuniéndose personalmente con dirigentes de las fuerzas de izquierda comprometidos con la lucha política, autores de libros que difundieran las teorías socialistas y con todos los hombres que publicaran en periódicos y revistas artículos en apoyo de la causa del proletariado.

A lo largo de 1880 se interesó con especial frecuencia por el movimiento obrero francés, contribuyendo a su progreso en las formas y en los modos que le resultaban posibles y oportunos en cada ocasión. En octubre del año anterior, la Federación del Partido de los Trabajadores Socialistas de Francia (FPTSF), surgida de la fusión de las distintas tendencias del socialismo francés, celebró un congreso en Marsella. Su desarrollo se caracterizó por el conflicto entre las dos corrientes principales, la «posibilista», capitaneada por el socialista y exanarquista Paul Brousse (1844-1912), y la más próxima a las ideas del propio Marx, liderada por Jules Guesde (1845-1922). Cuando este último consiguió el apoyo mayoritario del partido, Marx le hizo el siguiente comentario a Sorge: «Por fin fue derrotada en el congreso de Marsella la banda anticomunista, compuesta por elementos muy heterogéneos».[170]

Guesde, que debía preparar un programa político con vistas, entre otras cosas, a la participación en las elecciones, recurrió a Marx. Gracias a la ayuda de Lafargue, se reunió con él en Londres en mayo de 1880. Surgió así el *Programa electoral de los trabajadores socialistas*, que apareció en varios periódicos franceses durante la primavera de ese mismo año y fue adoptado por el congreso del partido celebrado en Le Havre el mes de noviembre. La aportación de Marx fue decisiva a la hora de exponer las exigencias primarias de la clase trabajadora.[171] Partiendo del supuesto de que los proletarios nunca iban a poder ser libres en un sistema de producción basado en el trabajo asalariado, Marx afirmaba que su emancipación no se haría realidad hasta que tuviera lugar «la expropiación política y económica de la clase capitalista y la vuelta a la colectividad de todos los medios de producción».[172] Además, la clase obrera debía luchar contra cualquier tipo de discriminación, y trabajar para poner fin a la posición subalterna de las mujeres respecto a los hombres: «La emancipación de la clase productiva es la de todos los seres humanos, sin distinción de sexo y raza».[173] En la parte económica del *Programa electoral de los trabajadores socialistas* se señalaban con toda claridad dos puntos esenciales en este sentido, a saber, la «prohibición por ley para los patrones de contratar obreros extranjeros por un salario inferior al de los obreros franceses», y la necesaria «igualdad de salario por el mismo trabajo para los trabajadores de los dos sexos».[174]

Los trabajadores debían apoyar una forma de gobierno de los poderes descentralizados, capaz de garantizarles la máxima participación política. Debían luchar por la «supresión de la deuda pública»,[175] por la «transformación de todos los impuestos directos en un impuesto progresivo» y por un Estado libre de cualquier tipo de condicionamiento religioso. La clase trabajadora debía exigir también el derecho a la educación para todos, a cargo de la colectividad, y luchar por la «anulación de todos los contratos de privatización de la propiedad pública (bancos, ferrocarriles, minas, etcétera)». Al mismo tiempo debía oponerse a cualquier forma de socialismo de Estado y movilizarse para conseguir la autogestión de los talleres a través de la entrega de «todas las fábricas del Estado a [...] los obreros que trabajan en ellas».[176] Para conseguir estas metas era fundamental que el proletariado se organizase políticamente, incluso a través de la creación de un «partido político propio»[177] que necesariamente tenía que rivalizar con los partidos democráticos y combatir a los partidos burgueses.

En una carta a Sorge, Marx se encargó de aclarar que «excepción hecha de algunas tonterías […] como el salario mínimo fijado por ley» —una medida que implicaba el riesgo de convertirse en el máximo permitido—,[178] la parte económica de aquel documento solo contenía las «reivindicaciones salidas en realidad espontáneamente del movimiento obrero». Para Marx, «haber hecho bajar a los trabajadores franceses de sus nubes de palabrería al terreno de la realidad es un paso verdaderamente importante, aunque ello haya suscitado la indignación de todos esos franceses delirantes que se ganan la vida "fabricando nubes"». Marx subrayaba que, por primera vez, el programa había sido discutido por los trabajadores y eso, a su juicio, constituía la prueba de que estaba a punto de nacer «el primer movimiento obrero de verdad de Francia».[179] Marx distinguía con claridad esta fase de la anterior, durante la cual solo habían actuado las «sectas que recibían la consigna de sus fundadores, mientras que los proletarios seguían en masa a los burgueses, radicales o pseudorradicales, en el momento decisivo se batían por ellos, y al día siguiente eran aplastados y deportados por los mismos sujetos a los que habían puesto al timón».[180]

En marzo, Marx también ofreció su apoyo a otra iniciativa política de la Federación de los Trabajadores Socialistas de Francia (FTSF). Se había encargado de elaborar la *Encuesta obrera*, un amplio cuestionario de 101 preguntas que fue dado a la imprenta el mes de abril en *La Revue Socialiste*. En uno de sus habituales informes enviados hasta el otro lado del Atlántico al camarada Sorge, Marx comentaba que esta revista, pese a estar dirigida por Benoît Malon (1841-1893), en otro tiempo muy próximo a las posiciones de Mijaíl Bakunin (1814-1876), se había visto «obligada a convertirse […] al socialismo científico moderno».[181]

En el breve texto introductorio que precedía las preguntas, Marx afirmaba que solo los trabajadores «pueden describir con conocimiento de causa los males que padecen; solo ellos y no los salvadores providenciales pueden aplicar con energía los remedios a las miserias sociales que la explotación capitalista les obliga a soportar». Esos «Cuadernos de trabajo» habrían servido para desvelar «las infamias de la explotación capitalista» y constituían la «prime-

ra tarea que incumbe a la "democracia socialista", etapa prepara-
toria de la "renovación social"».[182] Por otra parte, Marx había puesto de manifiesto el significado político de este tipo de iniciativas
ya en tiempos de la Asociación Internacional de los Trabajadores,[183]
y las investigaciones contenidas en los *Informes de los inspectores de
fábrica*, los llamados *libros azules*, habían sido fundamentales, también desde el punto de vista teórico, para la redacción del Libro
Primero de *El capital*.

Además del objetivo de recoger la mayor cantidad de información posible acerca de las condiciones de trabajo del proletariado
francés, Marx se propuso también proporcionar a los obreros un
texto útil para el crecimiento de su conciencia crítica acerca del
modus operandi del capitalismo. La *Encuesta obrera* estaba dividida en
cuatro partes. En la primera se pedía a los trabajadores que descri-
bieran la fábrica en la que desarrollaban su actividad. En particular,
Marx les pedía que suministraran el mayor número posible de detalles acerca de la «división del trabajo en la [...] industria», y sobre
la «fatiga muscular y nerviosa que impone [la especialización] y sus
efectos generales sobre la salud».[184]

La segunda parte del cuestionario se centraba en la descripción del trabajo de los obreros, esto es, cuántos días y horas trabajaban, si eran empleados también en el trabajo nocturno, cuáles eran las multas impuestas en caso de retraso, si se respetaban
las normas relativas a la prohibición del trabajo de menores, si se
reservaban «horas de escuela» para los aprendices más jóvenes, y si
existían lugares dedicados a este fin. En la tercera parte, Marx
incidía principalmente en el salario. Los obreros debían especifi-
car si les pagaba «por tiempo o a destajo»,[185] cuáles eran los «salarios de las mujeres y de los niños», y «cuánto es el crédito temporal que concede [el obrero] a su patrón antes de percibir el precio
del trabajo realizado», esto es, si el patrón pagaba a los obreros «al
cabo de una semana o de un mes». Pedía también información
acerca de las consecuencias que tenía el «retraso en el cobro del
salario»,[186] y si este era suficiente para la supervivencia de los trabajadores. Finalmente, la última parte de la *Encuesta obrera* estaba
dedicada al conflicto de clase. Marx quería conocer, a través del

relato directo de sus protagonistas, los motivos por los cuales hacían huelga los obreros. Además, les pedía que contaran si disponían de sociedades de resistencia o de socorro mutuo, y si estas estaban «bajo el control de los obreros». También había preguntas sobre la existencia de cooperativas. Quería informarse sobre todo acerca de las modalidades de retribución que adoptaban, o si pagaban «una parte en forma de salario y otra en forma de presunta participación en los beneficios».[187] Para Marx, esta última era la nueva mistificación que la burguesía intentaba endilgarle a la clase proletaria.[188]

A lo largo de los más de treinta años que pasó en el exilio de Londres, así como durante los pocos viajes que pudo llevar a cabo, Marx conoció a centenares de militantes y de intelectuales comprometidos con la causa de la clase trabajadora. Entre ellos, recibió siempre con particular agrado a los activistas más jóvenes, pues, como solía decir, «debo preparar a otros para que puedan continuar, a mi muerte, la propaganda comunista».[189]

Precisamente en 1881 Marx conoció a Kautsky, quien le produjo una impresión no precisamente positiva. De hecho, en una carta decía que, aunque fuera «a su modo un tipo decente», era esencialmente «un mediocre de estrecha visión, sabihondo (tiene sólo 26 años), muy engreído, diligente en cierto sentido, se ocupa mucho de estadística, pero de ésta no saca nada que sea muy claro; pertenece por naturaleza a la tribu de los filisteos». Así pues, según comentaba en tono burlón a su hija Jenny, tomó la siguiente decisión sobre él: «En lo posible se lo paso al amigo Engels», tras añadir que este «ha suavizado su opinión sobre [él] desde que ha demostrado ser muy buen bebedor».[190]

También durante el verano de 1881, Marx se ocupó con diligencia de los acontecimientos que acompañaron a las elecciones generales en Francia. El primer ministro Léon Gambetta (1838-1882) estaba a punto de ser nombrado presidente del Gobierno, y la Unión Republicana dirigida por él iba a obtener la mayoría de los escaños. Dos semanas antes de los comicios, compartió sus previsiones con Engels:

Puede que los números de la extrema izquierda aumenten, pero el resultado principal será probablemente la victoria de Gambetta. Tal como están las cosas en Francia, la rapidez del periodo electoral decidirá la situación a favor de los tramposos que actualmente están en posesión de numerosas «fortalezas», de los que previsiblemente repartirán los puestos del aparato gubernamental, de los que controlan la «caja del Estado». Los grévystas[191] habrían podido derrotar a Gambetta si, tras los últimos fracasos de este, hubieran tenido fuerza suficiente para echar del gabinete a sus satélites Cazot, Constans y Farre. Como no lo hicieron, todos los buscadores de cargos, los especuladores de bolsa, etc., se dicen: *Gambetta is the man!* [«Gambetta es nuestro hombre»] [...] Los ataques que lanzan contra él a diario, tanto en la prensa radical como en la reaccionaria, *contribute to enhance him despite all his tomfooleries* [«contribuyen a mejorar su posición, a pesar de todas sus estupideces»]. Y por si ello fuera poco, los campesinos consideran a Gambetta el *non plus ultra* del republicanismo posible.[192]

En otra carta enviada durante el mes de agosto, Marx le refería a Engels «la situación del *parti ouvrier* [«partido obrero»] en París». Le comentaba a su amigo que Prosper-Olivier Lissagaray (1838-1901), revolucionario y autor de *La historia de la Comuna de París de 1871* [1876], considerado por Marx una persona «completamente imparcial a este respecto», le había confiado que «aunque solo existía en germen», la Federación del Partido de los Trabajadores de Francia, fundada en 1879, era la única fuerza «que contaba algo frente a los partidos burgueses de todos los colores». La organización de este partido, «pese a ser poco sólida y más o menos ficticia, era lo bastante disciplinada como para permitirle presentar candidatos en todos los *arrondissements*, hacerse notar en los mítines y molestar a la gente de la sociedad oficial». Marx había podido comprobar directamente todo aquello leyendo los «periódicos parisinos de todos los colores» y señalando que «no hay ni uno solo que no se muestre irritado con este "latazo general": *le parti ouvrier collectiviste* [«el partido obrero colectivista»]».[193]

Así, pues, en su gabinete tenía cabida todo el mundo. Aun

permaneciendo sentado ante su escritorio, a través del estudio de las transformaciones sociales en Estados Unidos, de las esperanzas que muchos abrigaban acerca del fin de la opresión colonial en la India, del apoyo a la causa feniana, del análisis de la crisis económica en Inglaterra y de la atención a las elecciones en Francia, Marx observaba en todo momento las señales de los conflictos sociales que se desarrollaban a lo largo y ancho del planeta. Intentaba acompañarlos, independientemente de dónde surgieran. No sin razón solía decir de sí mismo: «Soy ciudadano del mundo; actúo dondequiera que me encuentro».[194] Los últimos años de su vida no desmintieron su característica forma de ser.

2

La controversia sobre el desarrollo del capitalismo en Rusia

La cuestión del futuro de la comuna agrícola

Marx había comentado siempre en sus escritos políticos que Rusia representaba en el escenario europeo uno de los principales obstáculos para la emancipación de la clase trabajadora. En los artículos escritos para el *New-York Tribune* y en la *Historia diplomática secreta del siglo XVIII*, así como en las consideraciones desarrolladas en algunas cartas de su voluminosa correspondencia con diversos destinatarios, siempre había reiterado que el atraso de las condiciones sociales, la lentitud del desarrollo económico del país, el despótico régimen zarista y la política exterior conservadora habían contribuido a convertir aquel imperio inmenso en la avanzadilla de la contrarrevolución.

Aunque a lo largo del tiempo Marx había mantenido inalterable esta opinión, durante los últimos años de su vida empezó a ver a Rusia con otros ojos, al darse cuenta de que en ciertos cambios que estaban produciéndose había algunas condiciones que hacían posible un vuelco social de gran envergadura. El contexto ruso presentaba unas condiciones más propicias para una revolución que las existentes en Inglaterra, donde, aunque el capitalismo había creado un número proporcionalmente mayor de obreros empleados en las fábricas en comparación con todos los demás países del globo, el movimiento obrero se había debilitado, acomodándose a algunas mejoras de vida conseguidas, entre otras cosas, a partir de la explotación colonial y como consecuencia además del condicionamiento negativo del reformismo de los sindicatos.

Por ejemplo, en 1882, en el «Prólogo» a la edición rusa del *Manifiesto del partido comunista*, Marx y Engels recordaban que, «al producirse la revolución de 1848-1849, no solo los monarcas de Europa, sino también los burgueses europeos, veían en la intervención rusa el único medio de salvación contra el proletariado, que empezaba a despertar. El zar fue aclamado como jefe de la reacción europea». Sin embargo, entre otras razones añadían, en un intento de intensificar la propaganda política: «[Alejandro III] ahora es, en Gátchina,[1] el prisionero de guerra de la revolución, y Rusia está en la vanguardia del movimiento revolucionario de Europa».[2]

Marx había seguido y acogido muy favorablemente los movimientos campesinos que se habían producido en Rusia, y a partir de los cuales había surgido en 1861 la reforma en pro de la abolición de la servidumbre.[3] A partir de 1870, tras aprender a leer en ruso, se había mantenido informado constantemente sobre la evolución de los acontecimientos, consultando estadísticas, textos dedicados en profundidad a las transformaciones socioeconómicas del país más al día, y también mediante la correspondencia con estudiosos rusos de relieve.[4] En 1877, reconstruyendo su trayectoria, Marx había afirmado que «para poder enjuiciar con conocimiento propio las bases del desarrollo de Rusia, he aprendido el ruso y he estudiado durante muchos años memorias oficiales y otras publicaciones referentes a esta materia».[5] Marx llevó a cabo sus investigaciones sobre Rusia tan en profundidad que llegaron a convertirse en motivo de conflicto jocoso entre Engels y él.[6]

En la década de 1870, resultó determinante el contacto con la obra del filósofo y escritor Nikólái Chernishevski (1828-1889). Desde que, hacia finales de la década de 1860, tuvo conocimiento de sus obras, Marx se hizo con muchos de sus escritos,[7] y el punto de vista del principal precursor del populismo ruso (*Naródnichestvo*)[8] acabó convirtiéndose en una referencia siempre utilísima para su análisis de los cambios sociales que se producían sin cesar en Rusia. Marx consideraba «excelentes»[9] los trabajos económicos de Chernishevski, y a comienzos de 1873 ya afirmaba: «Conozco una gran parte de sus escritos»,[10] y decía que también estaba interesado en «publicar algo sobre la vida y la personalidad de Chern[ishevski] para despertar en Occidente la simpatía por él».[11]

Leer a Chernishevski fue uno de los estímulos que impulsaron a Marx a aprender ruso. Estudiando las obras de este autor, al que había definido en el «Epílogo a la Segunda Edición» de *El capital* como un «gran sabio y crítico ruso»,[12] Marx encontró ideas originales sobre el dilema en torno a la posibilidad de llevar adelante el desarrollo económico sin tener que pasar necesariamente por el capitalismo, con el fin de evitar en otras partes del mundo las terribles consecuencias sociales causadas por el modo de producción burgués en la clase trabajadora de Europa. En particular en el ensayo «Crítica de los prejuicios filosóficos contra la propiedad colectiva de la tierra» [1858], Chernishevski se había hecho la siguiente pregunta: «¿Acaso toda institución debe necesariamente atravesar en cualquier pueblo todos los movimientos lógicos del desarrollo?».[13] Su respuesta había sido que no. En efecto, en el que habría de convertirse en uno de los manifiestos más relevantes del movimiento populista, Chernishevski resumía su tesis en cinco puntos, tomando como referencia lo sucedido en Nueva Zelanda a raíz de la presencia inglesa:

1. Cuando en un determinado pueblo un fenómeno social alcanza un alto grado de desarrollo, su curso hasta ese mismo estadio en otro pueblo más atrasado puede llevarse a cabo con más rapidez con la que lo ha hecho en el pueblo avanzado. (Los ingleses han necesitado más de 1.500 años de vida civil para alcanzar el sistema del mercado libre. Indudablemente los neozelandeses no tardarán tanto).

2. Esa aceleración se realiza gracias al contacto del pueblo atrasado con el pueblo avanzado. [...]

3. Esa aceleración consiste en el hecho de que en un pueblo atrasado el desarrollo de un determinado fenómeno social, gracias a la influencia del pueblo avanzado, salta directamente del grado inferior al superior, evitando los grados intermedios. [...]

4. En este proceso acelerado de desarrollo, los grados intermedios, que el pueblo en otro tiempo atrasado se salta aprovechando la experiencia y la ciencia del pueblo avanzado, alcanzan una existencia solo teórica, en cuanto momentos lógicos, sin llegar a realizarse de forma efectiva. (Los neozelandeses solo sabrán por los libros la existencia del sistema proteccionista, pero en realidad entre ellos no se aplicará).

5. Aunque esos grados intermedios lleguen a tener una existencia efectiva, lo cierto es que esta tendrá unas dimensiones insignificantes, y su importancia será todavía más irrelevante para la vida práctica.[14]

A partir de estas reflexiones, Chernishevski formuló «dos conclusiones»[15] que contribuyeron a definir las reivindicaciones políticas de los populistas rusos y les proporcionaron un fundamento científico:

6. En cuanto a la forma, el grado superior del desarrollo coincide con su comienzo.

7. Bajo la influencia del alto nivel de desarrollo que un determinado fenómeno de la vida social ha alcanzado en los pueblos avanzados, ese fenómeno puede gozar en otros pueblos de un desarrollo rápido y ascender directamente del grado inferior al superior, evitando los momentos lógicos intermedios.[16]

Hay que señalar que las teorías de Chernishevski se diferenciaban claramente de las de muchos pensadores eslavófilos contemporáneos. Un rasgo común con estos últimos era desde luego la denuncia de los efectos del capitalismo y la oposición a la proletarización del trabajo en el campo ruso.[17] No obstante, era decididamente contrario a las posturas de la *intelligentsia* aristocrática que propugnaba la conservación de las estructuras del pasado, y nunca describió la *obshchina* como una organización idílica y típica exclusivamente de las poblaciones eslavas.[18] Afirmaba, en cambio, que no había que estar «orgulloso de la supervivencia de tales reliquias de la antigüedad primitiva». Para Chernishevski, la persistencia de esta institución no venía más que a testimoniar «la lentitud y la debilidad de la evolución histórica» de los países donde seguía vigente. En las relaciones agrarias, por ejemplo, «la conservación de la propiedad comunal, desaparecida en este sentido entre otros pueblos», lejos de ser una demostración de superioridad, ponía de manifiesto que los rusos habían «vivido menos» que aquellos.[19]

Chernishevski estaba firmemente convencido de que el desarrollo de Rusia no podía prescindir de las conquistas alcanzadas en Europa occidental. Las características positivas de la comunidad rural debían ser conservadas, pero solo habrían podido asegurar el bienestar de las masas campesinas si se inscribían en un contexto productivo distinto.[20] La *obshchina* podía contribuir a la puesta en marcha de una fase de emancipación social del pueblo ruso solo si se convertía en embrión de una nueva organización económica de la sociedad radicalmente distinta de la ya existente. Junto con la posesión comunal de la tierra había que desarrollar también una forma colectiva de cultivo de los campos y de distribución de sus frutos. Además, sin los descubrimientos científicos y los logros técnicos alcanzados con el capitalismo, la *obshchina* no llegaría a ser nunca una experiencia de verdadero cooperativismo agrícola moderno.[21] En Rusia, el progreso derivado de los procesos de industrialización —ese era el punto clave— no habría debido causar las condiciones de explotación y de miseria típicas del capitalismo. Chernishevski halló en la filosofía alemana el fundamento teórico de este posible paso en la organización de la producción desde una forma arcaica hacia otra poscapitalista. A su juicio, gracias a Georg W. F. Hegel (1770-1831) y a Friedrich W. J. von Schelling (1775-1854) era posible afirmar que «en todos los ámbitos de la vida […] el grado superior del desarrollo, en cuanto a su forma, es análogo al principio del que arranca».[22]

El «estadio primitivo» se había caracterizado por la «posesión comunal de la tierra». En un «segundo estadio», tras la intensificación del desarrollo productivo, la tierra había pasado a ser propiedad privada de los que habían invertido capital para cultivarla. En un tercer y último estadio, se habría visto que la «propiedad comunal» era «necesaria no solo para el bienestar de la clase campesina, sino también para el progreso de la propia agricultura». Esta se habría afirmado nuevamente como «la forma más elevada de las relaciones del hombre con la tierra».[23]

Basada más en los conceptos del pensamiento dialéctico que en una comprobación histórico-analítica concreta, la concepción de Chernishevski tuvo el mérito, sin embargo, de enfrentarse a cuantos veían el desarrollo histórico como un progreso lineal e inmutable hacia una meta final definida de antemano. En el terreno político, eso significaba que era posible evitar el paso al segundo estadio[24] y que la «posesión comunal de la tierra» todavía vigente en las comunas rurales no tenía que ser destruida necesariamente mediante la propagación de la propiedad privada.[25] Antes bien, ese tipo de posesión debía ser potenciado para permitir el nacimiento de un sistema de colectivismo agrario capaz de garantizar la justicia social a los campesinos y de satisfacer las necesidades de toda la población.

Partiendo de estos presupuestos, los populistas definieron el punto central de su programa con el doble objetivo de impedir el avance del capitalismo en Rusia y utilizar el potencial emancipador de las comunas rurales existentes. Chernishevski presentó esta perspectiva recurriendo a una metáfora. Escribió que «la historia, como una abuela, siente muchísimo cariño por sus nietecitos más pequeños. A los últimos en llegar no les da los huesos —para romperlos Europa occidental se ha infligido unas heridas terribles—, sino el tuétano que contienen».[26]

Para formular esta idea, Chernishevski se había inspirado, entre otras, en las teorías de Aleksandr Herzen (1812-1870). Por ejemplo, ya en la *Carta abierta a Jules Michelet* [1851], Herzen había afirmado que «la historia de Occidente nos proporciona algunas enseñanzas, pero nada más: no nos consideramos los albaceas de vuestro pasado».[27]

El estudio de la obra de Chernishevski le resultó muy útil a Marx. En 1881, coincidiendo con el aumento de su interés por las formas arcaicas de organización comunitaria, que lo había llevado a estudiar a los antropólogos de su época, y al mismo tiempo que el horizonte de sus reflexiones se extendía constantemente más allá de

Europa, una circunstancia fortuita lo indujo a profundizar ulteriormente en sus estudios sobre Rusia.

A mediados de febrero recibió una breve pero intensa y apasionante carta de Vera Zasúlich (1849-1919), una militante populista que había organizado un atentado contra el jefe superior de policía de San Petersburgo.[28] Escrita en francés, la misiva había sido expedida el día 16 de ese mismo mes desde Ginebra, donde se había refugiado la revolucionaria rusa, que estaba en busca y captura en su país.

Zasúlich, que abrigaba un sentimiento de gran admiración por Marx, le había escrito para saber si este, que sin duda estaba al tanto de la «gran popularidad» de que gozaba en Rusia *El capital*, tenía también conocimiento de la influencia que el libro había ejercido entre los camaradas rusos en las «discusiones acerca de la cuestión agraria en Rusia y de nuestra comuna rural».

Partiendo de esa base, Zasúlich quería subrayar que él, seguramente «mejor que nadie», sabría comprender la urgencia del problema que se disponía a exponerle —una «cuestión de vida o muerte» para los militantes rusos—, y añadía que de su valoración «depende [...] incluso el destino personal de nuestros socialistas revolucionarios».[29] Zasúlich sintetizó, pues, los dos puntos de vista distintos a los que habían dado lugar las discusiones:

> Una de dos: o bien esta comuna rural, libre de las exigencias desmesuradas del fisco, de los pagos a los señores de la administración arbitraria, es capaz de desarrollarse en la vía socialista, o sea de organizar poco a poco su producción y su distribución de los productos sobre las bases colectivistas, en cuyo caso el socialismo revolucionario debe sacrificar todas sus fuerzas a la manumisión de la comuna y a su desarrollo.
>
> O si, por el contrario, la comuna está destinada a perecer, no queda al socialista, como tal, sino ponerse a hacer cálculos, más o menos mal fundados, para averiguar dentro de cuántos decenios pasará la tierra del campesino ruso de las manos de éste a las de la burguesía y dentro de cuántos siglos, quizá, tendrá el capitalismo en Rusia un desarrollo semejante al de Europa occidental. Entonces

deberán hacer su propaganda tan sólo entre los trabajadores de las ciudades, quienes continuamente se verán anegados en la masa de los campesinos que, a consecuencia de la disolución de la comuna, se encontrarán en la calle, en las grandes ciudades, buscando un salario.[30]

A continuación, la revolucionaria rusa precisaba que, entre los que debatían el asunto, circulaban teorías según las cuales «la comuna rural es una forma arcaica que la historia, el socialismo científico, en una palabra, todo cuanto hay de indiscutible, condenan a perecer». Los que aducían estos motivos «se llaman discípulos por excelencia de usted: "marxistas". El más poderoso de sus argumentos suele ser: "Lo dice Marx"».

Precisamente por eso, Zasúlich concluía su misiva con una petición angustiada: «Comprenderá entonces, ciudadano, hasta qué punto nos interesa su opinión al respecto y el gran servicio que nos prestaría exponiendo sus ideas acerca del posible destino de nuestra comunidad rural y de la teoría de la necesidad histórica para todos los países del mundo de pasar por todas las fases de la producción capitalista». El asunto era de vital importancia, y Zasúlich estaba tan decidida a conocer lo que pensaba el hombre al que consideraba el socialista vivo más prestigioso, que su carta terminaba solicitándole que, si el tiempo no le permitía «exponer sus ideas sobre estas cuestiones de modo más o menos amplio», tuviera «al menos la bondad» de responderle «en forma de una carta que me permita traducir y publicar en Rusia».[31]

La pregunta planteada por Vera Zasúlich llegó en el momento justo. Efectivamente, por aquel entonces Marx se hallaba inmerso por completo en la investigación de las relaciones comunitarias de la época precapitalista. La carta de Zasúlich lo indujo a analizar en concreto un caso histórico de gran actualidad, estrechamente vinculado a las cuestiones que estaba estudiando de forma teórica.[32] La complejidad de las valoraciones expuestas en las páginas que redactó solo puede entenderse si repasamos la reflexión que llevó a cabo Marx acerca del papel del capitalismo en función del socialismo.

¿ES EL CAPITALISMO UNA PREMISA NECESARIA PARA LA SOCIEDAD COMUNISTA?

La convicción de que el modo de producción capitalista era una premisa fundamental para la aparición de la sociedad comunista recorre toda la obra de Marx. En el *Manifiesto del partido comunista* afirmaba, junto con Engels, que los intentos revolucionarios de la clase trabajadora en el periodo de derrumbamiento de la sociedad feudal estaban condenados necesariamente a fracasar debido a que habían tropezado con «la falta de desarrollo del propio proletariado, de una parte, y, de otra, con la ausencia de las condiciones materiales indispensables para su emancipación, que [por fuerza] habían de ser el fruto de la época burguesa».[33]

Al explotar los descubrimientos geográficos y la aparición del mercado mundial, «la burguesía [...] da a la producción y al consumo de todos los países un sello cosmopolita».[34] Y aún más importante, «no sólo forja las armas que han de darle la muerte, sino que, además, pone en pie a los hombres llamados a manejarlas: estos hombres son los obreros, los proletarios»,[35] la clase obrera moderna, que crece a la misma velocidad con la que se expande la burguesía. En efecto, según Marx y Engels, «los progresos de la industria, que tienen por cauce automático y espontáneo a la burguesía, imponen, en vez del aislamiento de los obreros por la concurrencia, su unión revolucionaria por la organización».[36]

Marx volvió a formular un juicio similar, aunque desde una perspectiva más política, en el brillante «Discurso pronunciado en la fiesta de aniversario del *People's Paper*». Al recordar que con el capitalismo habían surgido también unas fuerzas industriales y científicas sin precedentes en la historia, les dijo a los militantes que participaron en aquel acontecimiento que «el vapor, la electricidad y el telar mecánico eran unos revolucionarios mucho más peligrosos que los ciudadanos Barbés, Raspail y Blanqui».[37]

En los *Grundrisse* Marx repitió en varias ocasiones la idea de que el capitalismo creaba «la apropiación universal tanto de la naturaleza como de la relación social misma por los miembros de la sociedad». En ese texto afirmaba repetidamente y con toda claridad que el capital, conforme a esta tendencia suya, pasa también por encima de las barreras y prejuicios nacionales, así como sobre la divinización de la naturaleza; liquida la satisfacción tradicional, encerrada dentro de determinados límites y pagada de sí misma, de las necesidades existentes y la reproducción del viejo modo de vida. Opera destructivamente contra todo esto, es constantemente revolucionario, derriba todas las barreras que obstaculizan el desarrollo de las fuerzas productivas, la ampliación de las necesidades, la diversidad de la producción y la explotación e intercambio de las fuerzas naturales y espirituales.[38]

Una de las explicaciones más analíticas que contiene la obra de Marx acerca de los efectos positivos del proceso de producción capitalista lo encontramos en uno de los parágrafos finales de su *magnum opus*: «Tendencia histórica de la acumulación capitalista». En este pasaje, Marx resumió las tres condiciones generadas por el capitalismo —en particular por su «centralización»[39] (*Konzentration*)— que constituyen las premisas fundamentales para la posible aparición de la sociedad comunista. Esas condiciones son: 1) la cooperación de los trabajadores; 2) la contribución científico-tecnológica aportada a la producción; 3) la apropiación de las fuerzas de la naturaleza por parte de la producción; 4) la creación de grandes maquinarias que solo pueden ser utilizadas en común por los obreros; 5) el ahorro de medios de producción; y 6) la tendencia a crear un mercado global. Para Marx,

> paralelamente a esta concentración, o a la expropiación de muchos capitalistas por pocos, se desarrollan en escala cada vez más amplia la forma cooperativa del proceso laboral, la aplicación tecnológica consciente de la ciencia, la explotación colectiva y planificada de la tierra, la transformación de los medios de trabajo en medios de trabajo que sólo son utilizables colectivamente, la economización de todos los medios de producción gracias a su uso como medios de producción colectivos del trabajo social combinado, el entrelazamiento de todos los pueblos en la red del mercado mundial, y con ello el carácter internacional del régimen capitalista.[40]

Marx sabía muy bien que la concentración de la producción en manos de unos pocos amos acrecentaría «la masa de la miseria, de la opresión, de la servidumbre, de la degeneración, de la explotación» para las clases trabajadoras,[41] pero también era consciente de que la «cooperación de los asalariados» era una «condición material» del capital.[42] Estaba convencido de que el extraordinario incremento de las fuerzas productivas generado por el capitalismo, que se manifestaba en mayor medida y de manera más acelerada en comparación con todos los modos de producción que habían existido anteriormente, crearía las condiciones para la superación de las relaciones socioeconómicas originadas por este y, por lo tanto, para el paso a una sociedad socialista.

Efectivamente, en *El capital* Marx afirmaba que «el modo capitalista de producción se presenta [...] como necesidad histórica para la transformación del proceso de trabajo en un proceso social».[43] A su juicio, «la fuerza productiva social del trabajo se desarrolla gratuitamente no bien se pone a los obreros en determinadas condiciones, que es precisamente lo que hace el capital».[44] Marx se dio cuenta de que las circunstancias más favorables para el comunismo solo podrían realizarse gracias a la expansión del capital:

> Como fanático de la valorización del valor, el capitalista constriñe implacablemente a la humanidad a producir por producir, y por consiguiente a desarrollar las fuerzas productivas sociales y a crear condiciones materiales de producción que son las únicas capaces de constituir la base real de una formación social superior cuyo principio fundamental sea el desarrollo pleno y libre de cada individuo.[45]

A lo largo de la dilatada trayectoria seguida por la crítica marxiana de la economía política podemos encontrar ulteriores reflexiones sobre el papel decisivo desempeñado por el modo de producción capitalista con el fin de hacer realidad el comunismo. Marx sabía muy bien, desde luego, como señaló en los *Grundrisse*, que una de las tendencias del capital es la de crear «tiempo disponible», que posteriormente convierte en «plustrabajo».[46] Sin embargo, con este modo de producción, el trabajo se valoriza al máximo y «se reduce a un mínimo la cantidad de trabajo necesaria para la producción de un determinado objeto dado». Para Marx, eso era absolutamente fundamental. Ese cambio «redundará en beneficio del trabajo emancipado, y es la condición de su emancipación».[47] El capital «de esta suerte, *malgré lui*, es *instrumental in creating the means of social disposable time* ["muy a su pesar se convierte en un instrumento de la creación de los medios de tiempo social disponible"] para reducir a un mínimo decreciente el tiempo de trabajo de toda la sociedad y así volver libre el tiempo de todos para su propio desarrollo».[48]

Además de estar convencido de que, por su capacidad de expandir al máximo las fuerzas productivas, era el mejor sistema que había existido, Marx reconocía también que, pese a la despiadada explotación de los seres humanos, el capitalismo presentaba algunos elementos potencialmente progresistas, capaces de permitir, más de lo que sucedía en otras sociedades del pasado, la valorización de las potencialidades de los individuos. Aunque profundamente contrario al precepto productivista del capitalismo, esto es, a la primacía de valor de cambio y al imperativo de la producción de plustrabajo, Marx consideró la cuestión del aumento de las capacidades productivas en relación con el incremento de las facultades individuales. De hecho, en los *Grundrisse* recordaba que

> en el acto mismo de la reproducción no sólo se modifican las condiciones objetivas, p. ej. la aldea se vuelve ciudad, la tierra inculta, campo despejado, etc., sino que también se modifican los productores, en tanto despliegan nuevas cualidades, se desarrollan a sí mismos a través de la producción, se transforman, construyen nuevas fuerzas y nuevas representaciones, nuevos modos de interrelación, nuevas necesidades y nuevo lenguaje.[49]

Esta forma de proceder distinta de las fuerzas productivas, mucho más intensa y compleja, generaba el «desarrollo universal del individuo»,[50] y «la universalidad de las relaciones».[51]

Marx afirmaba también en *El capital* que «por un lado [...] el intercambio de mercancías arrasa las barreras individuales y locales del intercambio directo de productos y [...] por otro, se desenvuelven toda una serie de vinculaciones sociales de índole natural, no sujetas al control de las personas actuantes».[52] Se trata de una producción que se realiza «bajo una forma adecuada al desarrollo pleno del hombre».[53]

Por último, Marx consideraba positivamente algunas tendencias del capitalismo, también en lo referente a la emancipación de la mujer y de la modernización de las relaciones en el ámbito doméstico. En un documento importante, la «Instrucción sobre diversos problemas a los delegados del Consejo Central Provisional», preparada con ocasión del primer congreso de la Asociación Internacional de los Trabajadores, afirmaba: «Consideramos que es progresiva, sana y legítima la tendencia [...] a incorporar a [...] los jóvenes a cooperar en el gran trabajo de la producción social, aunque, bajo el régimen capitalista, ha sido deformada hasta llegar a ser una abominación».[54]

Podemos encontrar valoraciones análogas en *El capital*, donde se dice:

> ... por terrible y repugnante que parezca la disolución del viejo régimen familiar dentro del sistema capitalista, no deja de ser cierto que la gran industria, al asignar a las mujeres, los adolescentes y los niños de uno u otro sexo, fuera de la esfera doméstica, un papel decisivo en los procesos socialmente organizados de la producción, crea el nuevo fundamento económico en que descansará una forma superior de la familia y de la relación entre ambos sexos.[55]

Y añadió que «el modo de producción capitalista consuma el desgarramiento del lazo familiar originario entre la agricultura y la manufactura, el cual envolvía la figura infantilmente rudimentaria de ambas». Gracias a este, se había creado «la preponderancia incesantemente creciente de la población urbana, acumulada en grandes centros por la producción capitalista», que es la verdadera «fuerza motriz histórica de la sociedad».[56]

En resumen, utilizando el método dialéctico de su obra, tanto en *El capital* como en sus manuscritos preparatorios, Marx afirmó que «los elementos creadores de una nueva sociedad» maduran a través de «las condiciones materiales y la combinación social del proceso de producción».[57] Esos «supuestos materiales» son decisivos para hacer realidad «una síntesis nueva, superior»[58] y, aunque la revolución no se producirá nunca a partir exclusivamente de meras dinámicas económicas y siempre necesitará un factor político imprescindible, la llegada del comunismo «requiere una base material de la sociedad o una serie de condiciones materiales de existencia, que son a su vez, ellas mismas, el producto natural de una prolongada y penosa historia evolutiva».[59]

Algunas tesis parecidas, que confirman la continuidad del pensamiento de Marx, aparecen en breves pero significativos escritos de carácter político posteriores a la redacción de *El capital*. En las «Acotaciones al libro de Bakunin *"El Estado y la Anarquía"*», donde encontramos relevantes comentarios sobre las diferencias fundamentales existentes entre el revolucionario ruso y él, en relación con los presupuestos indispensables para el surgimiento de una sociedad alternativa al capitalismo, Marx confirmó que, también en lo referente al sujeto social que llevara a cabo la lucha,

> una revolución social radical se halla sujeta a determinadas condiciones históricas de desarrollo económico; éstas son su premisa. Por tanto, sólo puede darse allí donde, con la producción capitalista, el proletariado industrial ocupe, por lo menos, una posición importante dentro de la masa del pueblo.[60]

En la *Crítica del programa de Gotha*, Marx afirmó que «lo que procedía era señalar concretamente cómo, en la actual sociedad capitalista, se dan ya, al fin, las condiciones materiales, etc., que permiten y obligan a los obreros a romper esa maldición social».[61] Por último, también en uno de los últimos textos breves que publicó, el *Programa electoral de los trabajadores socialistas*,[62] insistió en que, para que los productores pudieran apropiarse de los medios de producción, era esencial «la forma colectiva [*forme collective*], cuyos elementos materiales e intelectuales son constituidos por el propio desarrollo de la sociedad capitalista».[63]

En su obra, pues, Marx se guardó muy mucho de recetar fórmulas que pudieran dar a entender algo que consideraba inútil y políticamente contraproducente. Por esa razón, en el «Epílogo a la Segunda Edición» de *El capital*, dejó bien claro que no tenía intención de «formular recetas [...] para el bodegón del porvenir».[64] Reiteró esta misma afirmación en las *Notas marginales al «Tratado de economía política» de Adolph Wagner*, en las que, en respuesta a una crítica del economista alemán Adolph Wagner (1835-1917), decía categóricamente: «Yo no he construido jamás un "sistema socialista"».[65]

Si Marx no manifestó nunca deseo alguno de anticipar cómo debía ser el socialismo, del mismo modo, cuando desarrolló sus reflexiones sobre el capitalismo, tampoco sostuvo que la sociedad humana estaba destinada a seguir en todas partes el mismo camino y, encima, a través de las mismas etapas. Pese a todo, se vio obligado a hacer frente a la tesis, que se le había atribuido erróneamente, de la fatalidad histórica del modo de producción burgués. Claro testimonio de ello es la controversia sobre la perspectiva del desarrollo del capitalismo en Rusia.

En noviembre de 1877, Marx había preparado una larga carta para la redacción de *Otiechéstvennie Zapiski* (*Anales Patrios*), con la que pretendía responder al artículo «Karl Marx ante el tribunal del señor Zhukovski», del crítico literario Nikolái Mijailovski[66] (1842-1904), sobre el futuro de la comuna agrícola. La misiva fue reelaborada un par de veces, pero, al final no pasó de la fase de borrador, con algunas marcas de tachones. La carta no llegó a ser enviada nunca, pero contenía algunos adelantos interesantes de los argumentos utilizados posteriormente por Marx en la respuesta a Zasúlich.

En una serie de artículos Mijailovski había planteado una cuestión, aunque con matices distintos, muy parecida a la que cuatro años después plantearía Vera Zasúlich. Para esta última el nudo que había que desenredar tenía que ver con las repercusiones que los posibles cambios de la comuna rural habrían tenido sobre la actividad de la propaganda del movimiento socialista. Mijailovski, en cambio, planteaba un debate más técnico en torno a las distintas tesis existentes en torno al futuro de la *obshchina*. Dichas tesis iban desde las de quienes pensaban que Rusia debía acabar con la *obsh-china*, como sostenían los economistas liberales, para pasar al régimen capitalista, hasta las de aquellos que, por el contrario, en su afán de evitar los efectos negativos de esta modalidad productiva para la población, esperaban que la comuna rural pudiera seguir desarrollándose.[67]

Mientras que Zasúlich se dirigió a Marx para conocer su punto de vista y recibir las indicaciones pertinentes, Mijailovski, eminente representante del populismo ruso que pertenecía a su componente más moderada y liberal,[68] se decantaba claramente por la última postura, persuadido de que Marx prefería la primera. Zasúlich había escrito que los «marxistas» afirmaban que el desarrollo del capitalismo era indispensable; Mijailovski había ido más allá, afirmando que el promotor de esta tesis había sido el propio Marx en *El capital*. Según decía,

> toda esta ruina de mujeres y niños que tenemos todavía ante nosotros y que desde el punto de vista de la teoría histórica de Marx no debemos repudiar, puesto que significaría actuar en nuestro propio detrimento. […] Un discípulo ruso de Marx […] si realmente comparte las ideas histórico-filosóficas de Marx, debe alegrarse al ver a los productores divorciados de sus medios de producción, considerando este divorcio como la primera fase del inevitable y, en última instancia, benéfico proceso. Debe, en una palabra, aceptar la liquidación de los principios inherentes en su ideal. Esta colisión entre el sentimiento moral y la inevitabilidad histórica debe resolverse, por supuesto, en favor de la última.[69]

Pero Mijailovski no había podido confirmar sus argumentaciones con citas exactas del texto, y en su lugar había utilizado una alusión polémica que había hecho Marx a Herzen en el apéndice a la primera edición alemana de *El capital*:

> En el continente europeo, la influencia de la producción capitalista —que arruina la raza humana por el exceso de trabajo, la división del trabajo, la sujeción a la máquina, las mutilaciones cor-

porales de niños y mujeres, una vida miserable, etc.— se desarrolla paralelamente a la amplitud de la soldadesca nacional, las deudas públicas, los impuestos, la estrategia esclarecida, etc. Si esto continúa, se cumplirá entonces inevitablemente la profecía que lanzó el semirruso y moscovita perfecto Herzen (ese erudito a la violeta, dicho sea de paso, que ha hecho descubrimientos sobre el comunismo «ruso» no en Rusia, sino en la obra del consejero de Estado prusiano Haxthausen).[70]

Sin embargo, la omisión de esta consideración en las posteriores ediciones de *El capital* no viene a testiguar un cambio de opinión sobre Herzen por parte de Marx.[71] Por el contrario, en la carta a la redacción de los *Anales Patrios* le reprochó, en los mismos términos que en 1867, «el haber descubierto el comunismo "ruso" [*i. e.* la comunidad rural rusa], no en Rusia, sino en el libro de Haxthausen [...], y el que en sus manos la comunidad rural rusa sirva solamente como argumento para proclamar que la vieja y podrida Europa tendrá que renovarse mediante el triunfo del paneslavismo».[72] Las ideas de Marx sobre el socialismo fueron siempre la antítesis de las de Herzen. En *La revolución de Rusia* [1857], el ideólogo ruso había sostenido que en su país, aunque el movimiento que iba «para el pueblo y con el pueblo [...] quizá no sea muy numeroso», en su opinión no era «inferior por su conciencia y por su desarrollo a ningún otro ambiente de Occidente. Aunque nuestro país no tiene por costumbre discutir las cuestiones sociales, es bastante más libre de todo lo que es tradición. Es más nuevo, más sencillo, más joven que la sociedad occidental».[73] Marx no compartió nunca la idea de la presunta predisposición natural hacia el comunismo por parte del pueblo ruso. La predisposición que mostró hacia la posibilidad del estallido de una revolución en Rusia no puede relacionarse con las posiciones de Herzen, ni por las modalidades consideradas necesarias con vistas a la toma del poder político, ni por las prerrogativas consideradas indispensables para el nacimiento de una sociedad poscapitalista.

En la carta a la redacción de los *Anales Patrios* Marx afirmaba, bastante molesto, que su polémica con Herzen no podía ser convertida en la adulteración de sus apreciaciones, o, como había escrito Mijailovski, en la negación «de los esfuerzos de algunos rusos por encontrar para su patria una trayectoria distinta de la que ha seguido y sigue la Europa occidental».[74]

Engels también había intervenido unos años antes con respecto a las perspectivas de una posible revolución social en Rusia. En el artículo «Acerca de la cuestión social en Rusia» [1875], escrito como respuesta a la *Carta abierta al señor Friedrich Engels*, polémico texto publicado por Piotr Tkachov[75] (1844-1886), revolucionario de simpatías blanquistas, había dicho claramente que

la revolución a que aspira el socialismo moderno consiste, brevemente hablando, en la victoria del proletariado sobre la burguesía y en una nueva organización de la sociedad mediante la liquidación *definitiva*[76] de las diferencias de clase.

Para ello se precisa, además de la existencia del proletariado, que ha de llevar a cabo esta revolución, la existencia de la burguesía, en cuyas manos las fuerzas productivas de la sociedad alcanzan ese desarrollo que hace posible la liquidación definitiva de las diferencias de clase. Entre los salvajes y los semisalvajes tampoco suele haber diferencias de clase, y por ese estado han pasado todos los pueblos. Pero ni tan siquiera puede ocurrírsenos restablecerlo, aunque no sea más que porque de este mismo estado surgen necesariamente, con el desarrollo de las fuerzas productivas de la sociedad, las diferencias de clase.[77]

Para disipar cualquier posible duda, añadió:

Sólo al llegar a cierto grado de desarrollo de las fuerzas productivas de la sociedad, muy alto hasta para nuestras condiciones presentes, se hace posible elevar la producción hasta un nivel en que la liquidación de las diferencias de clase represente un verdadero progreso, tenga consistencia y no traiga consigo el estancamiento o, incluso, la decadencia en el modo de producción de la sociedad. Pero sólo en manos de la burguesía han alcanzado las fuerzas productivas ese grado de desarrollo. Por consiguiente, la burguesía es, también en este aspecto, una condición previa, y tan necesaria como el proletariado mismo, de la revolución socialista. Por tanto, quien sea capaz de afirmar que es más fácil hacer la revolución en un país donde, *aunque* no hay proletariado, no hay *tampoco* burguesía, demuestra exclusivamente que debe aún estudiar el abecé del socialismo.[78]

Marx compartía las afirmaciones de Engels,[79] y de hecho los dos estuvieron siempre en absoluto desacuerdo con Herzen y con cuantos, como Bakunin y Tkachov, habían heredado sus ideas. Estos últimos habían cometido el error de «presentar a los campesinos rusos como a los auténticos portadores del socialismo, como a comunistas natos, en contraste con los obreros del senil y podrido Occidente europeo, obligados a estrujarse los sesos para asimilar artificialmente el socialismo».[80]

Respecto al debate con Mijailovski, en su intento de evitar cualquier tipo de ambigüedad teórica, en la carta a la redacción de los *Anales Patrios* Marx diría: «Voy a expresarme sin rodeos» y a enumerar las conclusiones a las que había llegado después de muchos años de estudio. Empezó con la siguiente frase, que luego tachó en el manuscrito: «Si Rusia sigue marchando por el camino que viene recorriendo desde 1861, desperdiciará la más hermosa ocasión que la historia ha ofrecido jamás a un pueblo para esquivar todas las fatales vicisitudes del régimen capitalista».[81]

La primera aclaración básica tenía que ver con el ámbito al que había hecho referencia a lo largo del análisis que había llevado a cabo en su libro. Recordaba, en ese sentido, que en el capítulo de *El capital* titulado «La llamada acumulación originaria»[82] se había propuesto «señalar simplemente el camino por el que en la Europa occidental nació el régimen capitalista del seno del régimen económico feudal», refiriéndose exclusivamente a «la Europa occidental». No a todo el mundo, pues, sino solo al Viejo Continente.

Marx remitía a la lectura de un pasaje de la edición francesa de *El capital*, en el que había afirmado que la base de todo el proceso de separación de los productores de sus medios de producción había sido «la expropiación de los cultivadores», añadiendo que ese proceso «solo en Inglaterra […] se ha efectuado de manera radical […] pero todos los otros países de Europa occidental recorren el mismo movimiento».[83]

Es en ese horizonte espacial en el que debemos enmarcar la afirmación presente en el Libro Primero de *El capital*: «El país industrialmente más desarrollado no hace sino mostrar al menos desarrollado la imagen de su propio futuro». Escribiendo para el lector alemán, Marx observaba que, a los habitantes de Alemania, «al igual que en los restantes países occidentales del continente europeo, [nos atormenta] no solo el desarrollo de la producción capitalista, sino la falta de ese desarrollo». A su juicio, además de las «miserias modernas», a los alemanes «nos agobia toda una serie de miserias heredadas, resultantes de que siguen vegetando modos de producción vetustos, meras supervivencias, con su cohorte de relaciones sociales y políticas anacrónicas».[84] Y precisamente por si el lector alemán quisiera consolarse «con la idea optimista de que en Alemania las cosas distan aún de haberse deteriorado tanto», Marx se veía obligado a advertirle: *De te fabula narratur!* [¡A ti se refiere la historia!]».[85]

Marx también mostró una actitud flexible respecto a los distintos países de Europa, pues no consideró que se tratara de un conjunto homogéneo. En un discurso pronunciado en 1867 ante la Asociación Cultural de Trabajadores Alemanes de Londres, publicado posteriormente en la revista *Der Verbote* de Ginebra, señaló que los proletarios alemanes habrían podido llevar a cabo la revolución con éxito porque, «a diferencia de los trabajadores de otros países, no necesitan pasar por el largo periodo de desarrollo burgués».[86]

En cuanto a Rusia en la carta a la redacción de los *Anales Patrios*, Marx compartía la opinión de Mijailovski según la cual ese país habría podido «sin necesidad de conocer todos los tormentos de este sistema [capitalista] […] recoger todos sus frutos por el camino de desarrollar sus propias peculiaridades históricas». Continuando con la exposición de su razonamiento, recordaba, por otra parte, que ya había resumido la tendencia histórica de la producción capitalista como un proceso en el que esta última se encargaba «de crear los elementos para un nuevo régimen económico» mediante «un impulso tan poderoso, que la propiedad capitalista, la cual descansa ya, en realidad, en una especie de producción colectiva, sólo puede transformarse en propiedad social».[87]

Por consiguiente, la única «aplicación que mi crítico [*i. e.* Mijailovski] puede hacer a Rusia de este bosquejo histórico» era la siguiente: «Si Rusia aspira a convertirse en un país capitalista calcado sobre el patrón de los países de la Europa occidental —y según Marx durante los últimos años ya había emprendido claramente esa dirección— no lo logrará sin antes convertir en proletarios a una gran parte de sus campesinos; y una vez que entre en el seno del régimen capitalista, tendrá que someterse a las leyes inexorables, como otro pueblo cualquiera».[88]

El disgusto más grande de Marx lo había causado el hecho de que su crítico

> a todo trance quiere convertir mi esbozo histórico sobre los orígenes del capitalismo en la Europa occidental en una teoría filosófico-histórica sobre la trayectoria general a que se hallan sometidos fatalmente todos los pueblos, cualesquiera que sean las circunstancias históricas que en ellos concurran.[89]

Marx añadía en tono irónico: «Esto es hacerme demasiado honor y, al mismo tiempo, demasiado escarnio».

Utilizando como ejemplo la expropiación de los campesinos en la antigua Roma y su separación de los medios de producción, señalaba que, de hecho, «los proletarios romanos no se convirtieron en obreros asalariados, sino en una *plebe* ociosa». A raíz de este proceso, se desarrolló un modo de producción esclavista, no capitalista. De modo que Marx concluía afirmando que estaban ante «dos clases de acontecimientos que, aun presentando palmaria analogía, se desarrollan en diferentes medios históricos y conducen, por tanto, a resultados completamente distintos». Para comprender las transformaciones históricas era preciso estudiar por separado los distintos fenómenos, y solo después era posible compararlos. Su interpretación no habría sido posible nunca mediante «la clave universal de una teoría general de filosofía de la historia, cuya mayor ventaja reside precisamente en el hecho de ser una teoría suprahistórica».[90]

En conclusión, Mijailovski, que no conocía bien la verdadera postura teórica de Marx, parece que, al criticarla, se adelantó a uno de los puntos fundamentales que caracterizarían al marxismo del siglo XX y que, por aquel entonces, se insinuaba ya entre sus seguidores, tanto en Rusia como en otros países. La crítica de Marx a esta concepción resulta tanto más importante por cuanto iba dirigida no solo al presente, sino también al futuro.[91] Sin embargo, no llegó a ser publicada nunca,[92] y la idea de que Marx consideraba que el capitalismo era un estadio obligatorio también para Rusia se afirmó rápidamente, produciendo graves repercusiones sobre lo que luego sería el marxismo en ese país.[93]

EL OTRO CAMINO POSIBLE

Durante casi tres semanas Marx siguió inmerso en sus papeles, aun siendo consciente de que debía dar una respuesta a una pregunta teórica que tenía mucha densidad y, aún en mayor medida, de que debía exponer su postura sobre una cuestión política tan concreta como engorrosa.[94] Fruto de ese trabajo fueron tres largos borradores previos, a veces con argumentaciones contradictorias entre sí, y el esquema de la respuesta que fue enviado luego a Vera Zasúlich. Las distintas redacciones que hizo Marx de la misma carta fueron escritas todas en francés y empezaban invariablemente de la misma manera.

Como síntesis de su estructurado análisis de la «metamorfosis de la producción feudal en producción capitalista», Marx decidió, de hecho, utilizar como referencia la misma cita, tomada de la edición francesa de *El capital*, incluida en la carta destinada a la redacción de *Otiechéstvennie Zapiski* [*Anales patrios*]. En la siguiente línea, insistía en que había «restringido [...] *expresamente* la "fatalidad histórica" de ese movimiento a los países de Europa occidental».[95] Esta especie de premisa iba seguida de unas reflexiones pormenorizadas y cargadas de una gran riqueza de implicaciones teóricas sobre la *obshchina*, como germen de una futura sociedad socialista, acompañadas de un examen de las posibilidades concretas de que se hiciera realidad.

En la primera[96] de las cuatro redacciones del documento, que es también la más extensa, Marx describía lo que consideraba «el único argumento serio aducido en favor de la *fatal disolución* de la comuna de los campesinos rusos». Analizando la historia europea, Marx veía repetirse un único cambio constante, desarrollado mejor en la tercera versión de su texto: «Remóntese a los orígenes de las sociedades occidentales y se hallará siempre la propiedad común de la tierra; con el progreso social ha desaparecido ante la propiedad privada». ¿Por qué razón «habría de ser su destino diferente en Rusia?». A esta pregunta Marx respondía con la misma motivación indicada anteriormente: «No tomaré en cuenta este razonamiento, sino en tanto (atañe a Europa) se apoya en las experiencias europeas».[97]

Con la mirada puesta en Rusia, en cambio, afirmaba:

> Si la producción capitalista debe asentar su reinado en Rusia, la inmensa mayoría de los campesinos, o sea del pueblo ruso, tendrá que ser convertida en asalariada, y por consiguiente expropiada por la abolición previa de su propiedad comunista. Pero en todos los casos, el precedente occidental no probaría absolutamente nada.[98]

La comuna agrícola también habría podido disgregarse y poner fin a su larga existencia, una eventualidad que, desde luego, no podía excluirse. Sin embargo, de haber ocurrido algo así, no habría sido a causa de una inevitabilidad histórica.[99] Además, en alusión a los que, según Zasúlich, se declaraban seguidores suyos, pero sostenían el carácter inevitable del advenimiento del capitalismo, comentaba con su típico sarcasmo: «Los "marxistas" rusos de quienes me habla me son totalmente desconocidos. Los rusos con los que mantengo relaciones personales tienen, que yo sepa, opiniones completamente opuestas».[100]

Estos llamamientos constantes a las experiencias occidentales iban acompañados de una observación política muy valiosa. Si a comienzos de la década de 1850 en el artículo «Futuros resultados de la dominación británica en la India», publicado en el *New-York Tribune*, Marx había afirmado que «Inglaterra tiene que cumplir en la India una doble misión destructora por un lado y regeneradora por otro. Tiene que destruir la vieja sociedad asiática y sentar las bases materiales de la sociedad occidental en Asia»,[101] en sus reflexiones sobre Rusia es evidente el cambio de perspectiva.

Ya en 1853 había dejado de abrigar ilusión alguna sobre las características de fondo del capitalismo, consciente de que la burguesía no había «realizado progreso alguno sin arrastrar a individuos aislados y a pueblos enteros por la sangre y el lodo, la miseria y la degradación».[102] Sin embargo, estaba convencido también de que, mediante el intercambio universal, el desarrollo de las fuerzas productivas del hombre y la transformación de la producción en algo científico, capaz de dominar las fuerzas de la naturaleza, «la industria y el comercio burgueses van creando esas condiciones materiales de un nuevo mundo».[103]

La visión contenida en esta afirmación, por la cual Marx ha sido acusado de eurocentrismo y de orientalismo[104] por quien ha hecho una lectura de sus obras, en el mejor de los casos, muy limitada y superficial, corresponde únicamente a una reflexión parcial e ingenua sobre el colonialismo, elaborada por un joven periodista de apenas treinta y cinco años por aquel entonces. En ningún punto de la obra de Marx podemos encontrar nada que sugiera una distinción profunda entre las sociedades de Oriente y las de Occidente.[105]

En 1881, después de lustros de profundos estudios teóricos y de atenta observación de los cambios ocurridos en el escenario político internacional, aparte de la enorme mole de lecturas sintetizadas precisamente durante aquel periodo en sus *Apuntes etnológicos*, el tema de la posible transición del capitalismo a las formas comunitarias del pasado fue considerado de una forma totalmente distinta.[106] Por ejemplo, refiriéndose a las «Indias orientales», manifestó su convencimiento de que

> todo el mundo, salvo sir H. Maine y otros del mismo jaez, sabe que allí la supresión de la propiedad común de la tierra no era más

que un acto de vandalismo inglés, que empuja al pueblo indígena no hacia adelante sino hacia atrás.[107]

Los británicos solo habían sido capaces de «estropear la agricultura indígena y redoblar el número y la intensidad de las hambrunas».[108]

Así pues, la *obshchina* rusa no estaba destinada irremediablemente a seguir el mismo resultado de realidades similares que ya habían existido en épocas anteriores en Europa, donde, de un modo bastante uniforme, se había producido «la transición de la sociedad basada en la propiedad común a la sociedad basada en la propiedad privada».[109] A la pregunta: «¿Quiere esto decir que la carrera histórica de la comuna agrícola deba fatalmente concluir así?», Marx contestaba secamente una vez más: «De ninguna manera».

Más allá de su decidido rechazo teórico a aplicar de modo esquemático el mismo modelo histórico a contextos distintos, Marx también ponía de relieve los motivos por los que había que analizar la *obshchina* sobre la base de sus propias características exclusivas. En primer lugar, había que subrayar que «la expropiación de los cultivadores en el Occidente» había sobrevenido a consecuencia de una transformación de la propiedad privada, que había pasado de la «fragmentada de los trabajadores» a la «concentrada de los capitalistas». En Rusia, el proceso habría sido diferente, porque se habría tratado de «reemplazar la propiedad comunista por la propiedad capitalista».[110] Además, había que tener bien presente que «en Europa occidental la muerte de la propiedad comunal y el nacimiento de la producción capitalista están separados por un intervalo inmenso de siglos»,[111] a lo largo del cual habían tenido lugar cambios económicos y revoluciones.

Con su habitual ductilidad y sin esquematismos, Marx consideraba la posible mudanza de la comuna agrícola. A su juicio, «la forma constitutiva» de la *obshchina* admitía dos alternativas: «O el elemento de propiedad privada que implica triunfará del elemento colectivo, o éste [último] triunfará de aquél. Todo depende de su medio histórico, de dónde se encuentre»[112] y de si el que existía por aquel entonces no le permitía excluir la posibilidad de un desarrollo socialista de la *obshchina*.

El primer punto que subrayaba tenía que ver con la coexistencia entre la comuna agrícola y otras formas económicas más avanzadas. Marx observaba que

> Rusia existe en un medio histórico moderno, es contemporánea de una cultura superior, está ligada a un mercado del mundo donde predomina la producción capitalista [...]. Al apropiarse los resultados positivos de ese modo de producción está entonces en condiciones de desarrollar y transformar la forma todavía arcaica de su comuna rural en lugar de destruirla.[113]

Los campesinos habrían podido «incorporarse las adquisiciones positivas elaboradas por el sistema capitalista sin pasar por sus horcas caudinas».[114]

Además, como era imposible avanzar a saltos, tal como afirmaban los que consideraban que el capitalismo era una etapa irrenunciable también para Rusia, Marx les preguntaba en tono irónico si este país también se vería «obligado, como Occidente, a pasar por un largo periodo de incubación de la industria mecánica para llegar a las máquinas, los navíos de vapor, los ferrocarriles, etc.». Del mismo modo también les preguntaba cómo iba a ser posible «introducir en su país en un abrir y cerrar de ojos todo el mecanismo cambiario (bancos, sociedades por acciones, etc.) cuya elaboración costó siglos a Occidente».[115]

La historia de Rusia no podía recorrer, servilmente, todas las etapas que habían marcado la historia de Inglaterra y la de los demás países europeos. Por consiguiente, si se admitía esta hipótesis y se la consideraba la única lógica, también habría podido hacerse realidad la transformación socialista de la *obshchina* sin necesidad de pasar por el capitalismo.

Por último, para Marx era fundamental valorar el momento en el cual se consideraba esa hipótesis. «La mejor prueba» de que el desarrollo en sentido socialista de la comuna campesina podía responder a «la corriente histórica de nuestra época es la fatal crisis» —en este caso las esperanzas políticas de Marx lo llevaron a escribir un «fatal» de más— «padecida por la producción capitalista en los países europeos y americanos, donde mayor vuelo tomó». Basándose en las sugerencias encontradas en la lectura de los escritos de Lewis Morgan, Marx esperaba que la crisis económica en curso lograra determinar las condiciones favorables para la «eliminación» del capitalismo y «el retorno de la sociedad moderna a una forma superior del tipo más arcaico: la producción y la apropiación colectivas».[116]

Por estas palabras resulta evidente una vez más que, de hecho, Marx no pensaba en el «tipo primitivo de la producción colectiva o cooperativa [que] fue, claro está, consecuencia de la debilidad del individuo aislado», sino en el que era fruto «de la socialización de los medios de producción».[117] La propia *obshchina*, como él mismo señalaba, constituía «la forma más moderna del tipo arcaico» de propiedad, «que también siguió toda una serie de evoluciones».[118]

Estos estudios y sus consiguientes análisis, que no eran esquemas abstractos, determinaron la decisión de Marx. Las comunas agrícolas rusas ya no estaban basadas «en relaciones de consanguineidad entre sus miembros», sino que posiblemente representaban «la primera agrupación social de hombres libres no afianzada por los vínculos de la sangre».[119]

Lo que criticaba Marx de las arcaicas comunas rurales era también su «aislamiento», pues, al estar encerradas en sí mismas y no tener contacto con el mundo exterior, constituían desde el punto de vista político la realidad económica más en consonancia con el régimen reaccionario zarista: «La falta de enlace entre la vida de una comuna y la de las otras, este microcosmos localizado [...] en todas aquellas partes donde se le halla, hace surgir por encima de las comunas un despotismo central».[120]

Es evidente que Marx no había cambiado su juicio clínico general sobre las comunas rurales rusas y que, según avanzaba su análisis, el desarrollo del individuo y de la producción social había conservado intacta su significación. No se había convencido de repente de que las comunidades antiguas habían representado un lugar de emancipación más evolucionado para los individuos que las relaciones existentes en el capitalismo. Las dos sociedades seguían estando profundamente alejadas de su idea de comunismo.

En los borradores preliminares de la carta a Vera Zasúlich no se pone de manifiesto ninguna ruptura dramática con las convicciones que había tenido anteriormente, como han argumentado algunos estudiosos.[121] Marx no había expuesto ningún principio teórico según el cual Rusia u otras naciones en las que el capitalismo estaba todavía poco desarrollado, estaban obligadas a convertirse en el lugar privilegiado para el surgimiento de la revolución. Marx no consideraba que los países más atrasados en el terreno capitalista estaban más cerca de la meta del comunismo, comparados con aquellos que tenían un desarrollo productivo más avanzado. Las rebeliones esporádicas o algunas luchas de resistencia no debían confundirse con la instauración de un nuevo ordenamiento económico y social de base comunista.

Además, las posibilidades ponderadas para Rusia en aquel momento extremadamente especial de su historia, en el que se habían presentado unas oportunidades favorables para una transformación progresista de las comunas agrícolas, no podían ser generalizadas y trasladadas a otros países todavía poco desarrollados en el terreno capitalista. En la Argelia ocupada por los franceses o en la India colonizada por los británicos no existían las características condiciones de desarrollo que habían sido puestas en evidencia por Chernishevski. Del mismo modo, la Rusia de aquel momento histórico concreto no podía compararse con lo que habría podido suceder en esa misma nación en el futuro. Por el contrario, los elementos de novedad acontecidos, en comparación con el pasado, tienen que ver con una apertura teórica cada vez mayor que permitió sopesar otras vías posibles para el paso al socialismo, que anteriormente no se habían valorado nunca o que se pensaba que eran irrealizables.[122]

Por si fuera poco, en la segunda mitad del siglo XIX, tras las reformas adoptadas por Alejandro II Románov (1818-1881), las condiciones de la *obshchina* habían cambiado ya y ofrecían muchos aspectos contradictorios:[123]

> Emancipada de los vínculos fuertes, pero estrechos, del parentesco natural, la propiedad común de la tierra y las relaciones socia-

les que de ella dimanan le garantizan una base firme, al mismo tiempo que la casa y el corral, dominio exclusivo de la familia individual, el cultivo parcelario y la apropiación privada de sus frutos dan a la individualidad una expansión incompatible con (la estructura) el organismo de las comunidades más primitivas.[124]

Ese «dualismo» podía «volverse germen de descomposición» y demostraba que «la comuna lleva en sí misma sus elementos deletéreos».[125] Lo que amenazaba su supervivencia no eran solo las «influencias destructoras» procedentes del exterior, como las del Estado, que, por medio de su legislación, había proporcionado algunas «ramas del sistema capitalista occidental que, sin desarrollar de ninguna manera las premisas productivas de la agricultura […] cooperó así al enriquecimiento de nuevos parásitos capitalistas que chupan la sangre, ya tan empobrecida, de la "comuna rural"».[126]

Marx había llegado a la conclusión de que la alternativa prevista por los populistas rusos era realizable, y afirmó que

teóricamente hablando la «comuna rural» rusa puede, pues, conservar su tierra desarrollando su base, la propiedad común de la tierra, y eliminando de ella el principio de propiedad privada, que también implica; puede convertirse en punto de partida directo del sistema económico al que tiende la sociedad moderna; puede cambiar de existencia sin empezar por suicidarse; puede apoderarse de los frutos con que la producción capitalista ha enriquecido a la humanidad sin pasar por el régimen capitalista.[127]

Sin embargo, para ser realizada, esa hipótesis tenía que «descender de la teoría pura a la realidad rusa».[128] Con ese objeto, Marx se esforzó por buscar las «posibilidades de evolución»[129] de la *obshchina*, observando que, en aquel preciso instante,

es la única en Europa que todavía constituye la forma orgánica, predominante, de la vida rural de un imperio inmenso. La propiedad común de la tierra le ofrece la base natural de la apropiación colectiva, y su medio histórico, la contemporaneidad de la producción

111

capitalista, le presta ya listas las condiciones materiales del trabajo cooperativo, organizado en amplia escala. Entonces puede incorporarse las adquisiciones positivas elaboradas por el sistema capitalista [...]. Puede ir suplantando a la agricultura parcelaria mediante la agricultura combinada, con ayuda de las máquinas que parece solicitar la configuración física de la tierra rusa [...], puede llegar a ser el *punto de partida directo* del sistema económico al que propende la sociedad moderna, y remozarse sin empezar por suicidarse.[130]

Así pues, lo que comentaba Marx era muy parecido a lo que había escrito en el pasado Chernishevski.[131] Esta alternativa era posible y, teniendo en cuenta el contexto socioeconómico existente en Rusia, también era, desde luego, más adecuada que el sistema del «arrendamiento capitalizado a la inglesa».[132] Sin embargo, solo habría podido existir si «el trabajo colectivo» hubiera podido «suplantar en la agricultura propiamente dicha al trabajo parcelario», una forma más de apropiación privada. Para que pudiera ocurrir algo parecido, se requerían dos condiciones: «La necesidad económica de tal transformación y las condiciones materiales para realizarla».[133] El hecho de que la comuna agrícola rusa y el capitalismo europeo fueran contemporáneos ofrecía a la primera «todas las condiciones del trabajo colectivo»,[134] y la familiaridad de los campesinos con «el contrato de *artel*»[135] les facilitaría mucho la transición al «trabajo cooperativo».[136]

En cuanto a la separación y el asilamiento existentes entre las diversas comunas, que en el plano político facilitaban el carácter despótico de Rusia, eran en aquellos momentos «un obstáculo de fácil eliminación», pues, según Marx, «habría que poner simplemente en lugar de la *volost*,[137] instituto oficial, una asamblea de campesinos escogida por las propias comunas y que sirviera de órgano económico y administrativo de sus intereses».[138]

La voluntad política y la coincidencia favorable de los tiempos históricos constituían, por consiguiente, los elementos fundamentales para salvar la *obshchina*, garantizando tanto su supervivencia como su transformación radical. En otras palabras, pese a la amenaza del capitalismo y sus profundas innovaciones, todavía era posible la transformación en sentido socialista de una forma arcaica de comunidad como la *obshchina*, pues

> no se trata ya de un problema por resolver, sino simplemente de un enemigo que vencer. No es entonces un problema teórico; (es una cuestión por resolver, sencillamente un enemigo que vencer). Para salvar a la comuna rusa se requiere una revolución rusa [...]. Si la revolución se efectúa en el momento oportuno, si concentra todas sus fuerzas (si la parte inteligente de la sociedad rusa) (si la inteligencia rusa concentra todas las fuerzas vivas del país), en asegurar el libre desenvolvimiento de la comuna rural, ésta se revelará pronto un elemento regenerador de la sociedad rusa y un elemento de superioridad sobre los países subyugados por el régimen capitalista.[139]

Marx volvió sobre esos mismos temas al año siguiente. En enero de 1882, en el «Prefacio» a la nueva edición rusa del *Manifiesto del partido comunista*, redactado en colaboración con Engels, el destino de la comuna rural rusa se asoció al de las luchas proletarias de los países europeos. En efecto, los dos teóricos afirmaban que

> en Rusia, al lado del florecimiento febril del fraude capitalista y de la propiedad territorial burguesa en vías de formación, más de la mitad de la tierra es posesión comunal de los campesinos. Cabe, entonces, hacerse esta pregunta: ¿podría la comunidad rural rusa —forma por cierto ya muy desnaturalizada de la primitiva propiedad común de la tierra— pasar directamente a la forma superior de la propiedad colectiva, a la forma comunista, o, por el contrario, deberá pasar primero por el mismo proceso de disolución que constituye el desarrollo histórico de Occidente? La única respuesta que se puede dar hoy a esta cuestión es la siguiente: si la revolución rusa da la señal para una revolución proletaria en Occidente, de modo que ambas se completen, la actual propiedad común de la tierra en Rusia podrá servir de punto de partida para el desarrollo comunista.[140]

La tesis de fondo que Marx había expresado frecuentemente ya en el pasado no había cambiado. Al mismo tiempo, relacionó sus ideas con el contexto histórico y con los distintos escenarios políticos a los que este podía dar lugar.[141] Este breve escrito de Marx y Engels fue inmediatamente publicado en la revista *Naródnaya Volia* [«Voluntad del pueblo»], acompañado de una nota exultante en la que se afirmaba que los miembros de la redacción estaban «particularmente felices de subrayar las palabras finales» del escrito, pues en ellas veían «la confirmación de una de las tesis teóricas fundamentales de Voluntad del pueblo».[142]

En cuanto a la respuesta a Zasúlich, Marx tomó la resolución de enviarla tras una larga meditación y la escribió finalmente el 8 de marzo de 1881. Aunque había preparado varios borradores de la carta, todos muy largos y ampliamente argumentados, para redactar los cuales había empleado un tiempo valiosísimo y muchas energías, decidió mandarle una contestación bastante breve, en la que se disculpaba por no haber sido capaz de satisfacer la petición que le había planteado, esto es, la de suministrarle «un estudio sucinto destinado a la publicidad».[143] Añadía que ya había adquirido el compromiso de realizar un trabajo sobre el mismo asunto —sin conseguir respetarlo— con el comité de San Petersburgo de la organización populista Voluntad del pueblo (NV).[144]

No obstante, intentaba disipar «en unas cuantas líneas» cualquier «duda» de Zasúlich «acerca del mal entendimiento respecto de mi supuesta teoría». Como argumento, Marx remitía a la cita acerca de la «expropiación de los cultivadores» presente en la edición francesa de *El capital* —la misma cita que había incluido en el borrador de la carta destinada a la redacción de los *Anales Patrios*—, y reiteraba que su observación estaba «expresamente restringida a los países de Europa occidental», en los cuales se había producido «la transformación de una forma de propiedad privada en otra forma de propiedad privada». En el caso ruso se trataría, por el contrario, de «transformar su propiedad común [*sc.* de los campesinos rusos] en propiedad privada».[145] He aquí, finalmente, la conclusión de su razonamiento:

El análisis presentado en *El capital* no da, pues, razones, en pro ni en contra de la vitalidad de la comuna rural. Pero el estudio especial que de ella he hecho, y cuyos materiales he buscado en las

114

fuentes originales, me ha convencido de que esta comuna es el punto de apoyo de la regeneración social en Rusia, mas para que pueda funcionar como tal será preciso eliminar primeramente las influencias deletéreas que la acosan por todas partes y a continuación asegurarle las condiciones normales para un desarrollo espontáneo.[146]

Marx asumía, pues, una postura dialéctica, que lo llevaba a no excluir que el desarrollo de un nuevo sistema económico, basado en la asociación de los productores, pudiera hacerse realidad solo a través de determinadas etapas obligatorias. Negaba, en cambio, la necesidad histórica del desarrollo del modo de producción capitalista en todos los rincones del mundo.[147] En el texto final remitido a Zasúlich incluyó una serie de consideraciones claramente más concisas y adoptó un tono más cauto que el utilizado en los textos preparatorios. Ello demostraría que se daba cuenta de que había tratado de un modo todavía demasiado superficial una cuestión tan compleja como aquella, y de que seguían preocupándole algunas incertidumbres teóricas. En su respuesta a la revolucionaria rusa, afirmaba a modo de preámbulo: «Una enfermedad nerviosa que me viene aquejando periódicamente en los diez últimos años me ha impedido responder antes a su carta [...]. Siento no poder darle un estudio sucinto [...] de la cuestión».[148] En realidad, los numerosos borradores preparados por Marx antes de la redacción final de la carta dan idea de cuánto tiempo dedicó a la problemática planteada por Zasúlich, sin conseguir resolverla de un modo que lo satisficiera.[149]

Los que no compartían el contenido de estas ulteriores reflexiones suyas intentaron redimensionar su alcance y las consideraron fragmentos poco relevantes de un anciano, cuyas capacidades teóricas estaban en fase de agotamiento.[150] En cambio, para los que estaban de acuerdo con las tesis incluidas en esas mismas reflexiones, se convirtieron en el testamento intelectual de Marx y adquirieron un valor superior incluso a los textos acabados y dados a la imprenta. En realidad, la respuesta a Zasúlich confirma el modo habitual de trabajo de Marx. En el proceso de elaboración de sus teorías, el autor de *El capital* solía emprender un largo proceso caracterizado por una enorme mole de investigaciones, por la formulación de hipótesis iniciales, que iban seguidas indefectiblemente de dudas y de una autocrítica acerca de su validez. Una vez agotada esta fase, Marx llegaba a nuevas tesis que a su vez habrían de necesitar ulteriores estudios. Los escritos de la última parte de su vida no se alejan de este esquema y, por lo tanto, no tienen menos valor que los anteriores ni tampoco son el punto final de su conciencia. Por el contrario, nos permiten comprender un punto clave al que había llegado Marx: las hipótesis acerca del posible rumbo de la historia no había que concebirlas a partir de leyes abstractas, sino que siempre debían ser puestas en relación con los distintos contextos existentes.

Las consideraciones que desarrolló Marx, con gran riqueza de argumentos, en torno al futuro de la *obshchina* están muy lejos de la equiparación entre socialismo y fuerzas productivas que se impondría, con ecos nacionalistas e incluso con simpatías por el colonialismo, tanto en el seno de la Segunda Internacional como entre los partidos socialdemócratas. También eran profundamente distintas del presunto «método científico» del análisis social que gozó de tanta preponderancia en el movimiento comunista internacional del siglo XX.

De la aceptación pasiva del rumbo de la historia fue culpable también Engels. En más de un escrito suyo, de varias intervenciones y cartas de sus últimos años, podemos encontrar una postura semejante a la que expresó en una misiva enviada a Nikolái Danielson el 24 de febrero de 1893: «El proceso de remplazar unos 500.000 *pomeshchiki* [*i. e.* grandes señores de la tierra, grandes terratenientes] y unos ochenta millones de campesinos por una nueva clase de propietarios de tierra burgueses no puede realizarse si no es en medio de terribles sufrimientos y espantosas convulsiones». Y a continuación añadía: «Pero la historia es la más cruel *vsej bogin* [de todas las diosas] y conduce su carro triunfal sobre montañas de cadáveres, no sólo en la guerra, sino también en tiempos de desarrollo económico "pacífico". Y nosotros, hombres y mujeres, somos desgraciadamente tan estúpidos que no sabemos armarnos del coraje necesario para lograr un verdadero progreso, a menos que nos impulsen a hacerlo sufrimientos que aparecen casi desproporcionados».[151] Las dudas de Marx se vieron sustituidas por la convicción de que, incluso en una nación como Rusia, el capitalismo habría representado una etapa ineludible para el desarrollo económico.[152]

EL JUICIO SOBRE EL MOVIMIENTO POPULISTA

En este periodo Marx expresó también sus valoraciones respecto a las diversas tendencias revolucionarias existentes en la Rusia de la época, dirigiendo su atención hacia los populistas. En ellos volcó su aprecio por la concreción de su actuación política y porque, para la difusión de sus ideas, no recurrían a inútiles tonos ultrarrevolucionarios ni a generalizaciones contraproducentes.

El panorama político por entonces se caracterizaba por la existencia de tres posturas. Se diferenciaban entre sí por las distintas respuestas que daban los revolucionarios a la controvertida cuestión de la relación entre la esfera política y la económica, y sobre cuál de las dos era superior a la otra. Los que consideraban que a través de la primera podía imponerse cualquier tipo de transformación económica compartían las posturas neoblanquistas de Tkachov o las anárquicas de Bakunin.

El primer movimiento revolucionario ruso, surgido en la década de 1870, fue *Zemlyá i volia* («Tierra y libertad»). Nació a partir de la idea de que el socialismo podía hacerse realidad también allí donde la sociedad burguesa no se había desarrollado todavía.[153] Esta organización se disolvió en 1879 y de ella nacieron dos nuevas corrientes. Reparto negro (*Chornyi peredel*), que tendría un papel minoritario, reunió en torno a ella a quienes excluían cualquier hipótesis de vuelco total de las relaciones económicas mediante la revolución en la esfera política. Su nombre provenía de la propuesta de repartir la tierra entre los campesinos (el adjetivo «negro» tenía, en realidad, el significado de «universal»). Entre sus principales dirigentes figuraban Zasúlich y Gueorgui Plejánov (1856-1918), uno de los primeros «marxistas» rusos, que, tras llegar a una visión gradualista de la revolución, acabó aceptando que, al no haber perspectiva alguna de que diera comienzo, no quedaba más remedio que aguardar el desarrollo del capitalismo.[154]

El grupo mayoritario, heredero de Tierra y libertad, que se autodefiniría más tarde como Voluntad del pueblo (*Naródnaya volia*), tenía una postura más articulada.[155] En el artículo «La revolución política y el problema económico» [1881], firmado por Doroshenko, pseudónimo de Nikolái I. Kibálchich (1853-1881), se afirmaba que «las instituciones políticas libres no pueden establecerse sin una determinada preparación histórica en la esfera económica». Igualmente flexible era su postura en lo tocante al papel que debía asignarse a la subjetividad revolucionaria: «Es preciso pensar que la primera consigna de la insurrección no la dará la aldea, sino la ciudad. Pero el éxito inicial en la ciudad podrá dar la señal de rebelarse a millones de campesinos hambrientos».[156] En definitiva, los seguidores de Voluntad del pueblo pensaban que era posible un vuelco social significativo en la Rusia de su época, pero que era preciso saber aprovechar el momento adecuado y explotar las oportunidades que se presentaran. En el segundo número de la revista *Naródnaya Volia* se afirmaba emblemáticamente que, si los revolucionarios «sabían aprovechar el momento, entregarían el poder al pueblo, impidiéndole al zar ponerlo en manos de la burguesía. Pero no había tiempo que perder […] Ahora o nunca, he aquí nuestro dilema».[157] En definitiva, Marx estudió atentamente el caso ruso entre otras cosas para reflexionar sobre la cuestión —fundamental para los revolucionarios que vinieran tras él— relativa al peso de los factores subjetivos y objetivos dentro del proceso histórico.

En una carta escrita a Adolph Sorge a finales de 1880, expresaba su opinión sobre algunas organizaciones socialistas, demostrando que no estaba influenciado en modo alguno por vínculos personales con sus militantes, y tampoco por los juramentos de lealtad expresados hacia sus teorías. Describía a las fuerzas enfrentadas en los siguientes términos: «Por una parte están los críticos (en su mayoría jóvenes profesores universitarios y también algunos publicistas, en parte ligados a mí por vínculos de amistad), y por otra, está el Comité Central terrorista», esto es, los populistas de Voluntad del pueblo. Marx añadía que el carácter pragmático del programa de esta organización, a la cual veía con buenos ojos, había provocado la furia de los partidarios del primer grupo, esto es, los militantes de Reparto negro, a los que Marx calificaba de «anarquistas».[158] De este bloque, compuesto en su mayoría por personas que habían abandonado Rusia por decisión personal, comentaba irónicamente:

> … constituyen, a diferencia de los terroristas que arriesgan el pellejo, el llamado partido de la propaganda (para hacer propaganda en Rusia se trasladan a Ginebra. ¡Menudo *quid pro quo*!). Estos señores están en contra de cualquier acción revolucionaria. Rusia debería pasar al milenio anarco-comunista-ateo dando un *salto mortale*! Mientras tanto, preparan ese salto con un sectarismo aburrido.[159]

En una carta de abril de 1881 a su hija Jenny, estigmatizaba nuevamente la actitud de estos intelectuales que se habían trasladado a vivir en Suiza: «Los refugiados rusos en Ginebra […] en realidad son simples teorizantes, confusos anarcosocialistas, y es nula su influencia sobre el "teatro de guerra" ruso».[160] Por último, en otro comentario a Jenny sobre los procesos penales contra los perpetradores del atentado de San Petersburgo, cuya posición política y cuyos métodos de propaganda aprobaba, añadía:

> … son gente que vale un Perú, sin poses melodramáticas, sencillas, serias, heroicas. Charlar y hacer son cosas totalmente opuestas. El Comité Ejecutivo de Petersburgo, que actúa tan enérgicamente, lanza manifiestos de «moderación» refinada. Esto está muy lejos de la forma pueril en que Most y otros llorones infantiles predican el tiranicidio como «teoría» y como «panacea» […]. Por el contrario, ellos tratan de enseñarle a Europa que su *modus operandi* es un método específicamente ruso e históricamente inevitable acerca del cual no hay más razón para discurrir: a favor o en contra.[161]

Las evaluaciones de Marx en torno la posibilidad del desarrollo del socialismo en Rusia se basaron, pues, solo en la situación económica existente en ese país. En 1881, el contacto con los populistas rusos, tal como había sucedido diez años antes con los *communards* parisinos, contribuyó a que madurara un nuevo convencimiento, aparte de la posible sucesión de los modos de producción en el curso de la historia, se valoraban también con mayor elasticidad la irrupción de los sucesos revolucionarios y las subjetividades que los determinan. Se trataba, de hecho, de la aproximación a un verdadero internacionalismo a escala global y ya no solo europea.[162]

La concepción multilineal a la que llegó en el periodo de su plena maduración intelectual obligó a Marx a prestar todavía más atención a las especificidades históricas y al desarrollo desigual de las condiciones políticas y económicas entre países y contextos sociales diferentes. Este planteamiento contribuyó indudablemente a aumentar las dificultades a través del proceso, ya de por sí accidentado, de la terminación de los restantes libros de *El capital*.

Sin embargo, no modificó el perfil de la sociedad comunista que había diseñado a partir de los *Grundrisse*, aunque sin caer nunca en utopismos abstractos.[163] Guiado por la duda[164] y por la hostilidad hacia los esquematismos del pasado y los nuevos dogmatismos que estaban naciendo en su nombre, pensó que era posible el estallido de la revolución en condiciones y formas anteriormente no consideradas. El futuro estaba en manos de la clase trabajadora y de su capacidad de condicionar profundos vuelcos sociales, a través de sus propias organizaciones y de sus propias luchas.

3

Los tormentos del Viejo Nick

En 1881, Marx no constituía todavía la referencia teórica indiscutible del movimiento obrero internacional en la que se convertiría en el siglo xx. En el transcurso de la década de 1840, el número de dirigentes políticos y de intelectuales que tenían relación con él era muy limitado, y lo que la policía internacional y sus adversarios habían» calificado como «el partido Marx»[1] estaba compuesto por unos pocos militantes. Las cosas no habían cambiado para mejor en la década sucesiva, cuando, tras la derrota de las revoluciones de 1848, podían ser considerados «marxianos»[2] solo un exiguo número de exiliados, la mayoría de los cuales se había refugiado en Gran Bretaña.

El desarrollo de la Asociación Internacional de los Trabajadores y la conquista del poder por parte de la Comuna de París, de la que se hizo eco toda Europa a partir de 1871, habían cambiado esa situación. Tales acontecimientos habían hecho que Marx gozara de cierta notoriedad y que sus escritos conocieran una discreta difusión. *El capital* había empezado a circular tanto en Alemania, donde había sido reeditado en 1873, como en Rusia, donde había sido traducido un año antes, y en Francia, donde vio la luz, en una edición en fascículos, entre 1872 y 1875. No obstante, incluso en estos países las ideas de Marx tuvieron que competir durante mucho tiempo, a menudo en una posición minoritaria, con las de otros socialistas contemporáneos suyos.

En Alemania, el programa del Congreso de Gotha, a partir del cual se llevó a cabo en 1875 la fusión entre el Partido Socialdemócrata de los Trabajadores de Alemania (*Sozialdemokratische Arbeiterpartei*, SDAP), ligado a Marx, y la Asociación General de los Trabajadores Alemanes (*Allgemeiner Deutscher Arbeiterverein*, ADAV), fundada por Ferdinand Lassalle (1825-1864), se centró principalmente en las posturas de este último. En Francia, como por lo demás también en Bélgica, las teorías de Proudhon gozaban de mayor difusión que las de Marx entre la clase obrera, y los grupos que se inspiraban en él no eran muy superiores ni en número ni en iniciativa política a los que seguían los postulados del revolucionario Louis-Auguste Blanqui (1805-1881). En Rusia, en un escenario económico, social y político muy distinto del europeo, la situación era todavía más compleja, pues la crítica marxiana del modo de producción capitalista era leída e interpretada en un país que vivía en unas condiciones sociales y económicas muy atrasadas y alejadas del modelo de desarrollo capitalista europeo. Pese a los progresos alcanzados con el paso del tiempo en estos tres países, Marx seguía siendo casi desconocido en Inglaterra[3] y sus escritos prácticamente no circulaban ni en Italia ni en España ni en Suiza, donde durante la década de 1870 Bakunin había conseguido una influencia superior a la suya. Por último, al otro lado del océano se conocía muy poco de Marx.

En el proceso de difusión de la obra de Marx tuvo también no poco que ver el carácter inacabado de su obra, empezando por *El capital*. Resulta muy ilustrativo que, cuando precisamente en 1881 fue interrogado por Kautsky acerca de la oportunidad de publicar una edición completa de sus obras, respondió en tono cáustico «que primero hacía falta que estuvieran escritas todas».[4]

Así pues, aunque Marx no vivió el momento de consagración global de sus ideas, durante los últimos años de su vida fue testigo del interés cada vez mayor por sus teorías —en especial por las que contenía su *magnum opus*—, que fue desarrollándose en muchos países europeos. La creciente difusión del pensamiento marxiano y la generalización del consenso en torno a su persona provocaron reacciones contrapuestas. Como le señalaba Engels a Bernstein en una carta escrita a finales de 1881, a veces se manifestó incluso entre las filas del movimiento obrero un sentimiento generalizado de «celos hacia Marx».[5] La vida de la Federación del Partido de los Trabajadores Socialistas de Francia, por ejemplo, se vio marcada por el conflicto interno entre sus corrientes principales, la «posibilista», encabezada por el socialista exanarquista Paul Brousse (1844-1912) y la más próxima a las ideas de Marx, capitaneada por Guesde. En el periodo previo a su inevitable escisión, tras la cual en 1882 se constituyeron dos partidos nuevos —la Federación de los Trabajadores Socialistas de Francia, de tendencia reformista, y el Partido Obrero Francés (POF), el primer partido «marxista» de Francia—, los dos grupos dieron lugar a un durísimo choque ideológico. Irremediablemente en él se vio involucrado también Marx, que en junio de 1880 había redactado junto a Guesde y Lafargue el *Programa Electoral de los Trabajadores Socialistas*, esto es, la plataforma política de la izquierda francesa.

En este ambiente, Brousse, y con él Benoît Malon (1841-1893), *communard* y escritor socialista, no dudaron en recurrir a cualquier medio para desacreditar las teorías de Marx. Comentando sus virulentas polémicas, Engels criticaba a Malon, que «se esfuerza por atribuir a otros padres (Lassalle, Schäffle, ¡e incluso a De Paepe!) los descubrimientos de Marx», y arremetió contra los editores del semanario *Le Prolétaire*, que acusaban a Guesde y a Lafargue de ser los portavoces de Marx y de «querer vender a los obreros franceses a los prusianos y a Bismarck» (*ils veulent vendre les ouvriers français aux prussiens et à Bismarck*).[6] Engels interpretaba el desacuerdo de Malon y Brousse como un sentimiento más general de chovinismo. En efecto, según decía,

para la inmensa mayoría de los socialistas franceses resulta una abominación pensar que la nación que causa la felicidad del mundo con las *idées françaises* y que tiene el monopolio de esas ideas, y que París, *centre des lumières*, tenga de golpe que recibir sus ideas socialistas ya perfectamente acabadas de un alemán, de Marx. Pero así son las cosas y además, Marx es tan superior a todos nosotros por su genio, por su exactitud científica, casi excesiva, y por su fabulo-

123

sa erudición, que, si alguien quisiera lanzarse a criticar esos hallazgos, lo único que conseguiría sería quemarse los dedos. Esa labor corresponde a una época más avanzada.[7]

Además de no comprender esa «envidia del genio», Engels ponía de manifiesto que

lo que más irrita a esos mezquinos maldicientes, que no son nada y que querrían serlo todo, es que, gracias a sus aportaciones teóricas y prácticas, Marx haya conquistado una posición, y que los mejores integrantes de todos los movimientos obreros de los distintos países se fíen de él. Vuelven su mirada hacia él buscando consejo en los momentos decisivos, y comprueban que habitualmente su consejo es el mejor. Marx ocupa esa posición en Alemania, en Francia y en Rusia, por no hablar de los países más pequeños. No es, pues, él quien impone a la gente su opinión, y no digamos su voluntad, sino que es la propia gente la que se dirige a él. Y en eso precisamente se basa el característico e importantísimo influjo que tiene M[arx] en el movimiento.[8]

En realidad, a diferencia de lo que pensaban Brousse y sus seguidores, Marx no abrigaba ningún encono especial hacia ellos. En esa misma carta a Bernstein, Engels se encargaba de precisar que «la misma actitud que con los franceses tiene Marx [...] con los demás movimientos nacionales», con los que «mantenemos un contacto continuo siempre y cuando valga la pena y se presente la ocasión». A modo de conclusión de sus reflexiones sobre el asunto, Engels subrayaba que cualquier intento de condicionar las opiniones de los dirigentes políticos de primera línea solo habría acarreado daños y «destruiría la antigua lealtad de los tiempos de la Internacional».[9]

Por lo demás, independientemente de Guesde y de Lafargue, en Francia se habían puesto también en relación con Marx varios militantes más. A comienzos de 1881, Marx le comunicó a su yerno, Charles Longuet, que Édouard Fortin (?), militante socialista y publicista francés, había contactado con él:

Me ha escrito varias cartas en las que se dirige a mí llamándome: *Mon cher maître* [«mi querido maestro»]. Su petición es bastante «modesta». Me propone que, mientras estudia *El capital*, escribirá unos *resumés* [«resúmenes»] mensuales que estaría dispuesto a enviarme amablemente. Yo tendría que corregírselos cada mes y aclararle los puntos que pudiera haber entendido mal. De esta manera tan simple [...] dispondría de un manuscrito listo para su publicación y, según dice, inundar Francia con *torrents de lumière* [«torrentes de luz»].[10]

Al verse absorbido por cuestiones de mayor relevancia, Marx no pudo atender aquella petición y le comunicó a su corresponsal que «simplemente por falta de tiempo, no podré atender su solicitud».[11] Por lo tanto, el proyecto quedó en nada, pero posteriormente Fortin tradujo *El dieciocho brumario de Luis Bonaparte*, que fue publicado en francés en 1891.

En cualquier caso, precisamente en 1881 apareció un compendio de *El capital* —el tercero, después del de Johann Most (1846-1906),[12] de 1873, y del de Carlo Cafiero (1846-1892),[13] de 1879—, esta vez en holandés.[14] En este libro, su autor, Ferdinand Nieuwenhuis, añadió la siguiente nota: «A Karl Marx, agudo pensador, noble combatiente por los derechos del proletariado, el autor dedica esta obra como muestra de su más devota estima»,[15] testimonio de un reconocimiento que, aunque lentamente, empezaba a difundirse hacia la obra de Marx en múltiples países europeos.

En febrero de 1881, con ocasión de la segunda edición del libro, Nieuwenhuis se dirigió a Marx para pedirle algunas sugerencias sobre ciertos cambios que tenía intención de aportar al texto. Marx respondió ese mismo mes diciendo que juzgaba bueno el trabajo realizado y hacía el siguiente comentario positivo: «Las modificaciones que me parecen necesarias tienen que ver con detalles; lo principal, el espíritu del asunto, ya está ahí».[16] La misma carta contenía algunas noticias acerca de otra publicación relacionada con Marx aparecida en Holanda. Efectivamente, en 1879 había sido editada una biografía suya, firmada por el publicista liberal Arnoldus Kerdijk (1846-1905), en un volumen de la serie *Mannen van betee-*

kennis in onze dagen [«Los hombres de importancia de nuestra época»]. Anteriormente, el editor, Nicolaas Balsem (1835-1884), se había puesto en contacto con Marx, precisando que, «pese a no compartir mis opiniones, reconocía su importancia». Marx, que, según decía, «suelo rechazar ese tipo de cosas», no atendió a su petición. Pero cuando leyó el texto, encontró en él que se le acusaba de «haber falsificado intencionadamente algunas citas», y se enfadó muchísimo. Una vez archivada la anécdota, le comunicó a Nieuwenhuis:

> Un periódico holandés quiso poner a mi disposición unas columnas suyas [para contestar a la calumnia], pero por principio no respondo nunca a esas simples picaduras de chinches. Tampoco en Londres he tenido nunca mínimamente en cuenta semejantes ladridos literarios. De lo contrario, habría perdido la mayor parte de mi tiempo con rectificaciones hechas desde California hasta Moscú. Cuando era más joven, reaccioné a menudo de forma vehemente, pero la edad trae consigo prudencia, al menos para impedir cualquier inútil *dissipation of force* [«malgastar inútilmente la propia energía»].[17]

Hacía ya varios años que Marx había llegado a esta conclusión, como demuestran las declaraciones hechas en el transcurso de una entrevista publicada el 5 de enero de 1879 en *The Chicago Tribune*: «Si tuviese que replicar a todas las declaraciones y escritos que se me atribuyen debería tener a mi disposición veinte secretarios».[18]

Engels compartía plenamente esta apreciación. En una carta a Kautsky, muy poco anterior a la de Marx a Nieuwenhuis, había adoptado la misma postura respecto a otros episodios por el estilo que también se habían producido en Alemania. Sobre la gran cantidad de inexactitudes y de malentendidos que habían escrito Albert Schäffle (1831-1903) y otros «socialistas de cátedra»[19] a propósito de la obra de Marx, afirmaba:

> Rebatir todas esas horribles patochadas que solo Schäffle ha reunido en sus numerosos y gruesos libros lo considero una autén-

tica pérdida de tiempo. Se necesitaría todo un volumen de buen
tamaño si solo se quisieran corregir todas las falsas citas entrecomilladas de El capital que ponen estos señores.[20]

Engels expresaba en tono perentorio la siguiente conclusión:
«Que aprendan primero a leer y a escribir, antes de pretender que
se responda a sus preguntas».[21]

Aparte de los errores debidos a pésimas interpretaciones o im-
precisiones y, naturalmente, además del ostracismo político que la
acompañaba, la obra de Marx sufrió también algunos intentos de
sabotaje. En una carta escrita a Nikolái Danielson el mes de febrero tras leer su artículo «Ensayos sobre nuestra economía social después de la reforma» [1880], que había encontrado «"original" en el
mejor sentido de la palabra», Marx le recordaba a su colega que

> a esto se debe el boicot: si usted rompe las reglas rutinarias del pen-
> samiento, puede estar seguro de que siempre será «boicoteado»; es
> la única arma de defensa que en su perplejidad saben manejar los
> rutinarios. Yo he sido «boicoteado» en Alemania durante muchos,
> muchos años, y lo sigo siendo en Inglaterra, con la pequeña varian-
> te de que de vez en cuando se me dice algo tan absurdo y estúpido
> que me ruborizaría tenerlo públicamente en cuenta.[22]

De todos modos, durante los últimos años la venta de su *magnum opus* en Alemania había continuado discretamente, y en octubre de 1881 el editor Otto Meissner (1819-1902) le rogó a Marx
que hiciera correcciones o añadidos, para poder preparar, tras ago-
tarse la reimpresión de 1872, una tercera edición. Dos meses más
tarde, Marx confesaba a su amigo Sorge que «la cosa ha llegado en
un momento [...] muy inoportuno».[23] Efectivamente, como había
escrito pocos días antes a su hija Jenny, le habría gustado «dedicar
todo mi tiempo —en cuanto me hubiera sentido otra vez capaz—
exclusivamente a terminar el segundo volumen».[24] Y le repitió lo
mismo a Danielson —«desearía terminar lo antes posible el segundo tomo»—, añadiendo a continuación:

En todo caso, me pondré de acuerdo con mi editor para hacer la menor cantidad posible de modificaciones y agregados para la tercera edición, y que él, por su lado, imprima esta vez 1.000 ejemplares en lugar de los 3.000 en que inicialmente había pensado. Tal vez cuando se hayan vendido estos 1.000 ejemplares de la tercera edición pueda corregir el libro como lo hubiera hecho bajo otras circunstancias.[25]

Las ideas de Marx también empezaron a difundirse, aunque más despacio que en otros lugares, en el país donde residía desde 1849. En junio de 1881, Henry Hyndman dio a la imprenta el libro *Inglaterra para todos*, en el que exponía los principios de lo que, a su juicio, habría debido ser el proyecto político de la Federación Democrática. Dos de los ocho capítulos que lo componían —titulados, respectivamente, «Trabajo» y «Capital»— los ensambló traduciendo algunos pasajes de *El capital* o parafraseando algunas de sus secciones. Sin embargo, el autor de *Inglaterra para todos*, que desde finales de 1880 había empezado a frecuentar regularmente la casa de Maitland Park Road[26] y estaba trabajando en un artículo en el que pensaba resumir las ideas de Marx, no citó en su libro *El capital*, ni tampoco mencionó el nombre de su autor. Se limitó a declarar en la última frase del breve prólogo de su obra que «en lo referente a las ideas y a muchas de las cuestiones contenidas en los capítulos II y III, debo mucho al trabajo de un gran pensador y escritor original, que —no me cabe la menor duda de ello— pronto será accesible a la mayoría de mis compatriotas».[27]

Marx tuvo conocimiento de este trabajo solo después de su publicación, y se quedó estupefacto y contrariado, entre otras cosas porque las citas traducidas de *El capital* no estaban «entrecomilladas ni separadas del resto del texto, que en gran medida ni siquiera es exacto y que incluso da pie a tergiversaciones». Y así, a primeros de julio, le dirigió las siguientes palabras:

Confieso que me ha sorprendido bastante enterarme de que ha mantenido usted en el más riguroso secreto [...] el plan que había ideado y luego hizo realidad de publicar el artículo que le re-

chazaron en la revista *Nineteenth Century*, aunque con algunas modificaciones, como capítulos II y III de *Inglaterra para todos*, usado
a modo de presentación del programa fundacional de la Federación.[28]

Marx volvería a referirse a la discusión con Hyndman en una
carta a Sorge escrita a finales de 1881, en la que incluía los «motivos ridículos»[29] que el socialista londinense había esgrimido para
justificar su comportamiento:

> Conmigo se disculpó escribiéndome cartas estúpidas, en las
> que decía, por ejemplo, que «a los ingleses no les gusta ser ense-
> ñados por extranjeros», que «mi nombre era tan detestado, etc.».
> Con todo, este librito —en la medida en que saquea a *El capital*—
> es una buena propaganda, aun cuando el hombre es de cortos al-
> cances, y está lejos de tener siquiera la paciencia —que es la prime-
> ra condición para aprender cualquier cosa— de estudiar un asunto
> a fondo.[30]

Este episodio fue motivo de la ruptura entre los dos y Marx tachó a Hyndman de ser uno más entre «todos estos amistosos escritores de la clase media […] [que] tienen apuro por hacer dinero o
adquirir reputación o capital político de inmediato mediante cuales-
quiera nuevos pensamientos que hayan podido obtener por cualquier
golpe de viento favorable».[31]

Lo que causó la dureza de las palabras de Marx no fue, desde
luego, la decepción por no ver citado su nombre, desde el momento en que

> estoy plenamente convencido de que citar *El capital* y a su autor
> sería un gran error. En el programa de un partido habría que evitar
> todo lo que pueda relacionarse con una clara dependencia de auto-
> res o libros concretos. Me permito añadir, que las obras de ese es-
> tilo no son el lugar adecuado para nuevos descubrimientos cientí-
> ficos, como los que ha tomado usted prestados de *El capital*. Estos,
> además, están completamente fuera de lugar en la presentación de
> un programa con cuyos objetivos declarados no tienen absoluta-

mente nada en común. Tal vez serían apropiados en la exposición de un programa para la fundación de un partido de los trabajadores autónomo e independiente.[32]

Su hostilidad, junto con la reacción ante la falta de elegancia de Hyndman, tenía sobre todo una motivación: impedir que *El capital* fuera utilizado para un proyecto político en clara contraposición con las ideas contenidas en él.[33] De hecho, las diferencias políticas entre Marx y Hyndman eran profundas. Este último no era en modo alguno propenso a la idea de que el poder tuviera que ser conquistado a través de una acción revolucionaria; antes bien, optaba por una postura que caracterizaría posteriormente al reformismo inglés, a saber, que los cambios podían hacerse realidad por vía pacífica y de forma gradual. En febrero de 1880, le había dicho a Marx que, en su opinión, «todo inglés habría debido activar la próxima movilización política y social sin conflictos problemáticos ni peligrosos».[34]

Y viceversa, Marx, que era contrario a cualquier esquematismo preconcebido, le había contestado ya a finales de 1880 que su «partido no considera que una revolución inglesa sea necesaria, pero sí posible en vista de los antecedentes históricos». La expansión del proletariado habría hecho que fuera «inevitable» una «evolución» de la cuestión social:

> Si esa evolución inevitable se convierte en una revolución, sería no solo culpa de las clases dominantes, sino también de la clase obrera. Toda concesión pacífica de las clases dominantes les ha sido arrancada debido a una «presión desde fuera». Su actuación sigue el paso de esa presión, y cuando esta disminuye cada vez más, solo ha sido porque la clase obrera inglesa no sabe cómo ejercer su poder ni cómo sacar provecho de sus libertades, cosas ambas que posee legalmente.[35]

Tras este juicio sobre la realidad inglesa, el autor de *El capital* añadió una comparación con lo que sucedía en Alemania. Efectivamente, en su país natal la clase obrera tuvo perfectamente claro desde el principio del movimiento, que solo es posible liberarse del despotismo militar mediante una revolución. Pero al mismo tiempo, los trabajadores también comprendieron que una revolución semejante, aunque al principio tuviera éxito, sin organización previa, sin la adquisición de conocimientos, propaganda, etc., se volvería contra sí misma. Por eso se mantuvieron dentro de unos límites estrictamente legales. La ilegalidad estuvo solo del lado del Gobierno, que los declaró *en dehors la loi* [«fuera de la ley»]. Sus crímenes no fueron hechos, sino opiniones que no agradaban a sus gobernantes.[36]

De estas consideraciones se deduce, una vez más, la confirmación de que para Marx la revolución no era un mero y rápido vuelco del sistema, sino un proceso largo y complejo.[37]

Las ideas de Marx, aunque generaran polémicas y enfrentamientos tan ásperos, empezaron a producir efectos incluso en Inglaterra, de modo que, a finales de 1881, en una carta a Sorge, Marx observaba que «los ingleses han empezado recientemente a ocuparse más de *El capital*». Efectivamente, en octubre *The Contemporary Review* había publicado un artículo titulado «El socialismo de Karl Marx y los jóvenes hegelianos».[38] Marx calificó el texto de «muy imperfecto, lleno de errores», aunque reconocía que representaba una muestra de interés. Añadía sarcásticamente que era «benévolo» (*fair*), porque su autor, John Rae (1845-1915), «no supone que en los cuarenta años que llevo difundiendo mis perniciosas teorías yo haya sido instigado por "malos" motivos». Haciendo gala de su buen humor añadía: «Debo elogiar su magnanimidad». Pese a ese contexto indudablemente más favorable, el comentario de Marx sobre el carácter de todas esas publicaciones era lapidario: «Parece que la benevolencia (*fairness*) de enterarse, al menos suficientemente, del tema que critican, es algo bastante desconocido para los hombres de letras del filisteísmo británico».[39]

Otra revista inglesa, *Modern Thought*, dispensó a Marx un tratamiento más respetuoso y propenso a reconocer el rigor científico de su trabajo. En el número correspondiente al mes de diciembre, el periodista y abogado Ernest Belfort Bax (1854-1926) publicó un artículo en el que definía *El capital* como un libro que «constituye la realización de una doctrina que, por su carácter revolucionario y por su importancia a gran escala, sería comparable en el campo de la economía con el sistema copernicano en el de la astronomía o con la ley de la gravedad en el de la mecánica».[40]

Manifestando su esperanza de que apareciera cuanto antes la traducción de la obra al inglés, Bax no solo pensaba que *El capital* «es uno de los libros más importantes del siglo», sino que además elogiaba el estilo de Marx —igualado solo por el de «Schopenhauer por su encanto y su inspiración», por su «humor» y su capacidad de presentar de manera «legible y comprensible los principios más abstractos».[41]

Marx comentó lleno de satisfacción que se trataba de la «primera publicación inglesa de este tipo que está llena de un verdadero entusiasmo por las nuevas ideas y que se opone con coraje al filisteísmo británico». Observaba que «en la exposición de mis principios económicos y en su traducción (es decir, citas de *El capital*) hay mucho de incorrecto y de confuso», pero aun así elogió el esfuerzo del autor y se sintió no poco complacido por el hecho de que «la aparición de este artículo, anunciado en carteles con grandes letras pegados en las paredes del West End de Londres, ha producido gran sensación».[42]

En la misma línea de lo sucedido a lo largo de la década de 1870, la difusión del pensamiento de Marx continuó, pues, también a comienzos de la década de 1880. Sus ideas no circulaban, como había ocurrido en el pasado, solo en un ámbito reducido de seguidores y militantes políticos, sino que empezaron a recibir una atención más amplia. El interés por Marx no se manifestó solo en lo referente a sus escritos políticos —como, por ejemplo, el *Manifiesto del partido comunista* y las resoluciones de la Asociación Internacional de los Trabajadores—, sino que, para mayor satisfacción de su autor, se extendió también a su principal aportación teórica: la crítica de la economía política. Las teorías contenidas en *El capital* empezaron, de hecho, a ser discutidas y apreciadas en distintos países europeos, y unos pocos años después, utilizando una expresión que se haría célebre, Engels no dudó en definir la obra de su amigo como «la Biblia de la clase obrera».[43] Quién sabe si Marx, siempre contrario a los textos sagrados, habría apreciado la elección de semejante expresión.

¿POR QUÉ NO COMPLETÓ MARX *EL CAPITAL*?

Entre 1877 y comienzos de 1881, Marx redactó nuevas versiones de varias partes distintas del Libro Segundo de *El capital*. En marzo de 1877 dio comienzo a la compilación de un índice, bastante amplio, de los materiales reunidos anteriormente.[44] Se concentró luego casi de manera exclusiva en la primera sección, dedicada a «Las metamorfosis del capital y su ciclo»,[45] realizando una exposición más desarrollada del fenómeno de la circulación del capital. A continuación, pese a la delicada situación de su salud, y aunque la necesidad de efectuar ulteriores investigaciones hacía que su trabajo fuera en gran medida intermitente, Max siguió ocupándose de distintos temas, entre ellos el último capítulo, «Acumulación y reproducción en escala ampliada». De este periodo data el llamado «Manuscrito VIII» del Libro Segundo,[46] en el que, junto con la recapitulación de otros textos anteriores, Marx preparó nuevos borradores que consideraba útiles para la continuación de su obra. Se dio cuenta también de que había cometido y reiterado durante mucho tiempo un error de interpretación, al pensar que las representaciones monetarias eran meramente un velo del contenido real de las relaciones económicas.[47]

Como durante el verano de 1877 «el insomnio y el consiguiente estado caótico de los nervios habían alcanzado un nivel preocupante»,[48] Marx se vio obligado por enésima vez a programar un periodo de reposo en Karlsbad y en la Selva Negra. Con los años había aprendido que «con el cuerpo se debe actuar con diplomacia, como con todo lo demás».[49]

De vuelta en Inglaterra, Marx se sumergió una vez más en sus manuscritos, aunque su estado de salud no había mejorado mucho. Se lamentó con Sorge de que «el maldito insomnio que lleva afectándome todo este año, ha hecho que me vuelva enormemente perezoso a la hora de escribir», aunque se esforzaba en «dedicar al trabajo todos los momentos más o menos aceptables».[50] En noviembre de 1877, Marx le comunicó al joven banquero de Frankfurt Sigmund Schott (1852-1910) que estaba «llevando a cabo alternativamente distintas partes de mi obra». Le contaba que «de hecho, empecé en privado *El capital* en el orden inverso al que se presentó al público, esto es, empezando por la tercera parte, la histórica,[51] con la salvedad de que el primer libro, el último con el que me metí, quedó acabado enseguida para darlo a la imprenta, mientras que los otros dos volúmenes se quedaron en bruto, y por lo tanto necesitan primero todo tipo de investigación».[52]

Tampoco en este periodo descuidó Marx los estudios y, por el contrario, centró su atención en los bancos y en el comercio, llevando a cabo extractos de la *Historia de los bancos* [1874], del economista italiano Pietro Rota (1846-1875), de la *Historia del comercio bizantino* [1808] y de la *Historia del comercio de los griegos* [1839], obras ambas escritas por el primer rector de la universidad de Bonn, Karl Hüllmann (1765-1846).[53] A finales de marzo de 1878, Marx escribió a Schott diciéndole que había encontrado «utilísima» la lectura de un volumen de A. Sailing (?), editor de un anuario de la bolsa. También leyó primero y a continuación elaboró extractos de las obras del economista ruso Illarión Ignátievich Kaufman (1848-1916), en particular su *Teoría y práctica del sistema bancario* [1873-1877]. Criticó de ella su «estilo pomposo» y «su apología» del capitalismo, a través de la cual su autor, aunque «de modo totalmente inconsciente, llega a demostrar […] la correlación entre […] el actual sistema de producción y lo que el filisteo condena y tacha de "abuso", "ilícito", etc.».[54] El trabajo de ampliación de los conocimientos sobre estos temas se prolongó también durante el otoño, en el transcurso del cual Marx examinó, entre otras muchas publicaciones, *Papel moneda, la raíz de todos los males* [1872], del economista Charles A. Mann (?), y los *Principios de la ciencia bancaria* [1873], de Rota.

Junto a estos estudios, Marx volvió a leer las publicaciones más recientes y a profundizar en los desarrollos económicos que llegaban de Rusia y de Estados Unidos. Gracias a su amigo Danielson, en abril llegó a sus manos «desde Petersburgo una pila entera de publicaciones "rusas"».[55] Entre los diversos autores de esas obras figuraba el jurista y filósofo Borís Nikoláievich Chicherin (1828-1904), de cuya mediocridad decía Marx: «Evidentemente, desconoce los principios de la economía política; cree que las trivialidades de la escuela de Bastiat, publicadas bajo su nombre, se transforman en verdades originales o inmediatamente convincentes».[56] A continuación, encargó a Danielson que le extractara también una síntesis de la política financiera rusa de los últimos quince años y le hiciera un resumen de la productividad del trabajo agrícola.

En abril de 1876 había escrito una carta a Sorge diciendo que, para poder seguir con el Segundo Libro de *El Capital* habría necesitado «echar personalmente una ojeada a cuanto de utilidad haya aparecido acerca de la agricultura americana y a las relaciones de la propiedad inmobiliaria, así como sobre el crédito (pánico [financiero], dinero, etc., y sobre todo lo que tenga que ver con ello)».[57] Este también fue el motivo de que en el mes de agosto pidiera al librero londinense George Rivers (?) que le mandara «catálogos de sus libros americanos y de anticuariado».[58] Poco después de haberlos recibido y de haberse puesto a consultarlos, Marx observó que «sin duda el área más interesante para los economistas se halla ahora en Estados Unidos [...]. Cambios para los que en Inglaterra se necesitaron siglos, se han efectuado aquí en pocos años». A este respecto aconsejaba a su amigo Danielson: «Pero el observador no debe privilegiar los estados más viejos en el Atlántico, sino los nuevos (Ohio es un ejemplo contundente) y los más nuevos (California, por ejemplo)».[59]

Eso era lo que había empezado a hacer él mismo. Efectivamente, en el mes de mayo estudió el *Primer Informe Anual del Departamento de Estadísticas del Trabajo* del estado de Ohio correspondiente a 1877. Durante los meses siguientes, avanzando en este ulterior campo de investigación gracias a las publicaciones que Sorge seguía enviándole desde Estados Unidos, también sometió a examen los casos de Pennsylvania y Massachusetts. Es posible que en los libros de *El Capital* que estaban por escribir, Marx quisiera exponer las dinámicas del modo de producción capitalista de forma más amplia y a una escala cada vez más global. Si el capitalismo inglés había constituido el campo de observación central del Libro Primero, Estados Unidos habría podido representar un terreno fundamental para la ampliación de sus investigaciones. Además, cabe suponer que también estaba interesado en comprobar con atención las modalidades a través de las cuales se desarrollaba el modo de producción capitalista en contextos y periodos distintos.[60]

Asimismo, entre la primavera y el verano de 1878, el centro de sus estudios lo ocuparon, más que la economía política, la geología, la mineralogía y la química agraria. Desde finales de marzo hasta primeros de junio, Marx compiló una serie de resúmenes de varias obras, entre ellas la *Historia natural de las materias primas del comercio* [1872], del jurista y especialista en estadística John Yeats (1822-1902), el *Libro de la naturaleza* [1848], del químico Friedrich Schödler (1813-1848), y los *Elementos de química agraria y geología* [1856], del químico y especialista en mineralogía James Johnston (1796-1855).[61] De junio a primeros de septiembre se centró, en cambio, en el *Manual del estudiante de geología* [1857],[62] del geólogo Joseph Jukes. Precisamente de este libro fue del que sacó la mayor parte de sus extractos, centrándose en las secciones sobre metodología científica, sobre las fases de desarrollo de la geología como disciplina y sobre su utilidad para la producción industrial y agrícola.

Estas nuevas investigaciones de Marx surgieron a raíz de la necesidad de aumentar las nociones acerca de la renta, tema sobre el cual se había ocupado ya a mediados de la década de 1860 en la sexta sección del Libro Tercero de *El capital*, titulada «Transformación de la plusganancia en renta de la tierra». Algunos de los resúmenes realizados a partir de esas obras de ciencias naturales tenían como finalidad aclararse mejor a sí mismo las materias estudiadas. Otros, en cambio, respondían a la atención prestada a los aspectos teóricos de los asuntos tratados y a la intención de utilizar las nuevas adquisiciones en función de acabar el Libro Tercero. De hecho, incluso Engels recordó que Marx abordaba temáticas como «prehistoria, agronomía, condiciones de la propiedad del suelo en Rusia y en América, geología [...] especialmente para elaborar la sección sobre la renta de la tierra del Libro Tercero de *El capital* de un modo que hasta entonces no se había intentado nunca».[63]

Mientras tanto, siempre a lo largo del verano de 1878 el estado de salud de Marx exigió una nueva tregua. Su hija Eleanor le contó al periodista y militante alemán Carl Hirsch (1841-1900) que Marx estaba «muy malo [porque había] trabajado mucho últimamente» y, por lo tanto, debía «pasar cierto tiempo sin hacer nada».[64]

Cuando reanudó el trabajo en septiembre, Marx leyó también *La reforma del sistema monetario* [1869], del economista alemán Adolph Samter (1824-1883). Entre las citas extraídas de *El capital* que contenía esta obra estaba la frase «el oro y la plata son dinero por naturaleza», aunque la página original decía «el oro y la plata no son dinero por naturaleza». Marx comentó irritado a Engels que «parece que en Alemania el arte de saber leer se está extinguiendo cada vez más entre las clases "cultas"».[65]

Por el contrario, quienes se encontraron con Marx quedaron profundamente impresionados por su erudición y su infinita cultura. Un corresponsal anónimo que lo entrevistó para el *Chicago Tribune* en diciembre de 1878 afirmó que había quedado totalmente «estupefacto con su profundo conocimiento de los asuntos estadounidenses de los últimos veinte años».[66] En la «Entrevista con el fundador del socialismo moderno», el entrevistador y el entrevistado hablaron de numerosos temas. Haciendo gala de una gran ductilidad política, Marx empezó por aclarar que «muchos de los puntos del programa» de los socialistas alemanes «carecen de significado fuera de Alemania». Explicó que los movimientos obreros de «España, Rusia, Inglaterra y Estados Unidos tienen sus propios programas, cada uno adaptado a las dificultades específicas del país. El único punto en común es la meta final», que Marx, en vez de definirla como «la conquista del poder por los trabajadores», según le sugirió el entrevistador, llamó «la liberación del trabajo».[67] A la pregunta «¿Qué ha logrado hasta ahora el socialismo?», Marx concentró su respuesta en dos cuestiones principales. En primer lugar,

los socialistas han demostrado que la lucha general entre el capital y el trabajo se da en todas partes [...]. Por lo tanto, han tratado de poner de acuerdo a los trabajadores de los distintos países. Algo muy necesario, porque los mismos capitalistas cada vez se volvían más cosmopolitas, no solo en Estados Unidos, sino también en Inglaterra, Francia o Alemania, contrataban obreros extranjeros para utilizarlos contra los obreros locales. No tardaron en crearse lazos internacionales entre los trabajadores de distintos países. Hoy está claro que el socialismo no es solo un problema local, sino internacional, que debe resolverse mediante una acción internacional de los trabajadores.[68]

Una vez más, Marx afirmó que «las clases obreras se han movido espontáneamente», sin filántropos burgueses ni sectas revolucionarias que decidieran por ellos lo que había que hacer. «Los socialistas no inventan ningún movimiento», sino que «explican a los trabajadores su carácter y sus fines».[69]

El periodista estadounidense le pidió que confirmara las frases que le había atribuido el padre Josephus Cook (1838-1901). Según este religioso evangélico, autor de varios libros sobre las ciencias populares y el socialismo, Marx había dicho que, en 1871, en tiempos de la Comuna de París, los revolucionarios «ahora somos como máximo tres millones», mientras que «dentro de veinte años seremos cincuenta o quizá cien millones». Entonces «se levantarán [...] contra el odiado capital [...] [y] el pasado desaparecerá como una terrible pesadilla. La ira popular, que se desatará simultáneamente en cien puntos distintos, borrará hasta el recuerdo del pasado».[70] Marx respondió que no había pronunciado «ni una sola» de las palabras del texto publicado en el periódico conservador francés *Le Figaro*. Según dijo, «yo nunca escribo semejantes simplezas melodramáticas». A él le interesaba la crítica del capitalismo, que, insistió una vez más, «es tan solo una etapa histórica y está destinado a desaparecer para dar lugar a ordenamientos sociales más elevados».[71] A diferencia de los que han asociado sus ideas con la concepción de una caída inmediata e irremediable del capitalismo, Marx manifestó su «convicción profunda» de que sus «teorías se harán realidad», aunque añadió —consciente de las características del modo de producción que llevaba observando desde hacía más de treinta y cinco años— «si no en este siglo, al menos en el próximo».[72]

Marx reafirmó un concepto análogo ante Mountstuart Elphinstone, político escocés de ascendencia aristocrática. Cuando este dijo en tono provocador, «admitamos que su revolución ha tenido lugar y que usted ha formado su Gobierno republicano; el camino todavía es largo, larguísimo, antes de realizar sus ideas y las de sus amigos», él respondió: «Así es, sin duda, pero todos los grandes movimientos avanzan con lentitud. Sería solo un paso hacia la mejora de las cosas, igual que vuestra revolución de 1688 [la segunda revolución inglesa] fue solo un paso en vuestro camino».[73]

Por lo que respecta a la continuación de *El capital*, en noviembre de 1878 Marx informó a Danielson, el traductor al ruso del Libro Primero, de que estaba a la espera de noticias sobre la puesta al día y el proseguimiento de la obra, y de que el Libro Segundo no sería dado a la imprenta «antes de finales de 1879».[74] En abril del citado año, Marx le comentó que, según le habían informado, tras la promulgación de las leyes antisocialistas, el segundo volumen de *El capital* «no podría ser publicado allí [*i. e.* Alemania] mientras el presente régimen persista en su severidad actual».[75] Esta noticia, de por sí funesta, fue comentada de manera casi positiva por Marx, que era bien consciente de que todavía estaba lejos de acabar la obra.

En primer lugar, según decía, deseaba esperar a que la crisis industrial alcanzara en Inglaterra su punto culminante. Aunque, según sus expectativas, pasaría «igual que sus predecesoras y dará comienzo a un nuevo "ciclo industrial" con todas sus fases de prosperidad, etcétera», su «observación detallada es de la mayor importancia para el investigador de la producción capitalista y para el teórico profesional».

En segundo lugar, declaró que «la masa de material que recibí no solo de Rusia, sino también de los Estados Unidos, me da pretextos para continuar mis investigaciones en lugar de cerrarlas definitivamente para su publicación».[76] Afirmó que «Estados Unidos ha sobrepasado actualmente a Inglaterra en la rapidez del progreso económico, aunque todavía está detrás de ella en cuanto al monto de la riqueza adquirida».[77] Marx estaba muy interesado en seguir la pista al fenómeno del desarrollo de las sociedades anónimas y de los reflejos sobre la economía derivados de la construcción de vías férreas. Según sus valoraciones, la aparición del sistema ferroviario «permitió e incluso obligó [a] que naciones, en las cuales el capitalismo abarcaba solo a una reducida capa superior de la sociedad, crearan y ampliaran repentinamente su superestructura capitalista en una medida enteramente desproporcionada al conjunto del organismo social, que llevaba a cabo la mayor parte del trabajo productivo según los métodos tradicionales». Según su apreciación, «el ferrocarril ha acelerado la desintegración social y política» en los estados en los que el capitalismo estaba menos desarrollado, «de la misma manera que en los estados más avanzados ha acelerado el desarrollo final y, por lo mismo, la trasformación final de la producción capitalista».[78] Por otra parte, con su advenimiento, estas grandes infraestructuras se convirtieron por fin no solo en «los medios de comunicación adecuados a los métodos modernos de producción, sino también porque sirvieron de base para el surgimiento de inmensas compañías por acciones, que constituyeron a la vez un nuevo punto de partida de otros tipos de sociedades anónimas, empezando por las compañías bancarias».[79] El transporte por ferrocarril había dado «un ímpetu insospechado a la concentración del capital». Además, había permitido «la acelerada e inmensamente ampliada actividad cosmopolita del capital financiero», que, según él, había empezado a envolver «a todo el mundo en una red de fraudes financieros y de endeudamiento mutuo, que es la forma capitalista de la hermandad internacional».[80]

Se necesitaba tiempo para comprender estos nuevos fenómenos. Ese fue el motivo de que en junio de 1880, Marx reafirmara ante Nieuwenhuis, el principal exponente de la Liga Socialdemócrata de Holanda, que daba por «bienvenido» el hecho de que «la segunda parte de *El capital* no pueda aparecer publicada en Alemania» dadas «las actuales circunstancias», pues, «precisamente en este momento ciertos fenómenos económicos han entrado en un nuevo estadio de desarrollo y por lo tanto requieren una nueva elaboración».[81]

Por último, como tercer motivo a favor de un plazo más largo para la conclusión del Libro Segundo, habría que citar las órdenes

del médico, que lo había exhortado de manera perentoria a «reducir considerablemente mi jornada de trabajo».[82] Ya en abril de 1879,
Marx le había confesado a Danielson que, debido a la promulgación de las leyes antisocialistas, «desde que por la situación imperante en Alemania y Austria ya no pude emprender mi viaje anual
a Karlsbad, nunca estuve realmente bien de salud».[83] Durante el mes
de agosto pasó dos semanas entre St. Aubin y St. Helier, dos pue-
blecitos de la «deliciosa isla»[84] de Jersey, a pocos kilómetros de distancia de la costa de Normandía. El lugar había sido escogido por
su acompañante habitual, su hija Eleanor, que estaba encantada de
ir a un sitio nuevo. Padre e hija emprendieron el viaje el día 20 para
reunirse con el resto de la familia en Ramsgate, donde Jenny había
dado a luz a otro niño. Permanecieron en esta localidad hasta mediados de septiembre.

Marx se propuso comprobar si su capacidad de trabajo había
mejorado intentando realizar ejercicios en «unos cuadernos de matemáticas» que había llevado consigo. Por desgracia, como le contó a Engels, tuvo que «renunciar muy pronto a este trabajo prema-
turo» y concluyó que «todavía no tengo la cabeza en su sitio».[85]
Poco después le escribió una carta a Sorge diciendo que «el estado
de mis nervios» se había «agravado porque desde hace dos años
Bismarck ha hecho que Karlsbad me resulte inaccesible», lo cual
implicaba que «cualquier trabajo intelectual no sea "factible"».[86]
Sin embargo, las dos semanas pasadas en Ramsgate, cuyo «aire me
sienta extraordinariamente bien», volvieron a ponerlo en marcha,
y el 10 de septiembre le comunicó a Engels que se había «recupe-
rado mucho».[87] También fue puesto al corriente de esta buena noticia Danielson, a quien Marx le contó que, tras un intervalo de
«vida rústica y de suspensión de todo tipo de trabajo», durante el
cual «tampoco estuve en condiciones de probar el alimento espiritual que usted amablemente me había enviado», «ahora me siento
nuevamente fuerte y estoy dispuesto a dedicarme al trabajo con
energía».[88] No obstante, era consciente de la tarea extraordinariamente ardua que lo aguardaba. Además de la necesidad de volver
a ocuparse de algunas partes de sus manuscritos con el fin de per-
feccionar su estilo, estaba también la exigencia, todavía más acu-

ciante, de hacer frente a algunos complejos enredos teóricos que habían quedado sin resolver.[89]

Engels también puso al corriente de la mejoría de la salud de Marx a Johann Philipp Becker (1809-1886), al cual le comunicó lo siguiente: «Está más en forma que el año pasado, pero todavía no se encuentra del todo como debería. La señora Marx sufre desde hace bastante tiempo […] de molestias en la digestión y raramente está bien del todo. El Segundo Libro avanza lentamente y no saldrá adelante con rapidez, hasta que un verano mejor que el pasado permita a Marx recuperarse de verdad».[90] Ese verano, por desgracia, no llegó nunca.

Preocupaciones y dificultades parecidas habían acompañado también a la revisión del Libro Primero. A lo largo de 1872 dio comienzo la publicación de la traducción de la obra al francés. Dicha labor, confiada a Joseph Roy (1830-1916), que había traducido ya algunos textos de Ludwig Feuerbach (1804-1872), tenía que ser publicada en fascículos, entre 1872 y 1875, por el editor francés Maurice Lachâtre (1814-1900). Marx había llegado a un acuerdo con él acerca de la conveniencia de dar a la imprenta una «edición popular económica»,[91] y efectivamente así se lo dijo en una carta: «Aplaudo su idea de publicar por entregas periódicas la traducción. De esta forma la obra será más accesible a la clase obrera, consideración esta que para mí prevalece sobre cualquier otra». No obstante, aunque semejante decisión representaba el lado bueno de la medalla, Marx era consciente de que esta también tenía un «reverso», y adivinó que «el método de análisis empleado por mí […] hace que la lectura de los primeros capítulos resulte no poco ardua», y era de temer que el público «se desaliente al ver que no puede pasar adelante de buenas a primeras». Para soslayar ese «inconveniente», decía, «nada puedo» hacer «salvo advertir y prevenir acerca de él a los lectores que buscan la verdad. En la ciencia no hay caminos reales, y solo tendrán esperanzas de acceder a sus cumbres luminosas aquellos que no teman fatigarse al escalar por senderos escarpados».[92]

Una vez empezada la traducción, Marx tuvo que dedicar mucho más tiempo del previsto para corregir los borradores. En efecto, según le contaba a Danielson, Roy había traducido «muchas veces […] demasiado literalmente». Por ese motivo se había visto «obligado a transcribir pasajes enteros en francés, para adaptarlos al público de ese país».[93]

En mayo de 1872, su hija Jenny comunicó a la familia Kugelmann que su padre se había visto «obligado a hacer innumerables correcciones, tiene que volver a escribir, no solo frases, sino páginas enteras».[94] En una noticia actualizada del mes siguiente, añadía que la traducción «desgraciadamente, es tan imperfecta que el Moro[95] se ha visto obligado a reescribir la mayor parte del primer capítulo».[96] Tiempo después, también Engels le comunicó a Kugelmann que «la traducción francesa procuraba [a Marx] un trabajo colosal» y que a menudo tenía que «hacerla por así decirlo completamente de nuevo».[97] Al término de tanto trabajo, Marx comentó que «la edición francesa me ha costado una pérdida de tiempo tal que no pienso colaborar nunca más personalmente de ninguna manera en una traducción».[98]

A pesar de estar tan ocupado con la traducción del texto, en el transcurso de su revisión Marx decidió añadirle algunas rectificaciones y cambios. En su mayor parte afectaron a la sección sobre «El proceso de acumulación del capital», pero también tuvieron que ver con algunos temas específicos como la distinción que quiso efectuar entre los conceptos de «concentración» y «centralización» del capital. En el «Epílogo» a la edición francesa no dudó en atribuirle un «valor científico independiente del original».[99] No es una casualidad que, cuando en 1877 pareció insinuarse la posibilidad de publicar también una versión en inglés, Marx le especificara a Sorge que el traductor tendría «necesariamente que cotejar la segunda edición alemana con la edición francesa», en la cual, afirmaba, «he añadido algunas cosas nuevas y otras muchas las he expuesto mucho mejor».[100] Refiriéndose a ella, y destacando al mismo tiempo los aspectos positivos y negativos que tenía, en algunas cartas dirigidas a Danielson en noviembre de 1878, diría que la traducción «contiene muchas modificaciones y agregados importantes», aunque reconocía que «me vi obligado algunas veces, especialmente en el primer capítulo, a bajar el nivel de los argumentos al trasladarlos al francés».[101] Fue por ese motivo por lo que advirtió de la necesidad de aclarar que los capítulos «Mercancía y dinero» y «La transformación del dinero en capital» debían ser traducidos «exclusivamente según el texto alemán».[102]

Los borradores del Libro Segundo de *El capital* fueron dejados en un estado que no podría calificarse ni mucho menos de definitivo, y presentan numerosos problemas teóricos. Los manuscritos del Libro Tercero tienen un carácter muy fragmentario, y Marx ni siquiera logró llevar a cabo una actualización coherente con los progresos que habían experimentado sus estudios.[103] También debemos tener presente que no pudo realizar una revisión del Libro Primero que le permitiera incluir las modificaciones y las partes suplementarias destinadas a mejorar su *magnum opus*.[104] Efectivamente, ni la traducción francesa de 1872-1875 ni la tercera edición alemana de 1881 pueden ser consideradas la versión definitiva que él habría querido terminar.

De todas formas, el espíritu problemático con el que Marx escribió y siguió replanteándose su obra pone de manifiesto la enorme distancia que lo separa de la representación del autor dogmático que han propuesto tanto numerosos adversarios como muchos presuntos seguidores suyos.

El carrusel de la vida

Durante las dos primeras semanas de junio de 1881, el estado de salud de Jenny von Westphalen se gravó. «La verdad es que adelgaza cada vez más, y hoy decía que su debilidad va en aumento»; las señales eran alarmantes y los tratamientos no siempre resultaban eficaces. El doctor Bryan Donkin la convenció de que debía alejarse del clima de Londres, en un intento por conseguir que se restableciera con vistas al viaje que tenía previsto realizar a París, donde habría podido abrazar de nuevo a su hija mayor, Jenny Longuet, y a sus queridos nietecitos. Este fue el motivo por el que Marx y su esposa decidieron trasladarse a Eastbourne, en la costa del canal de la Mancha.

Como por esa misma época Marx tampoco gozaba de muy buena salud, cabía esperar que su estancia a orillas del mar, además de permitirle estar, como era su deseo, el mayor tiempo posible al lado de su mujer, también le sentara bien a él. Engels habló de esta eventualidad con Jenny Longuet, a la que decía en una carta de mediados de junio que «al Moro le vendrá igualmente bien el cambio de aires, él también necesita recuperar un poco la energía, aunque la tos que sufre por las noches no es tan fuerte y puede dormir mejor».[105] Marx había hablado de su situación, que no era ni mucho menos envidiable, con su amigo Sorge, a quien el 20 de junio, poco antes de emprender la marcha, le había comentado que «como la tos, el resfriado y los dolores reumáticos que sufro desde hace más de seis meses raramente me permiten salir», se veía obligado a permanecer recluido.[106]

Marx y su mujer se trasladaron a Eastbourne hacia finales de junio y permanecieron allí cerca de tres semanas. Los costes de la estancia, así como los cuidados médicos que fueron necesarios, corrieron a cargo de Engels, que, también en este caso, ayudó a Marx y a su familia, y en julio tranquilizaba a su amigo en los siguientes términos: «Ahora puedes disponer de entre 100 y 120 libras esterlinas; solo es cuestión de saber si las quieres todas de una vez o de cuántas quieres que te mande allí y cuántas necesitas aquí».[107]

Sus hijas, Laura y Eleanor, también fueron por turnos a visitar a sus padres, con el fin de pasar juntos el mayor tiempo posible y darles un poco de consuelo.[108] Aun así, el estado de Jenny von Westphalen no mejoraba y, como ella misma tuvo ocasión de decir en una carta a Laura, «a pesar del clima favorable no me siento mejor y […] me veo obligada incluso a ir de un sitio a otro en silla de ruedas, cosa que, aficionada como he sido siempre a andar, habría considerado indigna de mí hasta hace pocos meses».[109]

De vuelta en Londres, Jenny von Westphalen recibió una vez más la vista del doctor que, encontrando que había mejorado, accedió a su deseo de poder abrazar de nuevo, después de más de cinco meses de ausencia, a su hija y a sus nietecitos. En esta ocasión, Marx envió «cinco libras» a su hija Jenny, para que pudiera «pagar en metálico el alquiler de las sábanas», condición inamovible que le había impuesto para aceptar su invitación a hospedarse en su casa. Por último, añadió, sin permitirle objeción alguna, que «el resto lo pagaré cuando llegue».[110]

El 26 de julio, Marx y su mujer, acompañados de Helene Demuth, desembarcaron en Francia y se dirigieron a Argenteuil, localidad a las afueras de París donde vivía Jenny. En cuanto llegó, Marx quiso conocer al médico de familia de los Longuet, el doctor Gustave Dourlen (?), que se declaró dispuesto a atender a Jenny von Westphalen. Como el Viejo Nick contaba con suma alegría a Engels, «el primer día [...] fui secuestrado con toda razón por la gente menuda».[111] Marx recibía en familia este mote, utilizado como alternativa al de Moro. Con el sobrenombre *Old Nick* —que en inglés informal significa «el demonio»— solía firmar, sobre todo durante los últimos años de su vida, las cartas dirigidas a sus hijas, a Engels y a Paul Lafargue, sin duda alguna entre complacido y divertido por la comparación con semejante personaje.[112]

La noticia del regreso de Marx a Francia, relacionada en realidad con motivos estrictamente personales, estaba condenada a suscitar sospechas. De hecho, Longuet había supuesto que, en cuanto se enteraran, «los anarquistas me atribuirán maléficas intenciones de maniobras electorales». Después había tranquilizado a su suegro, tras recibir de su amigo Georges Clemenceau la seguridad de que «no tengo absolutamente nada que temer de la policía» francesa.[113] Por otra parte, su hija Eleanor había avisado sin saberlo de su llegado a Carl Hirsch, corresponsal en París de la prensa socialdemócrata alemana, de modo que, divertido por todas estas circunstancias, Marx afirmó que su presencia era «ya un secreto a voces».[114]

Engels, que mientras tanto había ido a pasar unas cuantas semanas a Bridlington, en Yorkshire, más alegre y tranquilo tras recibir estas noticias, le recordó a su amigo, con la atenta delicadeza que lo caracterizaba, que podía seguir contando con su ayuda: «He traído conmigo algunos cheques; si necesitas algo, no tengas empacho y dime la suma que hace falta. Tu mujer no puede ni debe privarse de nada; tiene que disponer de lo que desee o de lo que sepáis que le hace gracia». Como era habitual dado el clima de amistad que reinaba entre ellos, le hizo saber que durante aquellos días se había dado a uno de sus placeres preferidos: «Aquí puede uno olvidarse hasta cierto punto de la imprescindible cerveza alemana, la *bitter ale* del pequeño café del puerto es excelente y produce tanta espuma como la cerveza alemana».[115]

Pero al otro lado del canal de la Mancha Marx no estaba atravesando un buen momento. Le dio las gracias a Engels por su ayuda: «Me resulta muy penoso tener que echar mano a tu cartera tan a menudo, pero hace tiempo que me agobia el peso de la anarquía que durante los dos últimos años se ha cebado en mi economía doméstica y ha causado atrasos de todo tipo en los pagos».[116] Y a continuación lo puso al corriente del estado de su esposa: «Día tras días vivimos aquí las mismas vicisitudes que en Eastbourne, con la única diferencia de que de repente le dan unos dolores espantosos»;[117] en esos casos el doctor Dourlen estaba siempre dispuesto a administrarle opiáceos. Marx no le escondía la fuerte preocupación que lo atenazaba: «Las "mejorías" transitorias naturalmente no impiden el progreso natural de la enfermedad, pero ilusionan a mi mujer y, pese a mis protestas, refuerzan en Jenny [Longuet] la idea de que nuestra estancia […] debería prolongarse lo más posible».

Estos altibajos continuos entre la esperanza y el temor habían afectado no poco a su propia salud: «En efecto, ayer fue la primera noche que pude dormir de una forma casi razonable». Decía que «me siento tan torpe de cabeza que me parece como si tuviera una rueda de molino dándome vueltas dentro» y que precisamente por eso «todavía no he ido a París ni tampoco he escrito unas líneas»[118] a ninguno de sus amigos de la capital de Francia animándolos a ir a visitarlo en casa de su hija.[119] El primer viaje a París tuvo lugar el 7 de agosto. A Jenny von Westphalen le encantó, y a Marx —que no había estado en la ciudad desde el lejano 1849— le dio «la impresión *d'une foire perpetuelle* [«una feria perpetua»].[120]

De regreso en Argenteuil, Marx le escribió a Engels y le explicó que había intentado convencer a su esposa de regresar a Londres, temiendo que la situación pudiera precipitarse de improviso. Como respuesta a sus exhortaciones, en Jenny von Westphalen se impusieron los sentimientos maternales y, deseosa de permanecer el mayor tiempo posible al lado de su hija, le «hizo la jugarreta de mandar lavar un montón de mudas»[121] que no le devolverían hasta comienzos de la semana siguiente.[122] Al final de la carta, Marx lo ponía al corriente de su estado: «Por extraño que parezca, aunque por las noches duermo condenadamente mal y de día estoy inquieto debido a mis numerosas preocupaciones, todo el mundo habla de mi buen aspecto, y en efecto así es».[123]

Fue, sin embargo, un suceso doloroso distinto el que los obligó a salir precipitadamente de Francia. En efecto, el 16 de agosto, Marx recibió la noticia de que Eleanor había caído gravemente enferma. Se trasladó de inmediato a Londres, donde a los pocos días se reunieron con él su esposa y Helene Demuth. De vuelta en casa, Marx tuvo que hacer frente a una nueva y terrible emergencia: el estado de extrema depresión nerviosa[124] en el que había caído Tussy (este era el diminutivo con el que llamaba a su hija menor). Angustiado por su «aspecto pálido y demacrado, pues hace semanas que no come (literalmente) casi nada», Marx describió a Jenny el pésimo aspecto en el que se encontraba su hermana y le contó que se hallaba aquejada de «insomnio constante, temblor de manos, espasmos nerviosos del rostro, etc. Cualquier ulterior retraso habría resultado muy peligroso».[125] Lo que ayudaba a Marx a sobrellevar la situación, por suerte, era el reciente recuerdo de las bonitas semanas que, a pesar de todo, había pasado en Argenteuil: «La satisfacción de estar contigo y con mis queridos niños me ha dado más alegría que la que habría podido encontrar en cualquier otro sitio».[126]

Apenas un día después de escribir esta carta, llegó de Argenteuil la noticia de que «Longuet y el pequeño Harry están muy enfermos». Según comentaba Marx a Engels, «de momento en la familia no hay más que desgracias».[127] La sucesión de adversidades, dramas y tribulaciones parecía destinada a no acabar nunca.

La muerte de su esposa

El cuidado de su hija Eleanor, que le absorbió muchas energías durante la segunda parte del verano, y sobre todo la evolución de la enfermedad de Jenny von Westphalen, que «cada día se sitúa más cerca de la catástrofe»,[128] interrumpieron por completo las relaciones sociales de la familia Marx. A comienzos del mes de octubre, en una carta dirigida a Minna Kautsky (1837-1912), exactriz, y también autora de novelas de marcado compromiso social, Marx se disculpó por no haber podido invitarla a Londres, a causa de la «terrible y me temo que fatal enfermedad de mi mujer, [que ha] interrumpido nuestra relación con el mundo exterior».[129] Ese mismo día le había comentado a Karl Kautsky, hijo de Minna: «Solo soy un *garde malade* ("enfermero")».[130]

Durante este periodo, Marx reanudó el estudio de las matemáticas. Su yerno, Paul Lafargue, se encargaría de ilustrar las curiosísimas formas en las que abordaba esta materia:

> Además de los poetas y novelistas, Marx tenía otra manera notable de descansar intelectualmente: las matemáticas, por las que sentía un gusto especial. El álgebra incluso le producía un consuelo moral, y se refugiaba en ella en los momentos más dolorosos de su accidentada vida. Durante la última enfermedad de su mujer no podía dedicarse a su trabajo científico habitual, y la única manera en que podía sacudirse la depresión producida por los sufrimientos de ella era sumergirse en las matemáticas. Durante esa época de dolor moral escribió una obra de cálculo infinitesimal. Veía en las matemáticas superiores la forma más lógica y, al mismo tiempo, la más sencilla del movimiento dialéctico.[131]

A mediados de octubre, la salud de Marx acabaría resintiéndose de los acontecimientos familiares y volvió a tambalearse; sufrió un fortísimo ataque de bronquitis que le provocó una grave inflamación de la pleura. Esta vez fue Eleanor la que pasó todo el tiempo a la cabecera de la cama de su padre y la que lo asistió, intentando conjurar el peligro de pulmonía. Además, impidió que su hermana viniera a reunirse con ella desde Argenteuil.[132]

Preocupado seriamente por la situación de su amigo, el 25 de octubre Engels escribió a Bernstein una carta en la que decía: «[Marx] lleva en cama doce días a causa de una bronquitis acompañada de todo tipo de complicaciones, pero desde el domingo —dicho sea con precaución— ha pasado el peligro. He pasado bastante miedo».[133] Unos días después, informó también de la situación a un camarada de los viejos tiempos, J. P. Becker, al que describía el estado de salud de su común amigo en los siguientes términos: «A su edad y dado su estado de salud en general no es, ni mucho menos, una broma. Por suerte lo peor ya ha pasado [...] pero todavía tiene que permanecer la mayor parte del día en la cama y está muy desmejorado».[134]

A finales de noviembre fue enviado un nuevo boletín médico, siempre dirigido a Bernstein. Engels le hacía saber que Marx «todavía está muy disminuido, no se le permite salir de su habitación ni trabajar en serio, pero se recupera a ojos vistas».[135] Mientras tanto, se había producido un «acontecimiento externo [que había] contribuido en cierta medida a levantarle el ánimo [...] el resultado de las elecciones». En efecto, el 27 de octubre de 1881, los socialdemócratas obtuvieron más de trescientos mil votos en los comicios celebrados para la formación del nuevo parlamento, un éxito de proporciones únicas en Europa.[136]

También Jenny von Westphalen se alegró mucho de este acontecimiento, que le proporcionó una de sus últimas satisfacciones. En efecto, pasó las semanas posteriores a la llegada de esta noticia en unas circunstancias espantosas. Su hija Eleanor recordaba que «para procurarle algo de alivio», según había sugerido el doctor Donkin, la llevaban constantemente «con sábanas y todo, de la cama al sillón»,[137] y viceversa. Además, como consecuencia de los fuertes dolores que sufría, había que sedarla con inyecciones de morfina. Más tarde, Eleanor recordaría los grandes padecimientos de aquel periodo:

> En el cuarto de estar de delante, el más grande, se acostaba mamá, y en el más pequeño, con el que se comunicaba, yacía en cama el Moro [...]. Nunca olvidaré la mañana en la que se sintió

150

con fuerzas suficientes para entrar en la habitación de mamá. Cuando se encontraron de nuevo juntos, volvieron a ser jóvenes. Parecían una muchacha y un jovenzuelo que comienzan juntos el camino de la vida, en vez de un viejo postrado por la enfermedad y una moribunda que se despedían para siempre uno de otro.[138]

El 2 de diciembre de 1881, a punto de cumplir los sesenta y ocho años, Jenny von Westphalen, la mujer que durante toda su vida estuvo al lado de Marx, compartiendo con él privaciones y pasión política, se apagó víctima de un cáncer de hígado. Para Marx fue una pérdida irreemplazable. Por primera vez desde 1836, cuando con apenas dieciocho años se enamoró de ella, se dio cuenta de que se había quedado solo, sin «el rostro [...] que despierta los recuerdos más intensos y más dulces de mi vida»[139] y privado de «mi mayor tesoro».[140]

Para no comprometer más su frágil estado de salud, ni siquiera se permitió a Marx asistir al funeral: «La prohibición del médico de asistir al entierro fue inflexible», contaba con tristeza en una carta a su hija Jenny. «Me resigné» atendiendo a las palabras que la difunta había dicho pocos días antes a su enfermera: «*We are no such external people!*» [«No somos gente dada a exteriorizar»].[141] Quien sí asistió a las exequias de Jenny von Westphalen fue Engels —al que Eleanor definió como un hombre de «una amabilidad y una entrega indescriptibles»—,[142] el cual, en su oración fúnebre, quiso recordar que «si hubo alguna vez una mujer cuya máxima alegría fue hacer felices a los demás, fue ella».[143]

Según decía en una carta a su hija, Marx se sentía «enormemente feliz» al recordar el viaje que hicieron a París durante el verano. Le contaba que a su madre le había sentado muy bien el tiempo transcurrido con ella y sus nietecitos, y que «nada la ha podido distraer mejor» durante las últimas semanas de su enfermedad. Por último, decía sentirse consolado por el hecho de que las fuerzas la hubieran «abandonado en el momento justo». Y añadía: «Gracias a la posición extraordinariamente rara del tumor [...] los característicos dolores insoportables no hicieron su aparición hasta los últimos días [...]. Ni siquiera durante sus últimas horas

se produjo una lucha con la muerte, sino un paulatino desfalleci-
miento. ¡Sus ojos estaban más grandes, más hermosos y luminosos
que nunca!».[144]

Tras la pérdida de su esposa, a los sufrimientos del ánimo se
unieron los del cuerpo. Las curas a las que tuvo que someterse eran
dolorosísimas, pese a ser afrontadas con espíritu estoico. Así se las
contaba a Jenny:

> Todavía tengo que untarme yodo en el pecho y la espalda, etc.,
> y esta cura, cuando se repite de forma regular, comporta unas que-
> maduras en la piel bastante molestas y dolorosas. Esta operación,
> que sigue practicándoseme solo para evitar una recaída durante la
> convalecencia (en realidad ya terminada, salvo por un poco de tos)
> me presta ahora un gran servicio. Contra los padecimientos del
> ánimo solo hay un antídoto eficaz: el dolor físico. ¡Pon el fin del mun-
> do en un platillo de la balanza y en el otro a un hombre con un
> fuerte dolor de muelas![145]

Su salud era tan precaria que, según decía en una carta a su
amigo Becker, «yo sigo enfermo […]. Una pleuresía, unida a una
bronquitis, agravó tanto mi estado que por un momento, es decir,
durante varios días, los médicos dudaron de que pudiera sobrevivir».[146] Y en otra carta a Nikolái Danielson, comentó que en uno
de los momentos más críticos «estuve cerca de volverle la espalda
a este mundo miserable». Añadía además que «los médicos quieren
enviarme al sur de Francia o incluso a Argelia».[147] Marx, cuya recuperación fue larga y compleja, se vio obligado a permanecer
«encadenado a la cama» durante varias semanas, «condenado a arresto domiciliario», según decía a su amigo Sorge, consciente en todo
momento de lo que le estaba pasando: «Desgraciadamente voy a
tener que perder algún tiempo con las maniobras de recuperación
de la salud».[148] A pesar de las enormes dificultades a las que tuvo
que enfrentarse, encontró una vez más la fuerza necesaria para le-
vantarse y seguir con sus investigaciones.

La vuelta al estudio de la historia

A pesar de la sucesión de dramas familiares y de enfermedades, entre el otoño de 1881 y el invierno de 1882 Marx destinó buena parte de sus energías intelectuales a los estudios de historia. Llevó a cabo un intensísimo trabajo y redactó una cronología razonada, que incluía una lista, año tras año, de los principales acontecimientos políticos, sociales y económicos de la historia universal, ocurridos desde el siglo I a. C., resumiendo sus causas y rasgos más destacados.

Una vez más quiso cotejar el fundamento de sus concepciones con los principales sucesos políticos, militares, económicos y tecnológicos del pasado. Desde luego, hacía tiempo que había madurado en él la conciencia de que el esquema de progresión lineal entre los «modos de producción asiático, antiguo, feudal y burgués moderno»,[149] trazado en el «Prólogo» a la *Contribución a la crítica de la economía política*, era totalmente inadecuado para comprender el desarrollo de la historia, que, por el contrario, convenía evitar cualquier filosofía de la historia. Su precario estado de salud le impedía entablar un nuevo cuerpo a cuerpo con los manuscritos incompletos de *El capital*. Así que probablemente pensó que había llegado el momento de estudiar de nuevo la historia, en particular la cuestión clave de la relación entre el desarrollo del capitalismo y el nacimiento de los estados modernos.[150] De ese modo pospuso la terminación de los dos últimos libros que faltaban por incorporar a su *magnum opus* hasta que alcanzara, como esperaba, el restablecimiento de su fuerza física.

Para llevar a cabo esta cronología, además de algunas fuentes menores que no fueron reseñadas en sus apuntes, Marx utilizó sobre todo dos obras. La primera fue la *Historia de los pueblos de Italia* [1825], de Carlo Botta (1766-1837), publicada en francés en tres volúmenes, debido a que su autor se vio obligado a abandonar Turín en 1814, a raíz de la persecución de que fue objeto por el Gobierno de la casa de Saboya, si bien se estableció de nuevo en Piamonte tras la derrota de Napoleón Bonaparte.[151] La segunda fue la *Historia universal para el pueblo alemán* [1844-1857], de Friedrich

Schlosser (1776-1861), que por aquel entonces era el principal historiador alemán vivo.[152] Marx tenía ambas obras en su biblioteca personal —la de Schlosser probablemente heredada de su amigo Wolff— y añadió varias observaciones y comentarios al margen en los primeros dos volúmenes de la de Botta.[153]

Con una letra todavía más pequeña de lo habitual y, por lo tanto, casi ilegible, Marx llenó cuatro libretas de densísimas anotaciones.[154] Las tapas de cada uno de estos cuadernos marxianos contienen títulos añadidos por Engels durante la clasificación del legado de su amigo: «Extractos cronológicos. I: 96 hasta 1320 *ca.*; II: 1300 *ca.* hasta 1470 *ca.*; III: 1470 *ca.* hasta 1580; 1580 *ca.*-1648 *ca.*»[155] Los resúmenes, intercalados a veces con brevísimos comentarios críticos, fueron escritos en alemán, inglés y francés.

Muchos de ellos se limitaron a meras correcciones de fechas o de sucesos. En algunos casos, Marx añadió también a los extractos algunas consideraciones críticas sobre personajes de relieve, así como una interpretación personal de ciertos acontecimientos históricos importantes. De todo ello se deduce su desacuerdo con la fe en el progreso y con los juicios morales expresados por Schlosser. Esta nueva inmersión en el estudio de la historia no estaba centrada solo en Europa, sino que se extendía también a Asia, Oriente Próximo, el mundo islámico y las Américas.[156]

En el primero de estos cuadernos clasificó por orden cronológico y en un total de 143 páginas algunos de los acontecimientos más importantes ocurridos entre el 91 a. C. y 1370. Estos resúmenes fueron elaborados esencialmente a partir de los libros de Botta. Marx empezó por la historia de la antigua Roma, para luego abordar la caída del Imperio romano, el ascenso de Francia, la importancia histórica de Carlomagno (742-814), el papel de Bizancio y las diferentes características y evolución del feudalismo.

Por otra parte, tras la publicación del Libro Primero de *El capital*, Marx se había ocupado ya en otras ocasiones de la Edad Media, y sus conocimientos a este respecto habían aumentado significativamente cuando en 1868, momento en que empezó a dedicarse a profundizar con gran interés en el estudio de la historia y de la agricultura, compiló algunos cuadernos de extractos de las obras de numerosos autores. Entre ellas prestó una atención especialísima a la *Introducción a la historia del ordenamiento de la marca, el predio, la aldea y la ciudad, y del poder público* [1854], del estadista e historiador Georg Ludwig von Maurer (1790-1872).[157] Marx le comentó a Engels que había encontrado sus libros «extraordinariamente significativos», pues en ellos «se asigna un nuevo ropaje no solo a la Edad Media, sino también a todo el desarrollo posterior de las ciudades imperiales libres, de los hacendados que gozaban de inmunidad, del poder público, de la lucha entre los campesinos libres y la servidumbre de la gleba».[158]

Marx anotó con minuciosidad todo lo que podía resultarle útil para analizar los diferentes sistemas de tributación existentes en diversos países y en distintas épocas. Además, se interesó mucho por el singular papel que desempeñó Sicilia, tierra fronteriza entre el mundo árabe y Europa, y por las Repúblicas Marítimas y su desarrollo mercantil. Por último, tras consultar otros libros que le permitieron integrar las informaciones proporcionadas por Botta, Marx escribió muchas páginas de apuntes acerca de la conquista islámica de África y de Oriente, y sobre los califatos de Bagdad y Mosul.

En el segundo cuaderno, de 145 páginas, cuyas anotaciones van de 1308 a 1469, Marx siguió transcribiendo noticias acerca de las últimas cruzadas a «tierra santa». No obstante, la parte más amplia de sus apuntes estaba dedicada una vez más a las Repúblicas Marítimas y a los progresos económicos que tuvieron lugar en Italia, considerados por Marx el comienzo del capitalismo moderno.[159] Utilizando también la obra de Maquiavelo, resumió los principales acontecimientos de las luchas políticas desencadenadas en la república de Florencia. Además de en Italia, y basándose en las noticias contenidas en la *Historia universal para el pueblo alemán*, de Schlosser, se fijó en la situación política y económica de Alemania entre los siglos x y xv, así como en la historia del Imperio mongol durante la vida de Gengis Kan y después de su muerte.[160]

En el tercer cuaderno, compuesto de 141 páginas dedicadas al periodo comprendido entre 1470 y 1580, Marx se ocupó de los principales conflictos políticos y religiosos de ese tiempo. Se interesó por el choque entre Francia y España, por las tumultuosas luchas dinásticas de la monarquía inglesa y anotó los principales acontecimientos de la vida de Girolamo Savonarola (1452-1498), incluida la reconstrucción de la gran influencia que llegó a ejercer. Naturalmente siguió la cronología de la Reforma protestante, observando el apoyo que recibió de la naciente clase burguesa. Una parte significativa de sus anotaciones estaría dedicada a la figura de Martín Lutero (1483-1546). A diferencia de la opinión de Schlosser, Marx elaboró un perfil muy negativo de este personaje, afirmando con toda claridad que «este monje obstaculizó todo lo que de progresista tenía la Reforma».[161]

Por último, en el cuarto cuaderno, de 117 páginas, Marx se dedicó principalmente a reconstruir la gran cantidad de conflictos religiosos que se desencadenaron en Europa desde 1577 hasta 1648. La sección más voluminosa de sus apuntes corresponde a la descripción de Alemania antes del estallido de la Guerra de los Treinta Años (1618-1648) y a un análisis en profundidad de este periodo.[162] Se fijó especialmente en el papel desempeñado por el rey de Suecia Gustavo II Adolfo (1594-1632) y por los cardenales Richelieu (1585-1642) y Mazzarino (1602-1661). Finalmente, dedicó otra parte de sus estudios a Inglaterra tras la muerte de Isabel I (1533-1603).[163]

Junto con los cuatro cuadernos que contenían los extractos de las obras de Botta y de Schlosser, Marx compiló otro de las mismas características, que debe considerarse contemporáneo de los anteriores y que trata de esos mismos estudios. En esta libreta, basada en la obra de Gino Capponi (1792-1876) *Historia de la república de Florencia* [1875], incluyó las informaciones anotadas anteriormente acerca de los trescientos años que van de 1135 a 1433. Además, reunió nuevas notas acerca del periodo 449-1485, valiéndose de la *Historia del pueblo inglés* [1877], de John Green (1837-1883). Los altibajos de su estado de salud no le permitieron ir más allá; sus apuntes se detuvieron en las crónicas de la paz de Westfalia de 1648, o sea, en la firma de los tratados que pusieron fin a la Guerra de los Treinta Años.

Cuando el estado de salud de Marx mejoró, fue necesario hacer lo posible para conjurar «el peligro de una recaída».[164] Acompañado de su hija Eleanor, el 29 de diciembre de 1881 se trasladó a Ventnor, una apacible localidad de la isla de Wight, cerca de la cual había estado ya en el pasado. Le habían aconsejado regresar allí por su «clima cálido y su aire seco», con la esperanza de que ambas características contribuyeran a su «pleno restablecimiento».[165] Antes de partir le escribió a su hija Jenny en los siguientes términos: «Mi queridísima niña, el mejor servicio que puedes prestarme es seguir bien. Espero pasar todavía muchos días hermosos a tu lado y desempeñar dignamente mi papel de *grandpa* [«abuelo», en inglés en el original].[166]

Marx pasó en Ventnor las primeras dos semanas de 1882. Para poder pasear sin demasiada dificultad y no ser «tan dependiente de las contingencias climatológicas», se vio obligado a llevar «*au cas de besoin* ["en caso de necesidad", en francés en el original] un respirador, al que comparaba con «un bozal».[167] Ni siquiera en unas circunstancias tan difíciles renunció Marx a su ironía, y en una carta a su hija Laura comentaba que «me ha divertido mucho la vehemencia con que los periódicos burgueses de Alemania han anunciado mi muerte o su inevitable inminencia».[168]

Durante los días que pasaron juntos, la convivencia entre padre e hija fue muy complicada. Eleanor, agobiada por el peso de sus problemas existenciales todavía sin resolver, seguía profundamente inquieta, no conseguía dormir y se sentía atormentada por el miedo a que sus crisis nerviosas empeoraran de nuevo de manera crítica. Pese al enorme amor que sentían el uno por el otro, durante aquellos días les costó mucho trabajo comunicarse; él, «enfadado y lleno de ansiedad», y ella, «antipática e insatisfecha».[169]

El pésimo estado físico de Marx y los problemas de relación con su hija no le impidieron mantenerse al corriente de los principales acontecimientos de la actualidad política. Tras el discurso pronunciado por el canciller alemán ante el Parlamento, en el que no había podido ignorar la gran desconfianza con la que los trabajadores habían recibido las propuestas de su Gobierno,[170] Marx le escribió a Engels el siguiente comentario: «Considero una gran victoria no solo directamente para Alemania, sino también en general con respecto al extranjero, el hecho de que Bismarck haya confesado en el Reichstag que a los obreros alemanes les tiene sin cuidado su socialismo de Estado».[171]

Una vez de vuelta en Londres, la bronquitis, que ya se le había hecho crónica, lo obligó, en compañía de sus familiares, a consultar de nuevo al doctor Donkin acerca de cuál podría ser el clima más favorable para el restablecimiento de su salud. Para conseguir una curación completa se hacía necesaria la estancia en un lugar cálido. La isla de Wight no había funcionado. Gibraltar debía descartarse porque, para entrar, Marx habría tenido que presentar un pasaporte y, como apátrida que era, no tenía ninguno. El imperio de Bismarck estaba cubierto de nieve y además tenía prohibida la entrada; en cuanto a Italia, no podía ser tenida en cuenta porque, como afirmó Engels, «la primera condición que hay que cumplir con los convalecientes es evitar las trabas de la policía».[172]

Con el apoyo del doctor Donkin y de Paul Lafargue, Engels convenció a Marx de que se dirigiera a Argel, que por aquel entonces gozaba en Inglaterra de buena reputación entre quienes podían permitirse refugiarse en esa ciudad para escapar de los rigores de los meses más fríos del año.[173] Como recordaría su hija Eleanor, lo que indujo a Marx a emprender aquella insólita peregrinación fue su antigua obsesión por acabar *El capital*. Efectivamente, según escribió Tussy,

> su estado general empeoraba continuamente. Si hubiera sido más egoísta, simplemente habría dejado que las cosas siguieran su curso como fuera. Pero para él había algo que estaba por encima de todo: la entrega a la causa. Intentó terminar su gran obra y por eso accedió, una vez más, a emprender un viaje para recobrar la salud.[174]

Marx salió de Inglaterra el 9 de febrero y, de camino hacia el Mediterráneo, se detuvo en Argenteuil en casa de su hija Jenny. Como lo cierto era que su estado de salud no mejoraba, apenas al cabo de una semana decidió marcharse solo con destino a Marsella, tras convencer a Eleanor de que no era necesario que lo acompañara. De hecho, le comentó a Engels: «No quiero por nada del mundo que la niña imagine que puede inmolarse en forma de "enfermera" de un anciano en el altar de la familia».[175]

Tras recorrer toda Francia en tren, Marx llegó a la capital de Provenza el 17 de febrero. Compró inmediatamente un billete para el primer barco que zarpara rumbo a África[176] y al día siguiente, una tarde ventosa de invierno, se unió a los demás viajeros que hacían cola para embarcarse en el muelle del puerto de Marsella. Llevaba consigo un par de maletas en las cuales, además de ropa de abrigo y medicinas, también había unos cuantos libros. A las cinco de la tarde el vapor Said zarpó con destino a Argel, donde Marx estuvo setenta y dos días, el único periodo de su vida que pasó fuera de Europa.[177]

4

El último viaje del Moro

ARGEL Y LAS REFLEXIONES SOBRE EL MUNDO ÁRABE

Marx llegó a África el 20 de febrero, al término de una travesía borrascosa de treinta y cuatro horas. Al día siguiente, le escribió a Engels diciendo que «congelado hasta la médula, mi *corpus delicti* desembarcó por fin en Argel». Encontró alojamiento en el Hôtel-Pension Victoria, en el barrio de Mustapha Supérieur. Su habitación, situada en un emplazamiento ideal, con vistas al puerto, gozaba de un «panorama fabuloso», ofreciéndole la ocasión de apreciar el «maravilloso *mélange* entre Europa y África».[1]

La única persona que conocía la identidad de aquel señor políglota que acababa de llegar a la ciudad era Albert Fermé (1840-1904), juez de paz seguidor de Charles Fourier (1772-1837), que había ido a parar a Argel en 1870, tras sufrir un periodo de encarcelamiento a causa de su oposición al Segundo Imperio francés. Fermé fue la única compañía de verdad que tuvo Marx, hizo para él de guía en sus excursiones, y respondió a la curiosidad que le suscitaba aquel nuevo mundo.

Por desgracia, según pasaban los días, la salud de Marx no mejoró en absoluto. Siguió siendo acosado por la bronquitis y por una tos imparable que le provocaba insomnio. Además, el clima excepcionalmente frío, lluvioso y húmedo en el que se encontraba envuelto Argel favoreció un nuevo ataque de pleuresía. El peor invierno de los últimos diez años se abatió sobre la ciudad, y Marx se lamentaba en una carta a Engels, diciéndole: «La ropa que usaba en la isla de Wight y la que uso en Argel se diferencian solo en que he sustituido el levitón de rinoceronte por otro levitón más ligereo». Llegó incluso a considerar la posibilidad de trasladarse cuatrocientos kilómetros más al sur, a Biskra, una aldea situada a las puertas del Sahara, pero su pésimo estado físico lo disuadió de emprender un viaje tan incómodo. Dio comienzo así un largo periodo de complicados tratamientos en Argel.

Marx recibió los cuidados del mejor médico de la ciudad, el doctor Charles Stéphann (1840-1906), que le recetó arseniato de sodio durante el día y una mezcla de jarabe de goma y de opiáceos a base de codeína para que pudiera descansar por las noches. Le mandó además reducir al mínimo los esfuerzos físicos y no hacer «ningún tipo de trabajo intelectual, excepto alguna lectura de entretenimiento». Pese a todo, el 6 de marzo la tos se volvió todavía más violenta, hasta el punto de provocarle varias hemorragias. En consecuencia, se le prohibió salir del hotel e incluso mantener cualquier tipo de conversación: «Ahora la tranquilidad, la soledad y el silencio son un deber cívico para mí».[2] Por lo menos, le decía en su carta a Engels, entre sus remedios «el doctor Stéphann, *like my dear Dr. Donkin, does not forget… the cognac!* [“como mi querido doctor Donkin, no se ha olvidado… ¡del coñac!”; en inglés en el original]».[3]

La terapia más dolorosa resultó ser un ciclo de diez emplastos vejigatorios. Marx logró seguirla gracias a la ayuda de otro enfermo que, por fortuna, era un joven farmacéutico. Mediante numerosas aplicaciones de colodión con un pincel en el pecho y en la espalda, y la posterior incisión de las vejigas que se le formaban, el señor Maurice Casthelaz (?) logró drenar poco a poco el exceso de líquido de los pulmones.

En unas condiciones penosas, Marx empezó a arrepentirse de haber decidido emprender aquel viaje. Se lamentó con Lafargue, su yerno, de aquella desgracia, pues «desde que salí de Marsella hasta ahora» el tiempo en la Costa Azul —el otro destino en el que había pensado para pasar el invierno— había sido «ininterrumpidamente magnífico».[4] En la segunda mitad de marzo le comentaba a su hija Jenny: «*in this foolish, ill-calculated expedition, I am now just arrived again at that standard of health when I possessed it on leaving Maitland Park* ["ahora, con esta expedición absurda, fruto de un error de cálculo, no he hecho más que volver al mismo estado de salud en que me encontraba cuando dejé Maitland Park"; en inglés en el original]». También le confesó que la idea de emprender aquel viaje a un lugar tan lejano le había suscitado no pocas dudas, pero que Engels y Donkin *«fired each other mutually into African furor, neither one nor the other getting any special information* ["se incendiaron mutuamente de furor africano, aunque ni el uno ni el otro disponían de ninguna información en particular"]».[5] En su opinión, «lo justo habría sido informarse primero antes de lanzarse a semejante *chasse aux oies sauvages* ["caza de ocas salvajes"]».[6]

El 20 de marzo escribió a Lafargue diciendo que el tratamiento había sido suspendido temporalmente, porque ni en el tórax ni en la espalda le había quedado ni un solo punto seco en el que pudieran repetirse las curas. La visión de su cuerpo «me recuerda la de un campo de sandías *en miniature*». El sueño, sin embargo, le estaba «volviendo poco a poco», lo que le causaba un gran alivio: «Quien no ha sufrido nunca de insomnio, no puede comprender la agradable sensación que se tiene cuando por fin disminuye el terror de las noches sin sueño».[7]

Su angustia aumentó, sin embargo, a raíz de que se le reventaran las ampollas por la noche, por lo cual tuvo que ser vendado y le prohibieron terminantemente rascarse. Cuando se enteró por los boletines meteorológicos de que, después de su marcha, el tiempo en Francia había sido «magnífico», no pudo dejar de pensar en la previsión inicial de que iba a producirse una curación rápida. Fue así como llegó a decirle a Engels: «Un hombre nunca debería hacerse ilusiones con visiones demasiado optimistas».[8] Pero efectivamente, por desgracia, para alcanzar el «*sana mens in sano corpore* todavía hay que seguir esforzándose».[9]

Los dolores de Marx no tenían que ver únicamente con el cuerpo. Se sentía solo, y en una carta a su hija Jenny le decía: «No habría nada más maravilloso que la ciudad de Argel, y sobre todo que los campos que la rodean [...] sería como *Las mil y una noches* para el ánimo —siempre y cuando gozara de buena salud— tener [a mi alrededor] a todos mis seres queridos (sin olvidarme por supuesto de mis nietos)».[10] En otra carta posterior, le comentaba que habría querido contemplar el asombro de Johnny, el mayor de los niños, «delante de los moros, los árabes, los bereberes, los negros, en una palabra toda esta Babel, y las vestimentas (en su mayoría poéticas) de este mundo oriental, mezclado con el estilo "civilizado" francés y el británico, tan aburrido».[11]

Le reveló a Engels, el compañero con el que solía compartirlo todo, que tenía «arrebatos de una *profunda melancolía* [en español en el original], igual que el gran Don Quijote». Sus pensamientos volvían siempre a la pérdida de su compañera: «*You know that few people more averse to demonstrative Pathos; still, it would be a lie [not] to confess that my thought to great part absorbed by reminiscence of my wife, such a part of my best part of life!* ["Sabes que pocas personas son más contrarias a hacer ostentación de patetismo; pero sería mentir no confesar que mis pensamientos los absorbe en buena medida el recuerdo de mi esposa, una parte tan destacada de la mejor parte de mi vida"; en inglés en el original de la carta]».[12] No obstante, el espectáculo de la naturaleza que lo rodeaba lograba distraerlo de su luto. Según afirmaba, «nunca me canso de contemplar el mar delante de mi balcón», y decía que le encantaba el «maravilloso claro de luna sobre la bahía».[13]

Marx estaba además muy apenado por el alejamiento forzoso de toda actividad intelectual comprometida al que se veía sometido a la fuerza. Desde el comienzo de su peregrinación, había sido consciente en todo momento de que el viaje habría supuesto «una enorme pérdida de tiempo», pero había acabado por aceptar las circunstancias, tras comprender que la «maldita enfermedad "inglesa" no le atacara a uno el cerebro».[14]

En una carta a Jenny decía que «cualquier tipo de trabajo está fuera de discusión, incluso la corrección de *El capital*»[15] para la tercera edición alemana. Respecto a la situación política de la época, se limitó a leer solo las noticias telegráficas de un modesto periódico local, *Le Petit Colon*, y del único boletín obrero que le mandaban desde el Viejo Continente, *L'Égalité*, sobre el cual subrayaba, con su sarcasmo habitual, que «no podía considerarse un periódico».[16]

Sus cartas de la primavera de 1882 ponen de manifiesto cuán ansioso estaba por «volver a estar activo y [por] abandonar este *stupid métier* ["estúpido oficio"] de inválido»,[17] por poner fin a aquella «vida inútil, carente de contenido y ¡por si fuera poco, cara!».[18] Más tarde le comentó a Lafargue que su única ocupación era no hacer nada, lo cual lo hacía sentir próximo a la necedad.[19] A partir de estos testimonios podemos intuir también el temor a no creerse ya capaz de recuperar su vida habitual.

La progresiva sucesión de todos estos acontecimientos adversos impidió a Marx comprender a fondo la realidad argelina, y tampoco le permitió, como había esperado Engels, estudiar las características de «la propiedad comunal entre los árabes».[20] A lo largo de sus estudios de historia de la propiedad de la tierra y de las sociedades precapitalistas llevados a cabo a partir de 1879, ya se había interesado por la cuestión de la tierra en Argelia durante la dominación francesa. En aquellas circunstancias, Marx había transcrito un párrafo del libro del historiador Maxim Kovalevski, *La propiedad comunal de la tierra. Causas, trayectoria y consecuencias de su declive*, en el que se afirmaba que «la individualización de la propiedad de la tierra» proporcionaba una gran ventaja a los invasores y favorecía también uno de sus principales objetivos políticos, a saber: «Destruir los fundamentos de esta sociedad».[21]

Precisamente el 22 de febrero de 1882 apareció en el periódico argelino *L'Akhbar* un artículo que documentaba las injusticias del sistema que se había creado. Por aquel entonces, en teoría cualquier ciudadano francés habría podido adquirir sin salir de su país una concesión de más de cien hectáreas de terreno argelino, que luego podía revender a un indígena por 40.000 francos. Por término medio, los colonos revendían por 300 francos cada parcela de terreno por la que habían pagado entre 20 y 30.[22]

Sin embargo, debido a su mala salud, Marx no estuvo en condiciones de volver a tratar esas problemáticas, ni nadie le comentó la existencia de dicho artículo. En cualquier caso, sus ansias permanentes de conocimiento no se detuvieron ni siquiera ante unas circunstancias tan adversas. Tras explorar las zonas aledañas de su hotel, donde estaba llevándose a cabo una amplia labor de reconstrucción de casas, se dio cuenta de que «aunque los trabajadores que se encargan de las obras son hombres sanos y originarios del lugar, al cabo de tres días de trabajo sufren la acometida de la fiebre. De ahí que una parte de su salario consista en una dosis diaria de quinina, que les suministran los empresarios».[23]

Entre las observaciones más interesantes que llegó a resumir en las dieciséis cartas escritas en la ribera meridional del Mediterráneo,[24] algunas de ellas elaboradas también a través de la persistencia de una visión todavía en parte colonial, destacan las que tratan de las relaciones sociales vigentes entre los musulmanes.

Profundamente impresionado por el porte de los árabes —sobre el cual dijo en una carta lo siguiente: «Hasta el moro más pobre supera al mayor comediante europeo en el *art de se draper dans son capot* ["el arte de envolverse en su manto"; en francés en el original], y de mantener una actitud natural, elegante y digna»[25]— y por la mezcolanza existente entre sus clases sociales, a mediados de abril le comentó a su hija Laura que había visto a unos árabes jugando a las cartas: «Algunos de esos moros iban vestidos con ostentación, incluso con cierto lujo», mientras que otros llevaban «blusas raídas y andrajosas». Y a continuación añadía:

> … a ojos de un verdadero musulmán accidentes tales como la buena o la mala fortuna no diferencian a los hijos de Mahoma. Eso no afecta a la absoluta igualdad en sus relaciones sociales; por el contrario, solo son conscientes de ello si se corrompen; en cuanto al odio hacia los cristianos y la esperanza de una victoria final sobre los infieles, sus políticos consideran con razón que esos mismos sentimientos y esa práctica de igualdad absoluta (no en cuanto a riqueza o posición, sino en cuanto a personalidad) es una garantía de que se mantendrán los primeros y no se perderá la segunda. (Aun así, se irán al diablo sin un movimiento revolucionario).[26]

A Marx lo sorprendió también la escasísima presencia del Estado:

> En ninguna otra ciudad que sea sede del gobierno central, puede verse semejante grado de *laissez-faire, laissez-passer*. La poli-

cía se halla reducida al mínimo indispensable; el descaro público es inaudito; el elemento moruno es el que ha traído todo esto. Efectivamente, los musulmanes no reconocen la subordinación; no son ni «súbditos» ni *administrés*»; no hay ninguna autoridad, salvo en materia de política, y ese es el gran malentendido por parte de los europeos.[27]

Por último, Marx arremetió con desdén contra los violentos abusos de los occidentales, sus reiterados actos de provocación y, en definitiva, contra su «arrogancia desvergonzada, su presunción, y su colérica actitud punitiva, propia de Moloch», ante cualquier acto de rebelión por parte de la población local, subrayando, por otro lado, que, por lo que respecta a los daños causados por las grandes potencias a lo largo de la historia de las ocupaciones coloniales, «los británicos y los holandeses superan de lejos a los franceses». En cuanto a Argel, le comentó a Engels que, durante su carrera como juez, su amigo Fermé había visto cómo se utilizaba una «especie de *tortura* para obligar a los árabes a confesar; y naturalmente eso lo hace la "policía" (como hacen los ingleses en la India)». Según le había contado Fermé,

si, por ejemplo, una pandilla de árabes comete un crimen, en la mayoría de los casos con el fin de perpetrar un robo, y al cabo de un tiempo pescan a los verdaderos autores del delito, los juzgan y los decapitan, a la familia de los colonos afectada eso no le basta como castigo. Para cerrar el acuerdo exige que se meta un poco en cintura por lo menos a media docena de árabes [...]. Cuando un colonizador europeo se establece en un sitio o solo se queda una temporada por motivos de negocios entre las «razas inferiores», se considera por lo general más intocable que Guillermo I el Hermoso.[28]

Marx volvió sobre este asunto en otra ocasión, cuando quiso contarle a Engels una brutalidad de la que las autoridades francesas habían hecho víctima a un «pobre árabe, asesino múltiple de profesión». Antes de ser ajusticiado, el individuo se enteró de que no iba a ser «fusilado, ¡sino guillotinado! ¡Y eso en contra de lo acordado! ¡En contra de lo prometido! Aunque le habían dicho lo contrario». Además,

> sus parientes esperaban que los franceses hicieran lo que siempre habían permitido hacer, esto es, entregarles el cuerpo y la cabeza, para coser esta última al primero y poder así enterrar «el todo». *Quod non!* [«¡De eso nada!»]. Llantos, maldiciones y alaridos; las autoridades francesas se niegan en redondo. ¡Por primera vez! Cuando el tronco llegue al paraíso, Mahoma preguntará: «¿Cómo es que has perdido la cabeza?». O bien dirá: «¿Cómo es que la cabeza no tiene tronco? ¡No eres digno de entrar en el paraíso! ¡Quédate con esos perros cristianos!». Así es como se lamentan los parientes.[29]

Junto a estas observaciones políticas y sociales, sus cartas contienen también relatos de costumbres. En una de ellas le contó a su hija Laura una breve historia que, como hombre práctico que era, le había gustado mucho:

> En medio de las aguas turbulentas de un río hay un barquero esperando en su pequeña barca. Un filósofo que quiere alcanzar la otra orilla sube a bordo. Tiene lugar entonces el siguiente diálogo:
>
> FILÓSOFO: Barquero, ¿conoces la historia?
> BARQUERO: ¡No!
> FILÓSOFO: ¡Pues entonces has perdido la mitad de tu vida!
> El filósofo pregunta de nuevo: «¿Has estudiado matemáticas?».
> BARQUERO: ¡No!
> FILÓSOFO: Pues entonces has perdido más de la mitad de tu vida.
> Apenas había dicho esto el filósofo, cuando el viento volcó la barca y los dos, el filósofo y el barquero, fueron arrojados al agua; se oye entonces un grito:
> BARQUERO: ¿Sabes nadar?
> FILÓSOFO: ¡No!
> BARQUERO: Entonces has perdido tu vida entera.[30]

Marx añadió divertido: «Esto te dará una ligera impresión de lo que es lo árabe».[31]

A la izquierda: la última fotografía de Karl Marx, hecha por E. Dutertre en Argel, en 1882. IISH, Collection BG A9/383. A la derecha: fotomontaje que muestra el aspecto que habría podido tener Marx después de cortarse el pelo y recortarse la barba (autor desconocido).

Después de más de dos meses de padecimientos, el estado de Marx mejoró y por fin le fue posible regresar a Francia. Antes de irse, compartió con Engels una última sorpresa: «Debido al sol he eliminado la barba de profeta y el pelucón que llevaba en la cabeza, pero como a mis hijas les gusta más así, me he hecho una fotografía antes de sacrificar mi cabellera en el altar de un barbero argelino».[32]

Estas fueron, pues, las circunstancias en las que fue tomada su última instantánea. La imagen es completamente distinta del perfil granítico de muchas de sus estatuas, erigidas en las plazas de las capitales del «socialismo real», con el que el poder decidió representarlo más tarde. Sus bigotes, un poco como sus ideas, no habían perdido el color de la juventud, y su rostro, a pesar de las amarguras de la vida, mostraba todavía una apariencia bondadosa, modesta y sonriente.[33]

Un republicano en el principado

Una vez más, Marx se vio perseguido por el mal tiempo. Durante sus «últimos días africanos»,[34] su salud fue puesta a prueba por la llegada del siroco, y también el viaje a Marsella, donde desembarcó el 5 de mayo, día de su sexagésimo cuarto cumpleaños, fue particularmente turbulento. Según le contó a su hija Eleanor, la travesía se desarrolló en medio de «un tiempo adverso» que «convirtió mi camarote en una verdadera cueva azotada por el viento». Cuando llegaron a su destino, el vapor no atracó directamente en el muelle del puerto, y tanto pasajeros como equipajes tuvieron que ser llevados a tierra en unas barcas «para pasar, para mayor satisfacción, unas cuantas horas en una aduana-purgatorio, fría y llena de corrientes de aire, hasta que nos dieron permiso para reanudar el viaje a Niza». Estas nuevas penalidades resultaron nefastas para Marx, pues, como explicaba en su carta con el sarcasmo que lo caracterizaba, «*détraquaient plus ou moins de nouveau ma machine* ["han descompuesto más o menos de nuevo mi maquinaria"; en francés en el original]» y en cuanto llegó a Montecarlo, «me arrojaron de nuevo *entre les mains d'un Esculape* ["en manos de un Esculapio"]».[35]

La persona a cuyas atenciones se entregó fue el doctor Kunemann (1828-?), un médico excelente originario de Alsacia, especializado en enfermedades pulmonares.[36] Por desgracia, descubrió que la bronquitis se había hecho crónica y que, «para mayor espanto mío, la pleuresía había vuelto».[37] Los desplazamientos se habían revelado, una vez más, fatales y Marx le comentó a Engels, utilizando, como solía hacer, una referencia literaria, que «el "destino" se ha manifestado esta vez con una coherencia horrorosa», casi incluso como en las tragedias del Dr. [Amandus] Müllner» (1774-1829), el dramaturgo alemán en cuyas obras este factor desempeña un papel determinante para la existencia humana. Resultó indispensable, pues, una nueva serie de cuatro curas vejigatorias que se le aplicaron del 9 al 30 de mayo.

Como para poder reanudar el viaje tenía que reponerse necesariamente, Marx pasó tres semanas en el principado de Mónaco. En sus descripciones del ambiente que lo rodeaba se mezclan la crítica social y un gran espíritu de observación. Comparaba Montecarlo con Gérolstein, el minúsculo estado imaginario en el que el compositor Jacques Offenbach (1819-1880) había ambientado la ópera *La gran duquesa de Gérolstein*.

Durante su estancia en el principado, Marx fue varias veces a la sala de lectura de su famoso casino, que ofrecía una buena selección de periódicos internacionales, pero le contó a Engels que sus «compañeros del comedor del Hôtel de Russie» y, más en general, el público que se hallaba en la ciudad, «se interesan mucho más por lo que sucede en las *salles de jeu* del Casino». Las cartas de este periodo alternan la observación divertida de algunas de las personas a las que conoció —como «un hijo de la Gran Bretaña siempre malhumorado, desabrido y gruñón», porque había «perdido una discreta cantidad de doblones de oro, al mismo tiempo que estaba totalmente decidido a "sablear" a cualquiera»— y los comentarios burlones: «No entiende que la Fortuna no se deje *to bully* ["intimidar"] por la grosería británica».[38]

La descripción más eficaz de esa realidad, que le era tan ajena, se la ofreció a su hija Eleanor en una carta escrita poco antes de partir:

… creo que en el comedor, en los cafés, etc., se habla y se susurra casi exclusivamente de las mesas de la ruleta y del *trente et quarante*. De vez en cuando gana alguien, por ejemplo una señora rusa (esposa de un agente-diplomático ruso, una de las huéspedes del Hôtel de Russie), consigue 100 francos, pero pierde 6.000; otro, en cambio, se ha quedado sin dinero para el viaje de vuelta; algunos se juegan y pierden en su totalidad grandes fortunas familiares. Muy pocos, me refiero a los jugadores, logran volver con alguna parte del botín ganado, y son casi exclusivamente los ricos. No cabe hablar aquí de razón ni de cálculo; solo se puede contar con el favor de la «casualidad» con unas mínimas garantías de probabilidad si se dispone de una cantidad considerable de dinero que arriesgar.[39]

El frenesí que se respiraba en Montecarlo no se limitaba a las salas de juego ni tampoco únicamente a las horas nocturnas, sino que impregnaba toda la ciudad y la jornada entera de los visitantes. En una zona adyacente al casino, por ejemplo, había

> ... un kiosco en el que llama la atención un cartel no ya impreso, sino escrito a mano, firmado con las iniciales de su autor; por 600 francos puede uno obtener de él, escritos negro sobre blanco, los secretos de la ciencia de ganar a la ruleta y al *trente et quarante* un millón de francos apostando 1.000. También de esta trampa para incautos se cuentan casos que no son en absoluto excepcionales. En efecto, la mayoría de los jugadores y de las jugadoras cree en la ciencia de este mero juego de azar; los caballeros y las damas se sientan enfrente del Café de Paris, delante del maravilloso jardín que pertenece al casino, o en los bancos que hay en el interior, sosteniendo unas pequeñas tablas [impresas] en las manos; con la cabeza gacha, garabatean en ellas y hacen cálculos; uno le explica seriamente al otro qué «sistema» prefiere, si jugar en «series», etc. Es como tener delante a un grupo de pacientes de un manicomio.[40]

En definitiva, Marx vio con claridad que «la base económica de este Mónaco-Gérolstein es el casino; si este cerrara mañana, ¡se acabó Mónaco-Gérolstein!». Según decía en su carta, «tampoco la elegante Niza, tan distinguida como el mundo de los aventureros que pasan en ella los meses de invierno, seguiría siendo una localidad *fashionable* ["de moda"] sin el casino de Montecarlo. Y aun así, ¡qué niñería es semejante casa de juego comparada con la bolsa!».

Al término de la última cura vejigatoria, el doctor Kunemann dio de alta a Marx y lo autorizó a reanudar el viaje, pero aconsejándole de todos modos que «me detenga unos días en Cannes, pues así lo requiere el "secado" de las heridas que se me han producido». Una vez en esta exclusiva localidad francesa, hizo balance del periodo transcurrido en la Costa Azul:

> Así me he pasado vegetando todo el mes en esta *repaire* [«guarida»] de gente ociosa o de aventureros elegantes. La naturaleza es magnífica, pero, por lo demás, es un agujero aburridísimo... aquí

no hay ninguna «masa» plebeya, aparte de los *garçons d'hôtel, de café*, etc. Y de los *domestiques* [«camareros y criados»], pertenecientes al subproletariado.[41]

Las condiciones meteorológicas más adversas siguieron empeorando y ensañándose con él. Durante los tres días que pasó en Cannes, la ciudad fue azotada de forma excepcional por un «viento fortísimo (aunque cálido) acompañado de remolinos de polvo», circunstancia de la que se ocupó «toda la prensa local de la Riviera». Marx reaccionó con ironía, comentándole a Engels que «incluso la naturaleza tiene cierto humor filisteo, al modo socarrón en el que en el Antiguo Testamento la serpiente se alimenta de barro, como una anticipación de la dieta a base de barro de los gusanos de Darwin».

Por último, en esta misma carta, Marx se entretuvo en describir las últimas recomendaciones del médico: «Comer bien y en abundancia, "acostumbrarse" a ello aunque vaya contra la naturaleza de uno; "beber de lo bueno" y distraerse viajando, etc. Pensar lo menos posible». No pudo por menos que comentar que «si sigo estas "instrucciones", voy bien encaminado a la "imbecilidad", ¡y eso sin haberme librado del catarro bronquial». Y según le recordaba a su amigo, que lo aguardaba en Londres, «para mi consuelo, el viejo Garibaldi "pasó a la eternidad" a consecuencia de una bronquitis». En cualquier caso, aseguraba que estaba convencido de que «*at a certain âge* ["a determinada edad"] resulta del todo indiferente cómo uno sea "*launched into eternity*" ["lanzado a la eternidad"]».[42]

Cerca de cuatro meses después de su marcha, el 7 de junio por fin estuvo Marx en condiciones de tomar el tren que, al día siguiente, lo conduciría de nuevo a casa de su hija en Argenteuil. Antes de emprender el viaje le recomendó a esta última que no se preocupara de su llegada: «Hasta hoy he tenido siempre la sensación de que nada me hace más daño que el hecho de que alguien me espere en la estación». Y le advertía de que no avisara de su llegada a ninguno de sus camaradas, ni siquiera a Lafargue. «Necesito tranquilidad absoluta».[43] Y, tal como le hizo saber también a Engels, tenía la sensación de que todavía debía reducir «al mínimo el "trato con las personas"».[44] El gigante se encontraba cansado, se daba cuenta de que estaba cerca del final de su camino y en su carta a Jenny escribió palabras parecidas a las de cualquier mortal corriente y moliente: «Por "tranquilidad" entiendo "vida familiar", "el ruido de los niños", ese "mundo microscópico", que es mucho más interesante que el "macroscópico"».[45]

Tras su llegada a Argenteuil, Marx comparó su existencia con la de un «detenido en libertad vigilada», pues, como solía hacerse con este tipo de presos, también era preciso «que me presente ante el médico más próximo cada vez que llegue a un nuevo lugar de parada».[46] El médico de los Longuet, el doctor Gustave Dourlen, conocía bien a Marx y le aconsejó «probar durante unas semanas las aguas sulfurosas de Enghien[-les-Bains]»,[47] localidad situada en las cercanías de Argenteuil, donde podría consultar al doctor Feugier (?).

El clima, todavía muy inseguro, no permitió el comienzo inmediato de la cura, y además contribuyó a hacerla muy dolorosa a causa de un «reumatismo muscular a la altura de las caderas».[48] Hasta primeros de julio, Marx no pudo desplazarse con cierta regularidad a los baños de azufre, que le sentaron muy bien. Con su habitual tono sarcástico describió a Engels en los siguientes términos las operaciones a las que se sometía repetidamente:

> En la sala de las inhalaciones la atmósfera es oscura debido a los vapores de azufre; la estancia aquí es de 30-40 minutos; cada 5 minutos, sentados a una mesa determinada, hay que aspirar un vapor especial cargado de azufre pulverizado [...] todos van envueltos desde la cabeza hasta los pies en vendas de goma elástica, como si fueran momias, y luego desfilan unos detrás de otros alrededor de la mesa. Una inocente escena sacada del infierno de Dante.[49]

La rutina de las curas termales estuvo acompañada del tiempo que pasó con la familia de su hija, sobre todo con sus nietecitos. A la vuelta de Enghien-les-Bains, después de descansar a la hora de la siesta, salía regularmente a «dar un paseo e ir de acá para allá con los niños, pues oír y ver (pero sobre todo también pensar) se le da a uno mejor que al Hegel de la *Fenomenología del espíritu*».

Sin embargo, pese a sus esfuerzos y a todo su empeño, el catarro bronquial no había «exhalado aún su último suspiro» y los médicos le propusieron a Marx que siguiera adelante con el tratamiento hasta mediados de agosto. No obstante, entre unas cosas y otras su estado había mejorado, y a primeros de mes se reunió incluso con algunos dirigentes del movimiento obrero parisino. En el encuentro participaron José Mesa (1840-1904), Lafargue, Gabriel Deville (1854-1940) y Jules Guesde, y, según le comunicó a Engels, aquella fue, después de varios meses, «la primera vez que acepté una reunión de este estilo. (Las charlas animadas, o sea, el parloteo, es siempre lo que me fatiga [...] *post festum* ["cuando se acaba la fiesta"]».[50]

Marx realizó «la última peregrinación a la *salle d'inhalation*» el día 20 de ese mismo mes. El resultado de la visita de despedida al doctor Feugier fue el siguiente: «El ruido de roce de la pleura sigue en un *statu quo*, circunstancia por lo demás ya enteramente prevista». De acuerdo con su colega Dourlen, Feugier le aconsejó trasladarse al lago de Ginebra, «de donde llegan informes meteorológicos favorables», con la esperanza de que «los últimos restos del catarro bronquial desaparezcan solos».[51]

Esta vez, «no pudiendo exponerme a los riesgos de un viaje solo», Marx fue escoltado por su hija Laura, a la cual recordó, comparándose irónicamente con el caudillo ismaelita Rashīd ad-Dīn Sinān (1132/1135-1192), líder de la secta de los Asesinos, que desempeñó una destacada función en tiempos de la Tercera Cruzada, que su deber era «acompañar al viejo de la montaña».[52]

Antes de marchar, Marx recibió una carta de un corresponsal de varios «periódicos alemanes» en París. Este, que se declaró un «humilde y devoto servidor» suyo, le había pedido una entrevista, alegando como motivo que «en todos los círculos de la "sociedad" alemana la gente está ansiosa por tener noticias oficiales acerca de mi estado de salud [...]. *Of course, I did not reply to that softsawder penman* ["naturalmente no he contestado a ese pendolista pelotillero"]».[53]

La primera etapa del viaje, llevado a cabo solo durante las horas diurnas «con el pretexto de evitar cualquier *rechute* ["recaída", en francés en la carta original],[54] fue Lausana. Marx llegó aquejado de un resfriado, que había pillado tras reunirse, antes de su partida, con Roy, el traductor al francés de *El capital*. A pesar de las previsiones favorables de los boletines meteorológicos, se encontró con un tiempo «húmedo y relativamente frío». He aquí cómo se lo contó a Engels: «Mi primera pregunta al camarero: "¿Desde cuándo está lloviendo?". Respuesta: "Tenemos un tiempo lluvioso desde hace dos días" (o sea, desde el día de mi salida de París). *C'est drôle!* ["¡Qué curioso!"]».[55]

El destino final del viaje fue la localidad de Vevey, situada en la margen nordeste del lago de Ginebra. En su carta a Engels, Marx le notificó que «sigo tosiendo», pero que, no obstante, todo iba bien: «Vivimos aquí como en el país de Jauja».[56] Echaba muchísimo de menos la compañía de su amigo e intentó convencerlo de que viajara desde Londres a reunirse con él. Pero Engels estaba preocupado principalmente por la gestión de todos los problemas prácticos con el fin de seguir garantizándole a Marx los reiterados tratamientos que necesitaba: «Estaría encantado de ir a verte, ¡maldita sea!, pero si me ocurriera cualquier cosa, aunque fuera algo transitorio, sería un auténtico lío para todas nuestras disposiciones financieras».[57] Marx lo comprendió y una vez más le expresó su gratitud a su amigo: «Tu preocupación por mí, rayana en el autosacrificio, es increíble, y a menudo siento vergüenza en mi fuero interno».[58]

Cuando volvió de nuevo a casa de Laura en París a fin de mes, Marx fue a visitar otra vez al médico para obtener «permiso para cruzar el canal de la Mancha».[59] El doctor Dourlen encontró que su estado había «mejorado extraordinariamente […] a punto casi de poner fin a este obstinado catarro». Pretendía que «bajo ninguna circunstancia me quede en Londres más de quince días o tres semanas si el tiempo es muy bueno […] la *campagne de l'hiver* [debía] comenzarla antes de tiempo en la isla de Wight». De cualquier manera, decía irónicamente el pensador a su amigo que lo aguardaba en Inglaterra, «si el Gobierno francés […] estuviera al corriente de mi presencia aquí, probablemente me adelantaría el viaje incluso sin permiso del doctor Dourlen».[60]

A pesar del terrible periodo que había pasado a lo largo del año siguiente a la muerte de su esposa, Marx intentó continuar sus investigaciones cada vez que le fue posible. Al no estar en condiciones de retomar las partes incompletas de *El capital*, intentó mantenerse al día acerca de diversos temas de carácter científico y económico. De esta época datan sus extractos del libro *La física moderna. Las principales aplicaciones de la electricidad* [1882], de Édouard Hospitalier (1852-1907), y su afán por seguir «al detalle la marcha de los descubrimientos realizados en el campo de la electricidad»,[61] incluidos los trabajos de Marcel Deprez (1843-1918). Engels especificó los motivos de esos estudios, recordando que

> Para Marx, la ciencia era una fuerza histórica motriz, una fuerza revolucionaria. Por puro que fuese el gozo que pudiera depararle un nuevo descubrimiento hecho en cualquier ciencia teórica y cuya aplicación práctica tal vez no podía preverse en modo alguno, era muy otro el goce que experimentaba cuando se trataba de un descubrimiento que ejercía inmediatamente una influencia revolucionaria en la industria y en el desarrollo histórico en general.[62]

Marx se ocupó también de la ecología. Ya en abril de 1880 había estudiado el artículo «Trabajo humano y unidad de la fuerza» [1880], publicado en *La Revue Socialiste* de Serguéi Podolinski (1850-1891), un socialista ucraniano al que había conocido en 1872 gracias a su común amigo Piotr Lavrov (1823-1900). Podolinski había enviado el manuscrito de su artículo a Marx, precisando que «el primer estímulo»[63] de su obra había venido dado por la lectura de *El capital*, y que estaba «particularmente impaciente» por conocer el parecer de su autor. El objetivo de Podolinski era demostrar que el socialismo era la forma de organización social más adecuada para emplear la energía solar a la hora de satisfacer las necesidades del hombre. Con esa finalidad le comunicó a Marx que se sentía comprometido con el «intento de armonizar [el concepto de] plustrabajo con las actuales teorías físicas».[64] En realidad, como decía Engels en una larga carta sobre el tema enviada a Marx en diciembre de 1882,[65] Podolinski había descubierto que «el trabajo humano es capaz de mantener la energía solar sobre la superficie de la tierra y de dejarla actuar más tiempo de lo que ocurriría de no ser así». Sin embargo, añadía que «todas las deducciones económicas que ha extraído son erróneas».[66] Según él, «Podolinski se ha apartado del buen camino de su valioso descubrimiento porque ha querido encontrar en las ciencias naturales una nueva demostración de lo acertado del socialismo y, por ende, ha confundido física y economía».[67]

La correspondencia entre Engels y Marx pone de manifiesto que siempre estuvieron atentos a todo lo nuevo que salía en los estudios acerca de temas ambientales. Aunque a finales de 1882 Marx no tuvo fuerzas para responder a la detallada carta de Engels después de recibirla, volvió a estudiar los *Elementos fundamentales de la fisiología humana en relación con la asistencia sanitaria y las exigencias prácticas del médico*, de Johannes Ranke, probablemente para profundizar en el conocimiento de las ideas de Podolinski.[68] En los extractos elaborados en 1880 sobre el trabajo de este último, que dejan ver que Marx no había infravalorado la relevancia de tales argumentos, había focalizado su interés en la termodinámica y anotado los dos principios del concepto de entropía, introducido por Rudolf Clausius (1822-1888) en sus *Tratados sobre la teoría mecánica del calor* [1864]: «La energía del universo es constante. La entropía del universo tiende a un máximo».[69]

La sensibilidad de Marx por las ciencias naturales, en particular por la zoología y la biología, así como por la ecología, se vio también estimulada en esta última fase de su vida por su amistad con Edwin Ray Lankester (1847-1929), miembro de la junta de gobierno del Exeter College de Oxford y conservador del Museo Grant de Zoología.[70] Lankester no solo leyó *El capital* «con sumo placer y provecho»[71] y dio lugar a un prolífico intercambio intelectual con Marx, sino que también estuvo muy cerca de él en el plano humano y le resultó de gran ayuda para encontrar médicos capaces de hacer frente a las desgracias físicas que seguían abatiéndose sobre su casa.

«LO CIERTO ES QUE NO SOY MARXISTA»

Los días en Londres pasaron muy deprisa. El 9 de octubre, Marx le decía en una carta a su hija Laura que «mi tos sigue siendo muy molesta»[72] y que tenía que intentar «librarme por completo de ella antes de volver a ser *altogether* ["del todo"] eficiente». La llegada del otoño trajo consigo humedad y niebla. El doctor Donkin, que de nuevo se encargaba de atenderlo, le aconsejó trasladarse una vez más a la isla de Wight. Antes de marcharse, Marx pasó un día entero con Engels —que le escribió a Lafargue diciéndole: «Estuvo ayer a mediodía en mi casa, por la noche cenamos todos en la suya y luego nos quedamos bebiendo ron hasta la una»[73]— y el día 30 de octubre volvió a Ventnor.

Sin embargo, poco después de llegar a su destino, su estado de salud se agravó de nuevo, esta vez a causa de un reumatismo, «cerca de la zona de mi vieja pleuresía recurrente».[74] Marx se vio obligado, pues, a conocer a un nuevo médico, el doctor James Williamson (?), que le recetó un remedio a base de «quinina [...] morfina y cloroformo».[75] Además, para que cuando saliera a «dar una vuelta al aire libre» no dependiera demasiado de los caprichos del viento y de los cambios de temperatura, [me he visto] obligado a llevar encima el respirador por *case in need* ["en caso de necesidad"]». Hallándose en semejante estado, y después de aquel «largo periodo de ofuscación mental»,[76] Marx consideró que era imposible volver a dedicarse a la preparación de la tercera edición alemana de *El capital* y, de hecho, el 10 de noviembre le escribió a su hija Eleanor, que fue a visitarlo a los pocos días acompañada de su nietecito Johnny: «Con todo esto todavía no he empezado a trabajar en serio, pero me he ocupado de una cosa u otra a modo de preparación».[77] Por esta época reanudó los estudios de antropología y copió algunas de las páginas más interesantes del libro *El origen de la civilización y la condición primitiva del hombre* [1870], de John Lubbock (1834-1912).

Engels se dedicaba a ponerlo constantemente al día sobre la situación reinante en Londres: «En tu casa todo bien, pero la cerveza es mala en todas partes, solo la alemana del West End es buena»;[78] Marx, sin embargo, no podía darle noticias positivas. La tos se había intensificado y de nuevo se había manifestado una molesta ronquera. Por consiguiente, se vio una vez más «condenado a permanecer recluido», sin poder salir de su habitación, como se lamentaba con su amigo, «hasta que no pase la inflamación».[79]

El 14 de diciembre le escribió a su hija Laura diciéndole que «desde hace cerca de dos semanas me veo obligado a permanecer en arresto domiciliario a causa de un catarro traqueal». Y añadía: «Vivo aquí como un eremita, no salgo con nadie ni me veo con nadie, *save* las visitas del doctor Williamson»,[80] quien, debido al tiempo «lluvioso y húmedo», no «me puede dar permiso para salir a ninguna parte hasta que no haga un buen día».[81]

Pese a todas las adversidades, Marx no dejó, en la medida en que le fue posible, de comentar los acontecimientos más actuales y las posturas de los dirigentes del movimiento obrero. De algunos de ellos dijo que estaba «molesto» por el uso que hacían de «cierta fraseología ultrarrevolucionaria [...] que siempre me ha parecido mero "vacío", y nuestra gente debe ceder de buen grado esa especialidad a los llamados anarquistas, que, lejos de provocar el desorden, sostienen de hecho el orden vigente».[82]

Del mismo modo, tampoco se libraron de sus críticas los que no se mostraban capaces de conservar una postura autónoma de clase, y advirtió de la absoluta necesidad por parte de los trabajadores de oponerse a las instituciones y a la retórica del Estado. En efecto, cuando el presidente del congreso de las cooperativas y diputado en la Cámara de los Comunes Joseph Cowen (1829-1900) —al que Marx consideraba «el mejor de los parlamentarios ingleses»— justificó la invasión de Egipto por Gran Bretaña,[83] expresó a su hija Eleanor su más absoluta desaprobación.

Sobre todo se dedicaba a atacar al Gobierno: «¡Qué bonito! En realidad no ha habido un ejemplo de descarada hipocresía cristiana como la "conquista" de Egipto. ¡Una conquista en plena paz!». Arremetió contra Cowen quien, en un discurso público, había expresado su admiración por «aquella "heroicidad"» y por «*the dazzle of our military parade* ["el esplendor de ese paseo militar nuestro"]» y «sonríe ante el maravilloso cuadrito de todos esos puestos ofensivos fortificados que van desde el Atlántico hasta el océano Índico, y encima *into the bargain* ["para colmo"] un "imperio afrobritánico" desde el Delta del Nilo hasta la región del Cabo». Ese era el «estilo inglés», caracterizado por el respeto del «interés de la "patria"». Para Marx, en materia de política exterior, Cowen no era más que el típico ejemplo de «esos burgueses llorones…, esos pobres burgueses británicos que suspirando asumen cada vez más "responsabilidades" siempre al servicio de su misión histórica, mostrando en vano su oposición a esta».[84]

Se interesó mucho también por el aspecto económico del suceso, como demuestran las ocho páginas de extractos que escribió del artículo «Finanzas egipcias», de Michael George Mulhall (1836-1900), aparecido en el número de octubre de la revista londinense *The Contemporary Review*.[85] Los apuntes de Marx se concentraron en dos temas. Reconstruyó el chantaje financiero que los acreedores anglo-alemanes habían llevado a cabo a raíz del espectacular endeudamiento del país que había contraído el virrey Ismail Pachá. (1830-1895). Además, puso en evidencia el insoportable sistema tributario y de opresión concebido por Ismail Pachá y el espantoso precio pagado por la población, prestando particular atención al desplazamiento forzoso de muchos campesinos egipcios, y mostrando su solidaridad con ellos.[86]

Marx reanudó el estudio de los principales textos dedicados a los cambios sociales y políticos que seguían llevándose a cabo en Rusia, con el fin de poner al día sus conocimientos. Como demuestra uno de los últimos cuadernos de extractos que elaboró en el otoño de 1882, volvió a ocuparse de las dinámicas que estaban transformando la economía de ese país. Dicho cuaderno contiene también la lista «Ruso en mis estanterías», esto es, un inventario de las publicaciones en esa lengua que había en la biblioteca personal de Marx. Dicha lista permite conjeturar su propósito de volver a tratar la cuestión si hubiera tenido fuerzas y tiempo. Hasta su muerte, Marx luchó con un celo inflexible contra las naciones que siempre había pensado que eran las principales responsables de la reacción en Europa: el Reino Unido y Rusia.

Prestó muchísima atención a este último país, y durante ese

mismo otoño de 1882, como demuestran dos de los últimos cuadernos de apuntes que elaboró, se interesó por todas las transformaciones que habían tenido lugar.[87] Estudió especialmente algunas obras recién publicadas en las que se examinaban las nuevas relaciones socioeconómicas surgidas a raíz de la reforma agraria de 1861, en virtud de la cual había sido abolida la servidumbre. Entre los libros que resumió cabe citar *Los campesinos en tiempos de la emperatriz Catalina II* [1881], de Vasili Semevski (1848-1916), *Los* arteli *en Rusia* [1881], de Andréi Isáyev (1851-1924), *La tierra comunal rural en la provincia de Arcángel* [1882], de Gerard Mineiko (1832-1888), y *Los destinos del capitalismo en Rusia* [1882], del economista y sociólogo Vasili Vorontsov (1847-1918), que era una interesante colección de artículos publicados por el autor a partir de 1879 en la revista *Anales Patrios*. Vorontsov había sido uno de los primeros estudiosos rusos que había descubierto la importancia de la obra de Marx, y además, gracias a la lectura de *El capital*, se había distanciado de las críticas de Mijailovski a la división del trabajo.[88] Vorontsov también se había ocupado de la *vexata quaestio* de la relación entre atraso y socialismo, y en su libro había afirmado que la industria rusa habría podido utilizar «todas las formas que han sido creadas en Occidente, y, por consiguiente, puede desarrollarse rápidamente sin necesidad de un progreso lento a través de los sucesivos estadios» de desarrollo. Vorontsov había optado por la tesis del llamado «privilegio del atraso». Afirmaba que «los países recién llegados a la arena de la historia poseen un gran privilegio» consistente en aprovechar «la experiencia histórica acumulada por los otros países», sin tener, por lo tanto, que «luchar por lo que los otros ya han conseguido», y podrían hacerlo «no de forma instintiva, sino de modo consciente, sin tener que palpar en la oscuridad, sino sabiendo los obstáculos que deben evitar en su camino».[89]

Aparte de estas obras publicadas a comienzos de la década de 1880, Marx estudió también otros trabajos de fecha menos reciente, como *La cuestión campesina en tiempos de Alejandro II* [1862], de Aleksandr Skrebicki (1827-1915), y *En la periferia y en la capital* [1870], de Fiódor Elenev (1827-1902), que firmó su obra con el pseudónimo de Skaldín, y volvió a leer las *Cartas sin dirección* de Nikolái Chernishevski, que, pese a haber sido escritas en 1862, tuvieron que ser publicadas en Londres a causa de la censura vigente en Rusia y no aparecieron hasta 1874, por iniciativa de Lavrov.[90]

Además de todas estas lecturas, el trabajo más significativo llevado a cabo por Marx sobre Rusia fue la redacción, entre finales de 1881 y octubre de 1882, de un manuscrito titulado *Notas sobre la reforma de 1861 y sobre el consiguiente desarrollo en Rusia*.[91] En conjunto, estas páginas dedicadas a las repercusiones de la abolición de la servidumbre se inspiraron sobre todo en el artículo «Apuntes sobre nuestra economía social post-reforma» de Danielson, del que extrajo numerosas informaciones. Para escribir sus notas, Marx utilizó varios otros textos y numerosas publicaciones oficiales, incluidos trabajos estadísticos y datos económicos. Las cuatro partes en las que estaba dividido el artículo —I. Trayectoria de la preparación de la reforma; II. Tres periodos de trabajo de las comisiones editoriales; III. El *zemtsvo*; IV. Rusia— presentan algunos de los principales temas que suscitaron el interés de Marx. Las transformaciones que estaban produciéndose en Rusia siguieron fascinándolo mientras tuvo energías suficientes para dedicarse al estudio.

Durante aquel periodo, algunos artículos publicados en San Petersburgo dieron cuenta del «gran alcance de mis teorías en ese país». Marx se alegró muchísimo, pues, según le contaba a su hija Laura, «en ningún sitio me causa tanto placer mi éxito; me da la satisfacción de poder perjudicar a una potencia que, junto con Inglaterra, es el verdadero baluarte de la vieja sociedad».[92]

Por otra parte, nadie se libraba de sus críticas. En Francia, por ejemplo, tras el nacimiento del Partido Obrero, acontecido en septiembre de 1882, Marx arremetió contra los maridos de sus dos hijas mayores, de los cuales decía en una carta a Engels, en un arrebato de ira: «Longuet es el último proudhoniano y Lafargue es el último bakuninista. *Que le diable les emporte!* [''¡Que se los lleve el diablo!'']».[93] Del mismo modo, condenó en varias ocasiones a quienes se declaraban seguidores de sus ideas sin conocerlas, y en ese sentido exclamó con mordacidad e ironía: «*Ce qu'il y a de certain c'est que moi, je ne suis pas Marxiste!* ["¡Lo cierto es que yo no soy marxista!"]».[94]

LA SALIDA DE ESCENA

Marx no pudo seguir de cerca la evolución del movimiento proletario europeo ni tampoco continuar su obra científica. Aunque intentó restablecerse de todas las maneras posibles y con todas sus fuerzas, a fin de volver al trabajo, y aunque le pidió a su hija Eleanor, que fue a verlo por fin de año, que le llevara algunos libros —«Tráeme solo la *Fisiología*, la de Rank (o Ranke, ya no sé). Y también ese librito tan malo de Freeman (*History of Europe*), pues me sirve como sustitutivo de la tabla cronológica»—,[95] la inestabilidad de su salud y la aprensión por el estado físico de su hija Jenny, que había vuelto a agravarse tras el nacimiento de su última hija, contribuyeron a ponerlo de nuevo en una situación desesperada.

El 6 de enero le contó al doctor Williamson que, en cuanto se levantó, «me cogió de repente una tos espasmódica que me ha obligado a agitar los brazos y a luchar contra la sensación de ahogo». Marx no dudaba de la verdadera naturaleza de aquel ataque. La tarde anterior había recibido una carta con terribles noticias acerca de la salud de su primogénita: «Ya estaba al corriente de la gravedad de su enfermedad, pero no estaba preparado para el anuncio de que había entrado en una fase crítica».[96]

También a Engels le confesó que «creí que me ahogaba», y que «la excitación nerviosa […] ahora me ataca la garganta».[97] Y en una carta a su hija Eleanor le escribió:

> … creo que se debió a la excitación nerviosa, al miedo por la pequeña Jenny […]. ¡Habría salido disparado de inmediato hacia Argenteuil, pero quizá con ello no habría hecho más que cargar a la pequeña con la incumbencia de un huésped enfermo! Y es que nadie podía garantizarme que el viaje no fuera a castigarme con una recaída a la que, por fortuna, he logrado sustraerme has-

ta ahora. Pero sigue resultándome muy duro no poder ir a ver a mi niña.[98]

Y así, una vez más, comenzó para Marx un largo periodo de «arresto domiciliario casi ininterrumpido»,[99] durante el cual, «como consecuencia de este malestar prácticamente constante», sufría «ataques diarios de vómitos», que hacían la situación casi insostenible. Aun así, las perspectivas de curación no parecían excluidas del todo. Se lamentaba con Eleanor de que el insoportable estado en que se hallaba «hace que trabajar me resulte casi siempre imposible», pero añadía: «El doctor cree —sigue creyéndolo and *that is something!* ["¡y eso ya es algo!"]— que podrá librarme de esta tortura… *Qui vivra, verra* ["el que viva lo verá"]».[100]

Por desgracia, un nuevo acontecimiento trágico acabó con las esperanzas de recuperación que pudiera abrigar todavía. El 11 de enero, sin haber cumplido aún los treinta y nueve años, Jenny murió de cáncer de vejiga. Después del fallecimiento de su esposa, Marx tuvo que hacer frente también a la pérdida de una de sus queridísimas hijas. La desgracia se ensañó con un hombre que estaba ya gravemente enfermo y marcado por toda una vida llena de dificultades. El relato de aquellos momentos, contado posteriormente por Eleanor, pone de manifiesto las penosas circunstancias en las que se encontraba:

> Habíamos recibido una carta del Moro […] en la que contaba que la salud de Jenny empezaba por fin a mejorar y que nosotras —Helene [Demuth] y yo— no teníamos que preocuparnos. Recibimos el telegrama que nos anunciaba la muerte de Jenny apenas una hora después de leer esa carta. Salí inmediatamente con destino a Ventnor. He vivido muchas horas tristes, pero ninguna como esa. Sentía que estaba llevando a mi padre su condena a muerte. Durante las largas horas de aquel viaje angustioso seguí torturándome el cerebro, pensando cómo iba a comunicarle la noticia. No tuve, sin embargo, necesidad de decir nada; la expresión de mi cara me traicionó. El Moro exclamó de inmediato: «¡Nuestra pequeña Jenny ha muerto!», y quiso que me fuera inmediatamente a París,

para ayudar a cuidar a los niños. Yo quise quedarme con él, pero no admitió objeciones. No estuve en Ventnor más que media hora, y al cabo de ese tiempo reemprendía ya el camino de vuelta a Londres, con el corazón triste y oprimido, para trasladarme de inmediato a París. Por el bien de los niños, hice lo que era el deseo del Moro.[101]

Y así, el 13 de enero, también Marx se puso inmediatamente de nuevo en camino para volver a casa. Antes de abandonar la isla de Wight le comunicó el motivo de su repentina marcha al doctor Williamson —«la fatal noticia de la muerte de la mayor de mis hijas»— y al despedirse de él le dijo: «Encuentro cierto alivio en un espantoso dolor de cabeza. El dolor físico es el único "aturdimiento" posible del dolor espiritual».[102] Estas fueron las últimas palabras que dejó escritas en un papel.

Gracias a la correspondencia de Engels, sin embargo, podemos reconstruir muchos detalles de las últimas semanas de la vida de Marx. En una carta suya dirigida a Bernstein nos enteramos de que, tras su regreso de Ventnor, Marx se vio obligado a permanecer en «arresto domiciliario debido a un bronquitis por fortuna hasta ahora leve».[103] El mes de febrero, Engels contaría siempre a Bernstein que «desde hace tres semanas está tan ronco que solo puede hablar muy poco».[104] Por aquel entonces, Bernstein era el líder de la socialdemocracia alemana, y Engels se mantenía en contacto con él regularmente, tanto por su puesto de director de la revista *Der Sozialdemokrat* como por los conflictos que Engels había tenido anteriormente con Wilhelm Liebknecht (1826-1900).

El 16 de febrero, Engels le explicaba en una carta a Laura Lafargue: «Últimamente [el Moro] pasa unas noches de insomnio muy malas que le han quitado todo el apetito intelectual, de modo que, en lugar de novelas, ha empezado a leer catálogos de editoriales».[105] Al día siguiente, sin embargo, le comentaba: «Ha dejado los catálogos y ha vuelto a Frédéric Soulié, lo cual, en cualquier caso, es una buena señal». Soulié era uno de los escritores más populares de la Francia anterior a la revolución de 1848. No obstante, la preocupación seguía siendo muy grande: «Lo peor es que su caso es muy complejo, pues mientras que hay que cuidar las cosas más urgentes, esto es los órganos de la respiración, y de vez en cuando hay que administrarle algún somnífero, se acaba por descuidar el resto, por ejemplo el estómago».[106] Por más que intentaban alimentar a Marx todo lo que podían, a menudo él prefería tomar solo medio litro de leche —una bebida que en el pasado no le había gustado—, a la que añadían un poco de ron o de coñac. Para mantenerlo caliente, le preparaban pediluvios reforzados con mostaza.

A finales de mes, Engels volvería a poner al día a Bernstein: «Marx todavía no está en condiciones de trabajar; está aquí en casa [...] y lee novelas francesas. El estado de su enfermedad parece muy complicado».[107] La semana siguiente, Engels le escribió a Bebel y le explicó que «su salud no mejora como querríamos».[108] Finalmente, el 10 de marzo, le mandó a Laura un parte sobre el estado de su padre después de un control llevado a cabo por el doctor Donkin: «Visitó al Moro ayer por la noche y me alegra poder decirte que su informe sobre su estado de salud es mucho más favorable que el de hace quince días. Ha dicho que el Moro no ha empeorado, ni mucho menos, sino que, si acaso, ha mejorado». Añadía, sin embargo, que «está cada vez más débil, porque le cuesta mucho trabajo tragar» y «tenemos que obligarlo a comer y a beber».[109]

Los acontecimientos no tardaron en dar un giro hacia peor. El deterioro del cuerpo de Marx fue galopante, y a todo ello se sumó por último un absceso pulmonar. Engels empezó a preocuparse por la posibilidad de que realmente hubiera llegado el momento final para su amigo de toda la vida: «Todas las mañanas, durante las últimas seis semanas, cuando doblaba la esquina sentía un miedo mortal por si las persianas estaban bajadas». Ese temor se hizo realidad a las 14.45 del 14 de marzo de 1883.[110]

El relato de Engels más completo y cargado de palabras más conmovedoras acerca de lo que ocurrió el último día de la vida Marx fue dirigido a Sorge, el camarada que había sido secretario de la Asociación Internacional de los Trabajadores, tras el traslado de su consejo general a Estados Unidos en 1872. Según le contó, ayer llegué a las 2.30 de la tarde, la mejor hora para visitarlo. En la casa todo eran lágrimas, parecía que ya se acababa [...]. Se había producido una pequeña hemorragia, seguida de un colapso repentino. Nuestra buena anciana Lenchen, que se encargaba de cuidarlo como una madre cuida a su hijo, subió al piso de arriba y volvió a bajar. Dijo que estaba medio adormilado y que yo subiera, si quería. Cuando entramos en la habitación, estaba dormido en la cama, para no despertarse más. No tenía pulso y no respiraba. En dos minutos había expirado, serenamente y sin dolor.[111]

En medio del enorme desconsuelo que lo atenazaba por la pérdida de su amigo más querido, Engels comprendió inmediatamente que, teniendo en cuenta lo irreversible de su estado de salud, a Marx le había tocado en suerte una muerte serena. Según comentó a Sorge,

todos los acontecimientos que se producen por necesidad natural, por terribles que sean, traen consigo su propio consuelo. Así ha sido también en este caso. El arte de los médicos todavía habría podido asegurarle tal vez unos cuantos años de existencia vegetativa, la vida de un ser desvalido que sucumbe no de forma repentina, sino paulatinamente, para triunfo de los doctores y de su arte. Pero eso no lo habría soportado nunca nuestro Marx. Vivir con todos esos trabajos inacabados ante sí, en medio del suplicio de Tántalo de desear terminarlos y no poder hacerlo, habría sido para él mil veces más amargo que la plácida muerte que lo sorprendió. «La muerte no es una desgracia para el que fallece, sino para el que sobrevive», solía decir él con Epicuro.[112] Y ver a este hombre poderoso y genial seguir vegetando como un montón de ruinas, para mayor gloria de la medicina y como objeto de escarnio para los filisteos, contra los cuales tantas veces había arremetido cuando estaba en la plenitud de sus fuerzas... no; mil veces mejor lo que ha pasado; mil veces mejor llevarlo, como haremos pasado mañana, a la tumba en la que descansa su esposa. Y después de lo que ha sucedido, después de lo que ni los propios médicos conocen como lo conozco yo, mejor que yo, en mi opinión no había más opción que esta.[113] Sea como él habría querido. La humanidad se ha visto privada de una mente, de la mente más importante que tenía hoy en día. El movimiento del proletariado seguirá su camino, pero se ha perdido el punto de referencia central hacia el que se volvían automáticamente los franceses, los rusos, los americanos y los alemanes en los momentos decisivos para recibir siempre el consejo claro e irrefutable que solo podía darles un genio y un perfecto conocimiento de causa. Los figurones locales y los pequeños talentos, cuando no los tramposos, tendrán las manos libres. La victoria final sigue siendo segura, pero los rodeos, los extravíos transitorios y locales —ya inevitables— aumentarán ahora mucho más.[114] En fin, tendremos que arreglárnoslas. ¿Para qué, si no, estamos aquí? Y desde luego no por eso vamos a perder el valor.[115]

Eso fue precisamente lo que sucedió. Fueron muchos otros los que tras la muerte de Marx levantaron su bandera. Desde América Latina hasta el Extremo Oriente, en las sedes sindicales más pobres de la periferia o en las aulas magnas de las universidades más prestigiosas, decenas y decenas de millones de trabajadoras y de trabajadores y de estudiantes jóvenes leyeron sus escritos. Extrajeron de ellos su conciencia de oprimidos, y al mismo tiempo encontraron en ellos inspiración para promover nuevos conflictos, organizando huelgas, movimientos sociales y partidos políticos. Lucharon por el pan y por las rosas, contra la injusticia y por la libertad, y de ese modo dieron plena actualidad a las teorías de Marx.

A lo largo de este dilatado proceso —durante el cual Marx ha sido estudiado a fondo, convertido en un icono, embalsamado en manuales del régimen, malinterpretado, censurado, declarado muerto y, de vez en cuando redescubierto—, algunos han alterado por completo sus ideas con doctrinas y prácticas que, en vida, él habría combatido de forma irreductible. Otros, en cambio, las han enriquecido y actualizado, y han puesto en evidencia problemas y contradicciones con un espíritu crítico semejante al que él siempre utilizó y que desde luego también habría apreciado.

Los que hoy en día vuelven a hojear sus textos y cuantos se aventuran por primera vez a leerlos, no pueden más que quedar fascinados por la capacidad explicativa del análisis económico-social de Marx y sentirse atraídos por el mensaje que emana incesantemente de toda su obra: organizar la lucha para poner fin al modo de producción burgués y en pro de la completa emancipación de las trabajadoras y de los trabajadores, en definitiva de todo el mundo, del dominio del capital.

Cronología esencial (1881–1883)

Enero-finales de junio	Durante el tiempo transcurrido en Londres, Marx llevó a cabo algunos resúmenes, comenzados a finales de 1880, de las obras de H. Morgan, J. Money, J. Phear y H. Maine. Conocidos como los *Apuntes etnológicos*, constan de cerca de 200 páginas. Al mismo tiempo, se ocupó de estudiar el cálculo diferencial en los llamados *Manuscritos matemáticos*. Desde la segunda mitad de febrero hasta el 8 de marzo, redactó los borradores preliminares a la carta a Vera Zasúlich, acerca de la comuna rural en Rusia.
Última semana de junio-19 de julio, aproximadamente	Estancia en Eastbourne con su esposa Jenny von Westphalen.
20-25 de julio, aproximadamente	Regreso a Londres y preparativos para el viaje a Francia.
26 de julio-16 de agosto	Visita a su primogénita, Jenny Longuet, acompañado de su esposa y de Helene Demuth, en Argenteuil, en la periferia de París.

17 de agosto–28 de diciembre	Regreso a Londres. Durante este periodo, Marx se sumió en el estudio en profundidad de la historia y realizó amplios compendios de algunas obras de F. Schlosser y C. Botta. Fueron compuestos así los *Extractos cronológicos*, una extensa síntesis razonada de más de 550 páginas de los principales acontecimientos políticos sucedidos desde el año 91 a.C. hasta la paz de Westfalia de 1648. Pese a estar constantemente al cuidado de su esposa enferma, en su tiempo libre Marx se dedicó a la lectura de algunos libros sobre Rusia de reciente aparición y reanudó el estudio de las matemáticas. Desde mediados de octubre sufrió un ataque de pleuresía y de bronquitis, viéndose obligado a la inmovilidad durante casi dos meses.
2 de diciembre de 1881	Muerte de su esposa.
29-31 de diciembre	Viaje a Ventnor, en la isla de Wight, en compañía de su hija menor, Eleanor, en busca de un clima más templado.

1882

1-15 de enero	Marx continuó su estancia en Ventnor.
16 de enero–8 de febrero	De nuevo en Londres para consultar con los médicos los tratamientos más eficaces que había de llevar a cabo. El 21 de enero, Marx y Engels terminaron el «Prólogo» a la edición rusa del *Manifiesto del partido comunista*.
9-16 de febrero	De viaje hacia Argelia, acompañado una vez más por Eleanor, Marx realizó una parada en Argenteuil, en casa de su hija Jenny.

17 de febrero	Marx continuó el viaje solo y, tras cruzar toda Francia en tren, se detuvo una noche en Marsella.
18-19 de febrero	De viaje rumbo a África a bordo del vapor Said con destino a Argel.
20 de febrero-2 de mayo	Estancia en la capital de Argelia, donde una recaída de su vieja bronquitis y un ataque de pleuresía lo obligaron a someterse a otros dos meses de largas y dolorosas curas médicas.
3-4 de mayo	De regreso en barco a Francia, tras la mejora de sus condiciones físicas.
5 de mayo	Desembarco en Marsella el día de su sexagésimo cuarto cumpleaños y breve visita a la ciudad de Niza.
6 de mayo-3 de junio	Estancia en Montecarlo, necesaria debido a un nuevo agravamiento de su estado de salud con el fin de someterse a ulteriores curas.
4-7 de junio	Breve parada en Cannes, siguiendo las indicaciones del médico antes de viajar de Marsella a París.
8 de junio-22 de agosto	Visita a Argenteuil, en casa de su hija Jenny. Desde primeros de julio hasta el 20 de agosto, Marx efectuó un ciclo de curas termales en la vecina localidad de Enghien.
23 de agosto-27 de septiembre	Viaje a Suiza en compañía de su hija Laura. Marx hizo una breve parada en Lausana y después permaneció cuatro semanas en Vevey, a orillas del lago Lemán. Durante el viaje de vuelta hizo un alto en Ginebra.

28 de septiembre-6 de octubre	Regreso a Francia. Estancia en casa de su hija Laura en París y posterior breve parada en Argenteuil, en casa de su otra hija, Jenny.
7 de octubre	Viaje de vuelta a Inglaterra.
8-29 de octubre	De nuevo en Londres durante tres semanas, a lo largo de las cuales hizo algunos resúmenes de textos de economía, de antropología y acerca de Rusia. Trabajó también en un texto sobre Rusia después de 1861.
30 de octubre-31 de diciembre	Nuevo periodo en Ventnor, donde intentó, con muchísima dificultad, restablecer su salud y reanudar el trabajo.

1883

1-12 de enero	Todavía en Ventnor, donde el día 12 recibió la noticia del fallecimiento de su hija Jenny.
13 de enero-13 de marzo	Destrozado por el dolor, Marx regresó de inmediato a Londres. Su estado de salud se agravó repentinamente a causa de un absceso pulmonar. Con las pocas energías que le quedaban, consultó catálogos de libros y leyó novelas francesas.
14 de marzo	Muerte a causa de un colapso cardiaco, provocado por una tuberculosis pulmonar, en su casa del número 41 de Maitland Park Road.

Notas

Introducción

1. B. Nikolaevskij y O. Mänchen-Helfen, *Karl Marx. La vita e l'opera*, Turín, Einaudi, 1969, p. 7. [Hay trad. cast.: B. Nikolaievsky y O. Mänchen-Helfen, *La vida de Carlos Marx*, Madrid, Ayuso, 1973].

2. *Cfr.* M. Musto (ed.), *Marx Revival. Concetti essenziali e nuove letture*, Roma, Donzelli, 2019.

3. *Cfr. idem*, «New Profiles of Marx after the *Marx-Engels-Gesamtausgabe (MEGA²)*», en *Contemporary Sociology*, XLIX, 2020, 4, pp. 407-419.

4. Para las vicisitudes de la publicación de la obra de Marx remitimos a M. Musto, *Ripensare Marx e i marxismi. Studi e saggi*, Roma, Carocci, 2011, pp. 189-204.

5. K. Marx, *Il capitale*, I, Editori Riuniti, Roma, 1964, p. 42. [*Cfr.* K. Marx, *El capital*, México D. F., Siglo XXI, 1975, p. 17].

6. *Idem, Statuti provvisori dell'Associazione internazionale degli operai*, MEO, XX, p. 14. [*Cfr.* «Estatutos generales de la Asociación Internacional de los Trabajadores», en C. Marx y F. Engels, *Obras escogidas*, II, Moscú, Progreso, 1980, p. 7].

7. *Idem, Critica al programma di Gotha*, Roma, Editori Riuniti, 1990, p. 17. [*Cfr.* trad. cast.: C. Marx y F. Engels, *Crítica del programa de Gotha. Crítica del programa de Erfurt*, Madrid, Fundación Federico Engels, 2004, p. 30]. A este respecto, *cfr.* H. Draper, «Karl Marx's Theory of Revolution, III, The "Dictatorship of the Proletariat"», Nueva York, *Monthly Review*, 1986.

8. *Cfr.* K. Marx, *Scritti sull'alienazione. Per una critica della società capitalistica*, edición de M. Musto, Roma, Donzelli, 2018.

9. Véase, por ejemplo, K. B. Anderson, *Marx at the Margins. On Nationalism, Ethnicity, and Non-Western Societies*, Chicago, University of Chicago Press, 2010. [Hay trad. cast.: K. B. Anderson, *Marx en los márgenes. Nacionalismo, etnicidad y sociedades no occidentales*, Barcelona, Manifest Llibres, 2024].

10. *Cfr.* M. Musto, *Another Marx: Early Manuscripts to the International*, Londres, Bloomsbury, 2018.

11. K. Marx, *Il capitale*, III, Roma, Editori Riuniti, 1965, p. 500 [p. 1057 de la trad. cast.].

12. *Cfr.* M. Rubel, *Marx critico del marxismo*, Bolonia, Cappelli, 1981, p. 109, y Musto, *Another Marx*, *op. cit.*, pp. 1-11.

13. Uno de los ejemplos más destacados de esta rígida división del terreno en los estudios sobre Marx lo encontramos en la petición planteada por Franz Mehring a Rosa Luxemburgo de que escribiera la parte relativa al Libro Segundo y al Libro Tercero de *El capital* para su volumen, publicado en 1918, *Vita di Marx*, Roma, Editori Riuniti, 1966. *Cfr.* el «Prologo del autore», p. xlviii. [Hay trad. esp.: F. Mehring, *Carlos Marx. Historia de su vida*, Madrid, Cenit, 1932; existe otra versión argentina, *Karl Marx. Historia de su vida*, Buenos Aires, Marat, 1980 (pp. 573-574 trad. esp.; pp. 18-19 trad. arg.)].

14. *Cfr.* G. S. Jones, *Karl Marx: Greatness and Illusion*, Harvard, Harvard University Press, 2016. [Hay trad. cast.: G. S. Jones, *Karl Marx. Ilusión y grandeza*, Madrid, Taurus, 2018]. El autor de esta obra ha reservado ocho de los doce capítulos que componen su libro (equivalentes a más de 300 páginas) a los años 1841-1849, mientras que al periodo comprendido entre 1873 y 1883 se dedica un solo capítulo de 60 páginas.

15. *Cfr.*, por ejemplo, Mehring, *Vita di Marx*, *op. cit.*, cap. XV, «L'ultimo decennio», pp. 499-530 [*cfr.* trad. cast.: «Los últimos diez años», pp. 527-558]; O. Rühle, *Karl Marx: His Life and Work*, Dresde, Avalun, 1928, cap. «Lebensabend und Ende», pp. 422-430 [*cfr.* trad. cast.: O. Rühle, *Carlos Marx*, Santiago de Chile, Ercilla, 1934, «Crepúsculo y fin de Carlos Marx», pp. 292-297]; K. Vorländer, *Karl Marx*, Florencia, Sansoni, 1948, cap. XIX, «Rapporti con il movimento sociale», y cap. XX, «L'ultimo periodo di sofferenze – La morte – Personalità di Marx», pp. 275-307; Nikolaevskij y Mänchen-Helfen, *Karl Marx*, *op. cit.*, cap. XXI, «Gli ultimi dieci anni», pp. 407-422; D. McLellan, *Karl Marx*, Milán, Rizzoli, 1976, cap. VIII, «L'ultimo decennio», pp. 421-462. El propio Maximilien Rubel, pese a su merecida fama de atento estudioso del texto marxiano, no sobrepasó los límites de sus predecesores en *Karl Marx. Saggio di biografia intellettuale*, Milán, Colibrì, 2001, pp. 375-390 [*cfr.* trad. cast.: M. Rubel, *Karl Marx. Ensayo de Biografía Intelectual*, Buenos Aires, Paidós, 1957, pp. 308-337].

16. Las biografías aparecidas durante los últimos años son todo un emblema del modo en que la obra del «último Marx» ha sido pasada por alto por la inmensa mayoría de los estudiosos, incluso tras la reanudación de la publicación de la MEGA[2]. En el mediocre libro de J. Sperber, *Karl Marx: A Nineteenth-Century Life*, Nueva York, Liveright, 2013 [hay trad. cast.: J. Sperber, *Karl Marx. Una vida decimonónica*, Barcelona, Galaxia Gutenberg, 2013], se ignoran por completo los últimos escritos de Marx. En la extensa biografía ya citada de Jones, *Karl Marx*,

el periodo 1872-1883 se examina solo en uno de los últimos capítulos del libro. En cambio, el escritor británico dedica cinco capítulos (y un total de 170 páginas) a los primeros años de la vida de Marx (1818-1844), un periodo durante el cual el pensador había publicado solo dos artículos en sendas revistas y apenas había comenzado el estudio de la economía política, y tres capítulos (150 páginas) al periodo 1845-1849. En las 750 páginas de *A World to Win: The Life and Works of Karl Marx*, Londres, Verso, 2018, de Sven-Eric Liedman [hay trad. cast.: S.-E. Liedman, *Karl Marx, una biografía*, Madrid, Akal, 2010], solo hay dos brevísimas secciones dedicadas a lo que hizo Marx después de publicar la *Crítica del programa de Gotha* en 1875. Una de ellas —un análisis muy superficial del libro *La sociedad primitiva*, de Lewis H. Morgan (pp. 507-513)— se sitúa curiosamente delante de obras como *Señor Vogt* (publicada en 1860) y del informe de la participación de Marx en la Asociación Internacional de los Trabajadores (1864-1872). La decisión de presentar estos textos en un orden no cronológico imposibilita una comprensión clara del desarrollo teórico de Marx en la fase final de su vida. Estas tres obras también tienen en común sus escasas referencias a la literatura secundaria. Para concluir, tampoco se aleja de esta nefasta tendencia el trabajo, por lo demás bastante interesante, de Gregory Claeys, *Marx and Marxism*, Londres, Penguin, 2018, donde todo lo sucedido entre 1872 y 1883 se resume en el brevísimo capítulo «Marx's Mature System» (pp. 203-215), aunque ese periodo tuviera muy poco de sistemático.

17. *Cfr.* Rubel, *Karl Marx, op. cit.*, p. 3.

PRELUDIO. «¡LA LUCHA!»

1. *Cfr.* el capítulo «John Swinton, Crusading Editor», en S. Garlin, *Three American Radicals: John Swinton, Charles P. Steinmetz, and William Dean Howells*, Boulder, Westview Press, 1991, pp. 1-41.

2. Solicitud de naturalización de Karl Marx en Inglaterra, MEO, XLV, p. 404.

3. *Cfr.* Karl Marx a Friedrich Sorge, 27 de septiembre de 1877, *ibidem*, p. 226. [Hay trad. cast.: C. Marx y F. Engels, *Correspondencia*, Buenos Aires, Cartago, 1973, pp. 285-286].

4. Karl Marx a Ferdinand Nieuwenhuis, 27 de junio de 1880, MEO, XLVI, p. 13.

5. Karl Marx a Nikolái Danielson, 12 de septiembre de 1880, *ibidem*, p. 24. [*Cfr.* trad. cast.: K. Marx, N. F. Denielson y F. Engels, *Correspondencia (1868-1895)*, México D. F., Siglo XX, I, 1981, p. 159].

6. *Ibidem*.

7. J. Swinton, *Karl Marx, ibidem*, p. 378.

8. *Ibidem*, p. 377.

9. *Ibidem*.

10. *Ibidem*.

11. *Ibidem*.

12. *Ibidem*, p. 378.

13. *Ibidem*, p. 379.

1. Nuevos horizontes de investigación

1. Karl Marx a Friedrich Engels, 22 de junio de 1867, MEO, XLII, p. 335.

2. *Cfr.* la descripción hecha por Paul Lafargue del gabinete de trabajo de la anterior casa de Marx, siempre en Maitland Park Road, pero en el número 1, en H. M. Enzensberger (ed.), *Colloqui con Marx e Engels. Testimonianze sulla vita di Marx e Engels*, Turín, Einaudi, 1977, p. 243. [*Cfr.* trad. cast.: H. M. Enzensberger (ed.), *Conversaciones con Marx y Engels*, Barcelona, Anagrama, 1975].

3. *Cfr.* K. Marx y F. Engels, *Die Bibliotheken von Karl Marx und Friedrich Engels*, MEGA², IV, 32, p. 73. Este tomo de más de 730 páginas, fruto de setenta y cinco años de investigaciones, está compuesto de un índice de 1.450 libros, en 2.100 volúmenes —dos tercios de los cuales pertenecían a Marx y a Engels (el número total de los que se encontraron asciende a 2.100 textos en 3.200 volúmenes)— y cuenta con las indicaciones, volumen por volumen, de todas las páginas en las que se hizo alguna anotación. El tomo en cuestión contiene también las indicaciones de los escolios, correspondientes a 40.000 páginas de 830 textos, con los comentarios añadidos por Marx en los márgenes de las páginas de sus libros.

4. Los *blue books*, así llamados porque estaban encuadernados con tapas de color azul, eran informes publicados por comisiones parlamentarias que en distintos países se encargaban de estudiar los problemas sociales, así como diversos aspectos de la vida industrial. Marx recurrió muy a menudo a estos textos para la preparación de *El capital*.

5. «Entrevista al fundador socialismo moderno». Del corresponsal especial del *Chicago Tribune*, MEO, XLV, p. 383.

6. Paul Lafargue, en Enzensberger (ed.), *Colloqui con Marx e Engels, op. cit.*, pp. 244-245. Para los amplísimos intereses y los conocimientos literarios de Marx, remitimos al estudio de S. S. Prawer, *La biblioteca di Marx*, Garzanti, Milán, 1978. [Al margen de la citada obra de Enzensberger, existe traducción al castellano de la obra de P. Lafargue, *Recuerdos sobre Marx*, Valencia, Fundación Pablo Iglesias, 1937; versión online Biblioteca Omegalfa, 2016. *(N. de los T.)*].

7. Paul Lafargue, en Enzensberger (ed.), *Colloqui con Marx e Engels, op. cit.*, p. 244.

8. Karl Marx a Laura y Paul Lafargue, 11 de abril de 1868, MEO, XLIII, p. 590.

9. [*Cfr.* trad. cast.: K. Marx y A. Ruge, *Los anales francoalemanes*, Barcelona, Martínez Roca, 1970; para los artículos de la *Nueva Gaceta Renana, cfr.* C. Marx y F. Engels, *Las revoluciones de 1848. Selección de artículos de la Nueva Gaceta Renana*, México D. F., Fondo de Cultura Económica, 1989. *(N. de los T.)*].

10. K. Marx, *Per la critica dell'economia politica*, Roma, Editori Riuniti, 1957, p. 6. [Hay trad. cast.: K. Marx, *Contribución a la crítica de la economía política*, México D. F., Fondo de Cultura Económica, 1980, p. 6].

11. *Cfr.* la carta de Friedrich Engels a Laura Lafargue del 16 de febrero de 1884, escrita casi un año después de la muerte de Marx: «Por fin hemos despejado el viejo desván, donde hemos encontrado varias cosas que vale la pena conservar, así como media tonelada de periódicos viejos que es imposible seleccionar. [...] Entre los manuscritos está la primera versión de *El capital* (1861-1863), y por ahí en medio he encontrado varios centenares de páginas tituladas *Teorías sobre la plusvalía*», MEO, XLVII, p. 84.

12. Paul Lafargue, en Enzensberger (ed.), *Colloqui con Marx e Engels, op. cit.*, p. 249.

13. *Ibidem*, pp. 246-247.

14. Henry Hyndman, *ibidem*, p. 406.

15. Paul Lafargue, *ibidem*, pp. 243-244.

16. *Cfr.* A. Briggs y J. Callow, *Marx in London: An Illustrated Guide*, Londres, Lawrence and Wishart, 2008, pp. 62-65.

17. Marian Comyn, en Enzensberger (ed.), *Colloqui con Marx e Engels, op. cit.*, pp. 449-450.

18. Engels había heredado de su padre en copropiedad la empresa Ermen & Engels, que fabricaba hilo de coser. En julio de 1870 vendió a su socio la parte del negocio que le correspondía, obteniendo un capital suficiente que le garantizaría llevar un tenor decente de vida a él mismo y a la familia Marx.

19. Karl Marx a Nikolái Danielson, MEO, XLVI, p. 50. [*Cfr.* trad. cast.: Marx, Danielson y Engels, *Correspondencia (1868-1895), op. cit.*, p. 163].

20. Karl Kautsky, en Enzensberger (ed.), *Colloqui con Marx e Engels, op. cit.*, p. 436.

21. Marian Comyn, *ibidem*, pp. 446-447.

22. Karl Marx a Jenny Longuet, 11 de abril de 1881, MEO, XLVI, p. 67. [*Cfr.* trad. cast.: Marx y Engels, *Correspondencia, op. cit.*, p. 316].

23. *Cfr.* el testimonio de Marian Comyn, en Enzensberger (ed.), *Colloqui con Marx e Engels, op. cit.*, p. 444.

24. Karl Marx a Jenny Longuet, 11 de abril de 1881, MEO, XLVI, p. 68.

25. Mountstuart Elphinstone, en Enzensberger (ed.), *Colloqui con Marx e Engels, op. cit.*, p. 398.

26. Eduard Bernstein, *ibidem*, pp. 419-420.

27. Karl Kautsky, *ibidem*, p. 436.

28. *Ibidem*, p. 438.

29. *Ibidem*, p. 436.

30. Marian Comyn, *ibidem*, pp. 445-446.

31. Karl Marx a Nikolái Danielson, MEO, XLVI, p. 49 [p. 162 trad. cast.].

32. *Ibidem*, p. 50 [p. 164 trad. cast.].

33. Marx utilizaba estos apelativos cariñosos para referirse a sus nietos, Jean, Henri y Edgar Longuet. El más pequeño de los tres recordaría que el abuelo «jugaba con los niños como si él también fuera un niño, sin preocuparse lo más mínimo de que su autoridad sufriera mengua alguna. En las calles del barrio lo llamaban "papá Marx". En los bolsillos llevaba siempre caramelos para regalárselos a los niños. Más tarde trasladaría ese cariño a sus nietecitos», Edgar Longuet, en Enzensberger (ed.), *Colloqui con Marx e Engels, op. cit.*, p. 454. August Bebel recordaba la forma en la que Marx «sabía jugar con sus [...] nietos y cuán encariñados estaban estos con él», August Bebel, *ibidem*, p. 416; Hyndman dice que «los niños lo querían y él jugaba con ellos como un amigo más», Henry Hyndman, *ibidem*, p. 413; y, por fin, Liebknecht comentaba que «para Marx la compañía de los niños era una necesidad: era un descanso y también un alivio», Wilhelm Liebknecht, *ibidem*, p. 425.

34. Karl Marx a Jenny Longuet, 11 de abril de 1881, MEO, XLVI, p. 68.

35. Karl Marx a Jenny Longuet, 29 de abril de 1881, *ibidem*, p. 73.

36. Karl Marx a John Swinton, 2 de junio de 1881, *ibidem*, p. 77.

37. Friedrich Engels a Jenny Longuet, 31 de mayo de 1881, *ibidem*, p. 75.

38. [*Cfr.* trad. cast.: J. W. Goethe, *El zorro Reineke. Cuento*, Barcelona, Lumen, 1965. *(N. de los T.)*].

39. Karl Marx a Jenny Longuet, 6 de junio de 1881, *ibidem*, p. 78.

40. Karl Marx a Nikolái Danielson, 19 de septiembre de 1879, MEO, XLV, p. 340 [p. 149 trad. cast.]. Las cartas de Marx a Kovalevski no se han conservado porque un colega del historiador ruso las destruyó por miedo a que la policía las descubriera durante una redada.

41. *Cfr.* L. Krader, *The Asiatic Mode of Production: Sources, Development and Critique in the Writings of Karl Marx*, Assen, Van Gorcum, 1975, p. 343.

42. K. Marx, *Über Formen vorkapitalistischer Produktion*, Frankfurt, Campus, 1977, p. 28.

43. *Ibidem*, p. 29.

44. *Ibidem*, p. 38. Las palabras entre paréntesis fueron añadidas por Marx. Anderson, *Marx at the Margins, op. cit.*, ha sugerido que este fenómeno se produjo «porque la India fue colonizada en un periodo posterior y por una potencia capitalista avanzada —Inglaterra— que intentó crear activamente la propiedad privada individual en las aldeas», pp. 223-224.

45. Marx, *Über Formen vorkapitalistischer Produktion, op. cit.*, p. 82. Las palabras añadidas por Marx se indican entre paréntesis. Anderson ha relacionado esas

palabras con la convicción que tenía Marx de que «las formas comunales de la India [eran] ámbitos potenciales de resistencia al colonialismo y al capital», en *Marx at the Margins, op. cit.*, p. 233.

46. Se trataba de la concesión de tierras a cambio de protección.

47. Marx, *Über Formen vorkapitalistischer Produktion, op. cit.*, p. 76.

48. *Ibidem*. Para un análisis de las posturas de Kovalevski y de algunas diferencias entre estas y las de Marx, remitimos al capítulo «Kovalevskij on the Village Community and Land-ownership in the Orient», en Krader, *The Asiatic Mode of Production, op. cit.*, pp. 190-213. A este respecto, véase también P. Hudis, «Accumulation, Imperialism, and Pre-Capitalist Formations: Luxemburg and Marx on the non-Western World», en *Socialist Studies*, VI, 2010, 2, p. 84.

49. Según H. P. Harstick, «Einführung. Karl Marx und die zeitgenössische Verfassungsgeschichtsschreibung», en Marx, *Über Formen vorkapitalistischer Produktion, op. cit.*, Marx se manifestó a favor de «un análisis diferenciado de la historia asiática y europea y dirigió su polémica […] sobre todo contra los que se limitaban sencillamente a trasponer los conceptos de la estructura social tomados del modelo de la Europa occidental a las relaciones sociales indias o asiáticas», p. XIII.

50. Marx, *Über Formen vorkapitalistischer Produktion, op. cit.*, p. 100. Las palabras entre paréntesis son un añadido de Marx, mientras que las que van entre comillas son una cita tomada de los *Annales de l'Assemblée nationale du 1873*, XVII, París, 1873, incluida en el libro de Kovalevski.

51. *Ibidem*, pp. 100-101.

52. *Ibidem*, p. 107.

53. *Ibidem*, p. 103.

54. *Ibidem*, pp. 108-109.

55. *Ibidem*, p. 108.

56. *Ibidem*, p. 109.

57. Según Krader, *The Asiatic Mode of Production, op. cit.*, las notas sobre Kovalevski contienen la «refutación por parte de Marx de la aplicación de la teoría de la sociedad feudal a la India y a Argelia», p. 343.

58. *Cfr.* J. White, *Marx and Russia: The Fate of a Doctrine*, Londres, Bloomsbury, 2018, pp. 37-41.

59. K. Marx, *Notes on Indian History (664-1858)*, Honolulu, University Press of the Pacific, 2001, p. 58.

60. *Ibidem*, pp. 165, 176 y 180.

61. *Ibidem*, pp. 155-156 y 163.

62. *Ibidem*, p. 81.

63. Según Anderson, *Marx at the Margins, op. cit.*, «estos pasajes indican un cambio respecto a las ideas [del Marx] de 1853 acerca de la pasividad india frente a la conquista» europea. Además, Anderson ha señalado que, en sus cuadernos de apuntes, Marx «a menudo ridiculizó […] los pasajes del [libro de]

Sewell en los que la conquista británica de la India es presentada como un combate heroico contra la barbarie asiática», p. 216. Por lo que respecta a los artículos sobre la rebelión de los cipayos, publicados en el *New-York Tribune* en 1857, la «simpatía de Marx» por la resistencia de los indios «no hizo más que aumentar», p. 218.

64. Marx, *Notes on Indian History*, *op. cit.*, pp. 163, 164 y 184.

65. *Cfr.* K. Marx, *Exzerpte aus Werken von Lothar Meyer, Henry Enfield Roscoe, Carl Schorlemmer, Benjamin Witzschel, Wilhelm Friedrich Kühne, Ludimar Hermann, Johannes Ranke und Joseph Beete Jukes*, MEGA², IV, 31, pp. 21-442.

66. K. Marx, «Glosse marginali al *Trattato di economia politica* di Adolph Wagner», en *idem*, *Il capitale. Critica dell'economia politica*, I, t. 2, Turín, Einaudi, 1975, p. 1420. [*Cfr.* trad. cast.: K. Marx, *Notas marginales al «Tratado de economía política» de Adolph Wagner*, Córdoba, Argentina, Cuadernos de Pasado y Presente, 1982, p. 50].

67. *Ibidem*, p. 1405 [p. 57 trad. cast.].

68. *Ibidem*, p. 1409 [p. 39 trad. cast.].

69. *Ibidem*, pp. 1409-1410 [pp. 39-40 trad. cast.].

70. *Ibidem*, p. 1404 [p. 34 trad. cast.].

71. *Ibidem*, p. 1406 [p. 36 trad. cast.].

72. *Ibidem*, p. 1420 [p. 50 trad. cast.].

73. *Ibidem*, p. 1407 [p. 37 trad. cast.].

74. *Ibidem*, p. 1406 [p. 63 trad. cast.].

75. En 1918, Mehring, *Vita di Marx*, *op. cit.*, pese a considerar «muy exagerada» la afirmación de quienes calificaron el último decenio de Marx como «una lenta agonía», p. 499 [p. 532 trad. cast.], afirmó que «desde 1878 no pudo volver a dedicarse a la escritura de su obra capital para terminarla», p. 524 [p. 558 trad. cast.], lo cual es un error. David Riazánov declaró en 1923, que «si entre los años 1881-1883 había mermado en parte la independencia de la fuerza creativa de su mente, nunca llegó a perder su capacidad de estudio», D. Riazánov, «Comunicazione sull'eredità letteraria di Marx ed Engels», en L. Goldmann, *L'ideologia tedesca e le tesi su Feuerbach*, Roma, Samonà e Savelli, 1969, p. 73. En 1929, en su libro *Karl Marx*, *op. cit.*, Karl Vorländer afirmó que «para un hombre que había alcanzado la madurez tan pronto, pero tan gravemente agotado como Karl Marx, la vejez física llegó antes que para muchos otros», p. 255; e incluso añadió que «ya desde 1878, se sentía incapaz de trabajar cada vez más a menudo», p. 291. Una década más tarde, Isaiah Berlin decía: «En sus diez últimos años, [...] fue escribiendo cada vez menos, y lo que escribía era cada vez más complicado y oscuro», I. Berlin, *Karl Marx*, Florencia, La Nuova Italia, 1994, pp. 280-281. [*Cfr.* trad. cast.: I. Berlin, *Karl Marx. Su vida y su entorno*, Madrid, Alianza, 1988, pp. 226-227]. La última fase de la labor de Marx fue ciertamente compleja, y a menudo incluso tortuosa, pero también muy relevante teóricamente.

76. Karl Marx a Nikolái Danielson, MEO, XLVI, p. 51 [p. 163 trad. cast.].

77. [*Cfr.* trad. cast.: L. H. Morgan, *La sociedad primitiva*, Madrid, Ayuso, 1971. *(N. de los T.)*].

78. Estos manuscritos, excepto los apuntes sobre Money, fueron publicados por vez primera en L. Krader (ed.), *The Ethnological Notebooks of Karl Marx*, Assen, Van Gorcum, 1972. En fecha reciente han sido traducidos al italiano —con un título más acorde con su contenido— los compendios de los volúmenes de Morgan y de Maine: K. Marx, *Quaderni antropologici*, Milán, Unicopli, 2009 [hay trad. cast.: K. Marx, *Los apuntes etnológicos de Karl Marx. Transcritos, anotados e introducidos por Lawrence Krader*, Madrid, Siglo XXI, 1988]. Marx no indicó en ningún momento una datación precisa de su trabajo. Krader, principal estudioso de estos textos, pensaba que, en un primer momento, Marx se familiarizó con el texto de Morgan y luego, posteriormente, llevó a cabo sus extractos, *cfr.* L. Krader, *Addenda*, en *idem* (ed.), *The Ethnological Notebooks of Karl Marx, op. cit.*, p. 87. A este respecto, véase también el testimonio de Kautsky, quien, recordando el periodo pasado en Londres entre marzo y junio de 1881, escribió que «la prehistoria y la etnología […] ocupaban por entonces intensamente a Marx», Karl Kautsky, en Enzensberger (ed.), *Colloqui con Marx e Engels, op. cit.*, p. 433.

79. *Cfr.* K. Marx, *Grundrisse. Lineamenti fondamentali della critica dell'economia politica*, II, Florencia, La Nuova Italia, 1970, pp. 94-148. [Hay trad. cast.: K. Marx, *Elementos fundamentales para la crítica de la economía política (Grundrisse) 1857-1858*, Madrid, Siglo XXI, 1976, p. 49].

80. A este respecto véanse además las recientes observaciones de P. Dardot y C. Laval, *Marx, prénom: Karl*, París, Gallimard, 2012: «El principal afán de Marx en sus últimos años fue dar un nuevo fundamento histórico a la perspectiva del comunismo, con el riesgo de poner seriamente en peligro un edificio teórico construido sobre la base de la *episteme* evolucionista y progresista del siglo xix», p. 667. Polemizando con los que infravaloran la importancia de los últimos cuadernos de Marx, Heather Brown ha afirmado en *Marx on Gender and the Family: A Critical Study*, Leiden, Brill, 2012, que esos apuntes «contienen algunos de sus intentos más creativos de elaborar el desarrollo de la sociedad humana», p. 147. Según Maurice Bloch, en *Marxism and Anthropology: The History of a Relationship*, Londres, Routledge, 1983, Marx pretendía ante todo «reconstruir una historia y una teoría general de la sociedad para explicar el nacimiento del capitalismo». Pero tenía también un interés «retórico» ligado a la necesidad de presentar «ejemplos y casos para demostrar que las instituciones del capitalismo son específicas históricamente y, por ende, modificables». No obstante, este segundo «uso retórico del material antropológico no se separó nunca por completo del uso histórico, y la combinación de ambos acabó siendo […] fuente de muchos problemas», p. 10.

81. La *gens* era «un cuerpo de consanguíneos que descienden de un antepasado común», L. H. Morgan, *La società antica. Le linee del progresso umano dallo*

stato selvaggio alla civiltà, ed. it. A cargo de A. Casiccia, Milán, Feltrinelli, 1970, p. 46. [Hay trad. cast.: L. H. Morgan, *La sociedad primitiva*, Madrid, Ayuso, 1971, p. 452].

82. H. Hyndman, *The Record of an Adventurous Life*, Londres, Macmillan, 1911, pp. 253-254.

83. *Ibidem*, p. 354.

84. Marx, *Quaderni antropologici, op. cit.*, p. 57. [*Los apuntes etnológicos...*, *op. cit.*, p. 90 trad. cast.].

85. Palabra inglesa que designa un antiguo tipo de subdivisión de las familias escocesas e irlandesas.

86. Marx, *Quaderni antropologici, op. cit.*, p. 240 [p. 255 trad. cast.].

87. *Ibidem*, pp. 265-266 [pp. 270-271 trad. cast.].

88. *Ibidem*, p. 287 [p. 284 trad. cast.].

89. Krader (ed.), *The Ethnological Notebooks of Karl Marx, op. cit.*, p. 281 [p. 31 trad. cast.].

90. Morgan, *La società antica, op. cit.*, p. 355 [p. 469 trad. cast.].

91. Marx, *Quaderni antropologici, op. cit.*, p. 63 [pp. 94-95 trad. cast.].

92. *Ibidem*, p. 188 [p. 180 trad. cast.].

93. K. Marx y F. Engels, *Manifesto del partito comunista*, MEO, VI, p. 486. [Hay trad. cast.: C. Marx y F. Engels, *Manifiesto del partido comunista*, Madrid, Fundación de Investigaciones Marxistas, 1998, p. 32]. En la nota a la edición alemana de este texto correspondiente a 1888, Engels escribió: «Las investigaciones de Morgan, coronadas por el descubrimiento del verdadero carácter de la *gens* y de su posición dentro de la tribu, pusieron al desnudo, en su forma típica, la organización interna de esta sociedad comunista originaria. Al disolverse estas comunidades primitivas es cuando comienza a escindirse la sociedad en clases especiales, enfrentadas las unas con las otras», *ibidem* [p. 51 trad. cast.].

94. F. Engels, *L'origine della famiglia, della proprietà privata e dello Stato*, Editori Riuniti, Roma, 1993, p. 33. [Hay trad. cast.: F. Engels, *El origen de la familia, de la propiedad privada y del Estado*, Madrid, Ediciones Akal, 2017, p. 11].

95. Engels se refiere a K. Marx y F. Engels, *L'ideologia tedesca*, MEO, V. Véase la parte correspondiente al llamado «Capítulo I. Feuerbach», pp. 13-79. [Hay trad. cast.: F. Engels, *La ideología alemana*, Madrid, Akal, 2014, pp. 13-71].

96. Engels, *L'origine della famiglia, della proprietà privata e dello Stato, op. cit.*, p. 93 [p. 72 trad. cast.]. Engels publicó en esta obra algunos de los comentarios de Marx sobre la obra de Morgan.

97. *Cfr.* R. Dunayevskaya, *Rosa Luxemburg. Women's Liberation, and Marx's Philosophy of Revolution*, Chicago, University of Illinois Press, 1991: «Marx, por el contrario, puso de manifiesto que los elementos de opresión en general, y de la mujer en particular, surgían *de* dentro del comunismo primitivo, no solo relacionados con el cambio a partir del matriarcado», p. 173. [Hay trad. cast.: R.

Dunayevskaya, *Rosa Luxemburgo, la liberación femenina y la filosofía marxista de la revolución*, México D. F., Fondo de Cultura Económica, 1999, p. 268].

98. Marx, *Quaderni antropologici*, *op. cit.*, p. 64 [p. 95 trad. cast.].

99. *Cfr.* Brown, *Marx on Gender and the Family*, *op. cit.*: «En la antigua Grecia [...] las mujeres estaban claramente oprimidas, pero según Marx su mitología tenía el potencial necesario para enseñarles [...] cuánto más libres podían llegar a ser», p. 172.

100. *Cfr.* M. Godelier, *Antropologia e marxismo*, Roma, Editori Riuniti, 1977, p. 227.

101. Morgan, *La società antica*, *op. cit.*, pp. 402-403 [p. 543 trad. cast.].

102. El paréntesis fue un añadido de Marx. Véase Marx, *Quaderni antropologici*, *op. cit.*, p. 90 [pp. 112-113 trad. cast.].

103. Morgan, *La società antica*, *op. cit.*, p. 403 [p. 543 trad. cast.].

104. Godelier, *Antropologia e marxismo*, *op. cit.*, p. 227. Para una crítica de cualquier posible «vuelta a un estado originario de unidad», véase D. Webb, *Marx, Marxism, and Utopia*, Aldershot, Ashgate, 2000, pp. 113 ss.

105. Engels creía equivocadamente que las posturas políticas de Morgan eran muy progresistas. Véase, por ejemplo, Friedrich Engels a Friedrich Sorge, 7 de marzo de 1884, donde dice que *La sociedad primitiva* era «una exposición magistral de los tiempos primitivos y de su comunismo. [Morgan había] descubierto por sí solo la teoría de la historia de Marx [...] sacando conclusiones comunistas por lo que respecta a nuestros días», MEO, XLVII, pp. 115-116. Marx no se expresó nunca en estos términos. Para el pensamiento del antropólogo estadounidense, véase D. Moses, *The Promise of Progress: The Life and Work of Lewis Henry Morgan*, Columbia, University of Missouri Press, 2009.

106. Marx, *Quaderni antropologici*, *op. cit.*, p. 90. Según Krader, «Marx se identifica con la concepción de Morgan de que en las comunidades primitivas existió el modelo de sociedad que el hombre reconstruirá una vez haya superado la deformación que ha impreso a su carácter el estado de civilización. Solo que, a diferencia de Morgan, Marx afirma con claridad que este proceso se realizará a otro nivel que en la sociedad primitiva; que en él se trata de un esfuerzo humano, de un esfuerzo del hombre para el hombre y por el hombre», en L. Krader, *Introduction*, en *idem* (ed.), *The Ethnological Notebooks of Karl Marx*, *op. cit.*, p. 14 [p. 22 trad. cast.]. Como ha subrayado Maurice Godelier en *The Mental and the Material*, Londres, Verso, 2012, en Marx no hubo nunca «la idea de un "El Dorado" primitivo. [Insistió] sin tregua en el hecho de que en las sociedades, incluso en las más primitivas, existen, al parecer, por los menos tres formas de desigualdad: entre hombres y mujeres, entre generaciones mayores y menores y entre autóctonos y extranjeros», p. 78. [Hay trad. cast.: M. Godelier, *Lo ideal y lo material, Pensamiento, economías, sociedades*, Madrid, Taurus, 1989, p. 102].

107. *Cfr.* Krader, *Introduction*, *op. cit.*, p. 19 [p. 26 trad. cast.].

108. En este texto, Marx hablaba de «oposición entre Estado y sociedad burguesa [...] el Estado no reside en la sociedad burguesa, sino fuera de ella». «En la democracia el Estado como algo especifico es *sólo* especifico. [...] Los franceses modernos lo han interpretado en el sentido de que el Estado político tiene que desaparecer en la verdadera democracia; interpretación correcta, en cuanto el Estado, como Estado político, como Constitución, deja de valer por el todo», K. Marx, *Dalla critica della filosofia hegeliana del diritto*, MEO, III, pp. 56 y 34. [Hay trad. cast.: K. Marx, *Crítica de la filosofía del derecho de Hegel*, Barcelona, Gedisa, 2023].

109. Treinta años después la crítica estaba todavía mejor trazada: «Al paso que los progresos de la moderna industria desarrollaban, ensanchaban y profundizaban el antagonismo de clase entre el capital y el trabajo, el poder del Estado fue adquiriendo cada vez más el carácter de poder nacional del capital sobre el trabajo, de fuerza pública organizada para la esclavización social, de máquina del despotismo de clase», *idem*, *La guerra civile in Francia*, MEO, XXII, pp. 350-351. [Hay trad. cast.: K. Marx, *La guerra civil en Francia*, Madrid, Fundación Federico Engels, 2003, p. 65].

110. *Idem*, *Quaderni antropologici*, *op. cit.*, p. 295 [p. 289 trad. cast.]. *Cfr.* Krader, *Introduction*, *op. cit.*, p. 59 [p. 36 trad. cast.].

111. Marx, *Quaderni antropologici*, *op. cit.*, p. 295 [p. 289 trad. cast.].

112. *Cfr.* Krader, *Introduction*, *op. cit.*, p. 37 [p. 43 trad. cast.], y C. Gailey, «Community, State, and Questions of Social Evolution in Karl Marx's *Ethnological Notebooks*», en J. Solway (ed.), *The Politics of Egalitarianism*, Nueva York-Oxford, Berghahn Books, 2006, p. 36.

113. Marx, *Quaderni antropologici*, *op. cit.*, p. 287 [pp. 294, 284 trad. cast.].

114. *Cfr.* F. Tichelman, «Marx and Indonesia: Preliminary notes», en *Schriften aus dem Karl-Marx-Haus*, XXX, *Marx on Indonesia and India*, Tréveris, Karl Marx-Haus, 1983, p. 18. A este respecto véanse también las consideraciones de Engels acerca de Money: «Estaría bien que alguien se tomara la molestia de explicar el socialismo de Estado, que hace estragos hoy en día, con un ejemplo que está plenamente vigente en Java. Todo el material puede encontrarse en *Java, o cómo administrar una colonia* [...]. Aquí se ve cómo han organizado los holandeses la producción de Estado basándose en el antiguo comunismo de las comunidades y cómo han asegurado a esta gente una existencia que, según ellos, es totalmente cómoda. Resultado: se mantiene al pueblo en un nivel absoluto de estupidez y se embolsan setenta millones de marcos al año [...] para la caja del Estado holandés», Friedrich Engels a Karl Kautsky, 16 de febrero de 1884, MEO, XLVII, p. 83.

115. *Cfr.* Musto, *Ripensare Marx e i marxismi*, *op. cit.*, p. 193.

116. *Cfr.* A. Casiccia, «La concezione materialista della società antica e della società primitiva», en Morgan, *La società antica*, *op. cit.*, p. XVII [p. 19 trad. cast.].

117. *Cfr.* Gailey, «Community, State, and Questions of Social Evolution», *op. cit.*, pp. 35 y 44.

118. K. Marx, *Exzerpte aus Werken von Lothar Meyer, Henry Enfield Roscoe, Carl Schorlemmer, Benjamin Witzschel, Wilhelm Friedrich Kühne, Ludimar Hermann, Johannes Ranke und Joseph Beete Jukes*, MEGA², IV, 31, pp. 443-463.

119. Karl Marx a Friedrich Engels, 11 de enero de 1858, MEO, XL, p. 269.

120. Karl Marx a Friedrich Engels, 23 de noviembre de 1860, MEO, XLI, p. 124. [*Cfr.* trad. cast.: K. Marx y F. Engels, *Cartas sobre las ciencias de la naturaleza y las matemáticas*, Barcelona, Anagrama, 1975, p. 22].

121. Karl Marx a Friedrich Engels, 20 de mayo de 1865, MEO, XLII, p. 131 [p. 38 trad. cast.].

122. A este respecto, véase la afirmación de Engels, quien, al referirse a los trabajos llevados a cabo por Marx durante una interrupción de varios años en la redacción de *El capital* escribió: «Luego de 1870 se produce una nueva pausa, determinada principalmente por razones de salud. Como de costumbre, Marx ocupó ese tiempo en el estudio; la agronomía, las condiciones rurales norteamericanas y sobre todo las rusas, el mercado dinerario y la banca, y por último ciencias naturales —geología y fisiología— y en particular trabajos matemáticos originales, constituyen el contenido de los numerosos cuadernos de resúmenes de esa época», en F. Engels, *Prefazione* a K. Marx, *Il capitale*, II, Roma, Editori Riuniti, 1989, p. 11 [p. 6 trad. cast.].

123. *Cfr.* S. Yanovskaya, *Preface to the 1968 Russian edition*, en K. Marx, *Mathematical Manuscripts*, Londres, New Park Publications, 1983, p. ix. Para una panorámica de algunas de las interpretaciones más interesantes de los estudios de Marx sobre matemáticas, véase P. Baksi (ed.), *Karl Marx and Mathematics: A Collection of Texts in Three Parts*, Nueva Delhi, Aakar Books, 2019.

124. Entre Newton y Leibniz surgió una áspera controversia, a la que siguieron acusaciones de plagio, sobre la prioridad de la invención de uno o de otro; *cfr.* A. R. Hall, *Filosofi in guerra*, Bolonia, Il Mulino, 1982, p. 329.

125. *Cfr.* A. Ponzio, «Introduzione. I manoscritti matematici di Marx», en K. Marx, *Manoscritti matematici*, Milán, Spirali, 2005, según el cual «Marx expone su concepción de la diferenciación algebraica y del algoritmo correspondiente para encontrar la derivada de determinadas clases de funciones», p. 7.

126. *Cfr.* Marx, *Manoscritti matematici, op. cit.*, pp. 81-194.

127. *Cfr.* L. Lombardo Radice, «Dai "manoscritti matematici" di K. Marx», en *Critica marxista i Quaderni*, 1972, 6, p. 273. En sus manuscritos, Marx llama «algebraica» a toda expresión que no contenga símbolos derivados o diferenciales, y «simbólicas» a las expresiones que contengan las figuras propias del cálculo diferencial, como, por ejemplo, dx y dy. *Cfr.* Ponzio, «Introduzione», *I manoscritti matematici di Marx, op. cit.*, p. 26.

128. A modo de disculpa por parte de Newton y de Leibniz, debemos subrayar que ambos, siguiendo planteamientos distintos y desde diferentes puntos de vista, tanto de contenido como de perspectiva, habían creado este método de cálculo solo como un recurso algebraico para resolver algunos problemas geométricos. No se habían preocupado de explicar sus fundamentos, que seguían siendo misteriosos e indefinidos.

129. Debemos añadir, por otra parte, que el convencimiento que tenía Marx de que el simbolismo matemático tenía que traducir fielmente los procesos concretos del mundo real hoy en día se habría considerado ingenuo.

130. Para una opinión distinta, *cfr.* Yanovskaya, *Preface, op. cit.*, pp. XI-XII.

131. Friedrich Engels a Karl Marx, 18 de agosto de 1881, MEO, XLVI, pp. 105-106 [pp. 97-99 trad. cast.].

132. Karl Marx a Friedrich Engels, 22 de noviembre de 1882, *ibidem*, p. 298 [p. 105 trad. cast.].

133. Karl Marx a Friedrich Engels, 31 de mayo de 1873, MEO, XLIV, p. 86 [p. 133 trad. cast.].

134. *Cfr.* A. Alcouffe, «Introduction» a K. Marx, *Les manuscrits mathématiques de Marx*, París, Economica, 1985, pp. 20 ss.

135. Previsto inicialmente en Zúrich, se celebró en una población más pequeña, Coira, a raíz de la prohibición impuesta por la policía.

136. Karl Marx a Ferdinand Nieuwenhuis, 22 de febrero de 1881, MEO, XLVI, p. 53 [p. 314 trad. cast.].

137. *Ibidem.*

138. *Ibidem.*

139. *Ibidem*, pp. 53-54 [pp. 314-315 trad. cast.].

140. *Ibidem*, p. 54 [p. 316 trad. cast.].

141. *Ibidem* [p. 315 trad. cast.].

142. H. George, *Progresso e povertà*, Turín, Utet, 1888, p. 239. [*Cfr.* trad. cast.: H. George, *Progreso y miseria*, Robert Schalkenbauch Foundation, online, 2019, <www.schalkenbauch.org>, p. 409].

143. Karl Marx a Friedrich Sorge, 20 de junio de 1881, MEO, XLVI, pp. 81-83 [pp. 320-322 trad. cast.].

144. K. Marx y F. Engels, *Manifesto del partito comunista*, MEO, VI, p. 505. [*Cfr.* trad. cast.: Marx y Engels, *Manifiesto del partido comunista, op. cit.*, p. 76].

145. Karl Marx a John Swinton, 2 de junio de 1881, MEO, XLVI, p. 77. También según Engels, la ecuación «Estado = socialismo» debía rechazarse por completo. Como decía a Bernstein en una carta de marzo de 1881, «definir como "socialismo" las intromisiones del Estado en la competencia libre —o sea, imposición de aranceles proteccionistas, corporaciones, monopolio del tabaco, nacionalizaciones de diversos ramos de la industria, del comercio marítimo, de las reales fábricas de porcelana— es una mera falsificación pretendida por la burgue-

sía de Mánchester. Nosotros no debemos creer en nada de eso, sino criticarlo. Si creemos en ello y construimos a su alrededor toda una teoría, esta se vendrá abajo junto con sus premisas [...] cuando se demuestre que ese presunto socialismo no es más que, por un lado, una reacción feudal y, por otro, un pretexto para sacar dinero, con el fin ulterior de transformar el mayor número posible de proletarios en funcionarios y asalariados del Estado, para poder organizar, junto al ejército disciplinado de funcionarios y de militares, un ejército análogo de obreros. El sufragio obligatorio impuesto por las autoridades estatales en vez de los vigilantes de las fábricas... ¡Menudo socialismo!», Friedrich Engels a Eduard Bernstein, 12 de marzo de 1881, *ibidem*, p. 60.

146. K. Marx, *Miseria della filosofia*, MEO, VI, p. 214. [Hay. trad. cast.: K. Marx, *Miseria de la filosofía*, México D. F., Siglo XXI, 1987, p. 110].

147. Karl Marx a Friedrich Sorge, 20 de junio de 1881, MEO, XLVI, p. 83 [p. 321 trad. cast.].

148. *Ibidem*, p. 82 [p. 321 trad. cast.]. A este respecto remitimos también a un testimonio de Hyndman, según el cual «Marx se dio cuenta de ello y dijo, con una especie de desprecio bonachón [que aquella era] "la última trinchera de los capitalistas"». Aunque Hyndman insistía en el efecto positivo que el estilo periodístico de George había ejercido en las masas, Marx «no estaba dispuesto en absoluto a reconocer la validez de este argumento y decía que propagar opiniones falsas nunca pude resultar útil para el pueblo: "no rebatir afirmaciones falsas significa fomentar la deshonestidad intelectual. Por cada diez que puedan ir más allá, es bastante fácil que cien se queden en las palabras de George, y ese es un peligro demasiado grande para poder permitírnoslo"», Henry Hyndman, en Enzensberger (ed.), *Colloqui con Marx e Engels*, *op. cit.*, pp. 411-412.

149. Karl Marx a Friedrich Sorge, 20 de junio de 1881, MEO, XLVI, p. 83 [p. 322 trad. cast.]. También resultan interesantes los comentarios de George sobre Marx. Tras la muerte de este último, declaró que, pese a no haber leído sus obras, abrigaba en cualquier caso «un profundo respeto por un hombre que había dedicado su vida a los esfuerzos en pro de la mejora de las condiciones sociales», en P. S. Foner (ed.), *Karl Marx Remembered: Comments at the Time of His Death*, San Francisco, Synthesis Publications, 1983, p. 100. Pero un año más tarde, en una carta a Hyndman, afirmaba que Marx «carecía de poder analítico y disposición lógica de ideas», en H. George, *An Anthology of Henry George's Thought*, I, K. Wenzer (ed.), Rochester, University of Rochester Press, 1997, p. 175. Además, en dos misivas dirigidas a Francis Walker, economista estadounidense y rector del Massachusetts Institute of Technology, afirmó que Marx era «el príncipe de los liantes» y «un pensador muy superficial», pp. 175, 78 y 177. Roy Douglas ha señalado que «cuando murió Marx en 1883, puede que hubiera decenas de ingleses que hablaran de Henry George por uno que hubiera oído hablar del socialista prusiano», en *Land, People and Politics: A History of the Land Question in the*

United Kingdom, 1878-1952, Londres, Alison and Busby, 1976, p. 48. Las cosas cambiarían por completo al cabo de pocos años.

150. Karl Marx a Nikolái Danielson, 19 de febrero de 1881, MEO, XLVI, p. 51 [p. 165 trad. cast.].

151. *Ibidem* [p. 166 trad. cast.].

152. Karl Marx a Friedrich Sorge, 5 de noviembre de 1880, MEO, XLVI, p. 35.

153. *Ibidem*, pp. 35-36.

154. *Cfr.* S. Perlman, «The Anti-Chinese Agitation in California», en J. R. Commons *et al.*, *History of Labour in the United States*, II, Nueva York, Macmillan, 1918, p. 254.

155. H. George, «The Kearney Agitation in California», en *The Popular Science Monthly*, XVII, agosto de 1880, p. 435. Las anotaciones de Marx se encuentran en IISH, *Marx-Engels Papers*, B 161.

156. A este respecto, véase D. N. Smith, «Accumulation and Its Discontents: Migration and Nativism in Marx's *Capital* and Late Manuscripts», en M. Musto (ed.), *Rethinking Alternatives with Marx: Economy, Ecology and Migration*, Londres, Palgrave, 2021, pp. 151-216.

157. *Cfr.* E. Renehan, *Dark Genius of Wall Street: The Misunderstood Life of Jay Gould, King of the Robber Barons*, Nueva York, Basic Books, 2006; y M. Klein, *The Life and Legend of Jay Gould*, Baltimore, Johns Hopkins University Press, 1997, p. 393.

158. Karl Marx a Nikolái Danielson, MEO, XLVI, pp. 51-52 [p. 166 trad. cast.].

159. *Ibidem*.

160. Karl Marx a Jenny Longuet, 11 de abril de 1881, *ibidem*, p. 69 [p. 318 trad. cast.].

161. Esta célebre frase fue referida por la secretaria de Gladstone: *cfr.* E. J. Feuchtwanger, *Gladstone*, Londres, Allen Road, 1975, p. 146.

162. Karl Marx a Jenny Longuet, 11 de abril 1881, MEO, XLVI, p. 69 [p. 318 trad. cast.].

163. La Liga de la Tierra [Liga Nacional Irlandesa de la Tierra] era una organización política, fundada en 1879, para defender los intereses de los campesinos irlandeses que tenían tierras en arriendo.

164. Karl Marx a Jenny Longuet, 11 de abril de 1881, MEO, XLVI, p. 69 [p. 319 trad. cast.]. Para la reacción de Marx, véase también el testimonio de Hyndman, que al evocar uno de sus encuentros en 1881, dijo: «En un momento dado se puso a hablar lleno de indignación de la política del Partido Liberal, en especial la cuestión irlandesa: los ojos, pequeños y hundidos, del viejo combatiente lanzaban relámpagos, sus hirsutas cejas se contraían, la nariz ancha y el rostro vigoroso temblaban visiblemente de emoción, mientras que de su boca

salía un río de violentas acusaciones», Henry Hyndman, en Enzensberger (ed.), *Colloqui con Marx e Engels, op. cit.*, p. 404. Para la política de Gladstone durante el bienio 1880-1881, véase R. Shannon, *Gladstone*, II, *1865-1898*, Chapel Hill, The University of North Carolina Press, 1999, pp. 248-278. Para un resumen de sus posiciones sobre Irlanda debemos remitir a H. C. G. Matthew, *Gladstone: 1875-1898*, Londres, Clarendon Press, 1995, pp. 183-210. A este respecto, véase también el famoso estudio de J. C. Beckett, *The Making of Modern Ireland 1603-1923*, Londres-Boston, Faber and Faber, 1981, pp. 389-394.

165. Karl Marx a Jenny Longuet, 29 de abril de 1881, MEO, XLVI, p. 74.

166. Karl Marx a Jenny Longuet, 11 de abril de 1881, *ibidem*, p. 69 [p. 318 trad. cast.].

167. Karl Marx a Jenny Longuet, 29 de abril de 1881, *ibidem*, p. 74. La expresión «John Bull», usada a menudo por Marx durante sus últimos años de vida, era, en su sentido habitual, la personificación de Gran Bretaña.

168. *Ibidem*.

169. Karl Marx a Jenny Longuet, 6 de junio de 1881, *ibidem*, p. 78.

170. Karl Marx a Friedrich Sorge, 14 de noviembre de 1879, MEO, XLV, p. 350.

171. El trasfondo de su elaboración fue revelado por Engels en una carta a Bernstein del 25 de octubre de 1881: «[Marx] dictó aquí en mi habitación [a Guesde], en presencia de Lafargue y de mí mismo, los considerandos [del borrador del programa] [...]. Una obra maestra de argumentación convincente, capaz de aclarar las cosas a las masas en pocas palabras, como conozco pocas, y que incluso a mí me asombró por su concisión», MEO, XLVI, p. 118.

172. J. Guesde, P. Lafargue, K. Marx, «Programma elettorale dei lavoratori socialisti», en M. Musto (ed.), *L'ultimo Marx, 1881-1883. Saggio di biografia intellettuale*, Roma, Donzelli, 2016, p. 138. [Hay trad. cast.: M. Musto (ed.), *Karl Marx, 1881-1883. El último viaje del Moro*, México D. F., Siglo XXI, 2020, p. 194].

173. *Ibidem*, p. 137 [p. 194 trad. cast.].

174. J. Guesde y P. Lafargue, *Le programme du Parti ouvrier*, en J. Guesde, *Textes Choisis, 1867-1882*, París, Éditions sociales, 1959, p. 118. Para las posiciones políticas de Guesde, remitimos al reciente libro de J.-N. Ducange, *Jules Guesde: The Birth of Socialism and Marxism in France*, Londres, Palgrave, 2020.

175. Guesde, Lafargue, Marx, «Programma elettorale dei lavoratori socialista», *op. cit.*, p. 139 [p. 194 trad. cast.].

176. *Ibidem*, p. 140 [p. 197 trad. cast.].

177. *Ibidem*, p. 138 [p. 193 trad. cast.].

178. En noviembre de 1880, en una carta a su marido, la hija mayor de Marx, Jenny Longuet, había hecho referencia a la discusión entre su padre y Guesde: «Por lo que respecta a la cuestión de la creación de un salario mínimo fijo,

quizá te interese saber que papá hizo de todo para convencer a Guesde de eliminarla de su programa, explicándole que semejante medida, si llegara a ser adoptada, tendría como resultado, según las leyes económicas, convertir ese mínimo en un máximo. Pero Guesde se plantó, afirmando que, cuando menos, aquello les haría ganar apoyos entre las clases trabajadoras», Jenny Longuet a Charles Longuet, 23 de noviembre de 1880, MEO, XLVI, p. 373.

179. Karl Marx a Friedrich Sorge, 5 de noviembre de 1880, *ibidem*, p. 34. Entre otras «tonterías», Marx señalaba también la eliminación de las herencias (principio incluido en el punto 12 del programa económico), una vieja propuesta de Henri de Saint-Simon que ya había combatido, en una polémica con Mijaíl Bakunin en tiempos de la Asociación Internacional de los Trabajadores: «Si la clase obrera tuviera fuerza suficiente para derogar el derecho de sucesión, también tendría la potencia necesaria para proceder a la expropiación, que constituiría un proceso mucho más sencillo y mucho más eficaz», K. Marx, «Sull'eredità», en M. Musto (ed.), *Lavoratori di tutto il mondo, unitevi! Indirizzi, Risoluzioni, Discorsi e Documenti*, Roma, Donzelli, 2014, p. 111.

180. Karl Marx a Friedrich Sorge, 5 de noviembre de 1880, MEO, XLVI, p. 34.

181. *Ibidem*.

182. K. Marx, *L'inchiesta operaia*, Nápoles, La Città del Sole, 2006, p. 38.

183. *Cfr.* su «esquema general de la encuesta», preparado en 1867 e incluido en las *Istruzioni per i delegati del consiglio centrale provvisorio. Le singole questioni*, MEO, XX, p. 191. [*Cfr.* «Instrucción sobre diversos problemas a los delegados del Consejo Central Provisional», en Marx y Engels, *Obras escogidas*, II, *op. cit.*, pp. 41-45].

184. Marx, *L'inchiesta operaia*, *op. cit.*, p. 39.

185. *Ibidem*, p. 41.

186. *Ibidem*, p. 42.

187. *Ibidem*, p. 44.

188. *Cfr.* D. Lanzardo, «Intervento socialista nella lotta operaia: l'inchiesta operaia di Marx», en *Quaderni Rossi*, V, abril de 1965, p. 17. Según Rubel, *Karl Marx, op. cit.*, lo que diferenciaba el cuestionario de Marx de otros llevados a cabo con anterioridad en Francia era «su carácter clasista: los obreros eran exhortados a explicarse por sí mismos y para sus propios fines, con vistas a una descripción de su situación económica y social», pp. 416-417 [p. 326 trad. cast.]. Según Rubel, se trataba de un «verdadero manual obrero de economía política. [...] La intención profunda que cabe descubrir en el *Questionnaire* es la de despertar en los obreros una clara toma de conciencia respecto de su situación como seres alienados en la sociedad capitalista», p. 424 [p. 326 trad. cast.].

189. Paul Lafargue, en Enzensberger (ed.), *Colloqui con Marx e Engels*, *op. cit.*, p. 242.

190. Karl Marx a Jenny Longuet, 11 de abril de 1881, MEO, XLVI, p. 67 [p. 316 trad. cast.]. En realidad, Engels no estaba tan entusiasmado con Kautsky. Sus preferencias iban dirigidas con toda claridad hacia otra joven mente del partido alemán, Eduard Bernstein. Como le decía a August Bebel —el líder más estimado de la socialdemocracia, tanto por él como por Marx—, «[Bernstein tiene] verdadero tacto y lo pilla todo rápidamente; justo lo contrario de Kautsky, que es un tipo estupendo, pero también un pedante nato, siempre amigo de rizar el rizo: en sus manos las cuestiones complicadas no se vuelven simples, antes bien, las simples se vuelven complicadas». Según Engels, «en los artículos de revista más largos [Kautsky puede] producir muchas veces algo bueno, pero, por mucha voluntad que le ponga, no puede ir contra su naturaleza, *c'est plus fort que lui* ["es más fuerte que él"]. Para un periódico semejante doctrinario es una verdadera desgracia». Por este motivo, hizo todo lo posible —y al final consiguió convencerlo— por que Bernstein siguiera dirigiendo el semanario *Der Sozialdemokrat*; véase Friedrich Engels a August Bebel, 2 de agosto de 1881, MEO, XLVI, p. 110.

191. Marx se refería a los seguidores de Jules Grévy, presidente de la República y personaje de relieve de los republicanos oportunistas.

192. Karl Marx a Friedrich Engels, 9 agosto 1881, MEO, XLVI, p. 95.

193. Karl Marx a Friedrich Engels, 18 de agosto de 1881, *ibidem*, p. 107.

194. Paul Lafargue, en Enzensberger (ed.), *Colloqui con Marx e Engels*, *op. cit.*, p. 243.

2. LA CONTROVERSIA SOBRE EL DESARROLLO DEL CAPITALISMO EN RUSIA

1. Nombre del castillo en el que se refugió Alejandro III tras el asesinato de su padre.

2. K. Marx y F. Engels, *Prefazione* a la edición rusa del *Manifesto del partito comunista*, MEO, VI, p. 663. [*Cfr.* trad. cast. del «Prólogo» a la edición rusa del *Manifiesto del partido comunista*, *op. cit.*, p. 24]. Para una colección completa de los escritos y de las cartas de Marx y Engels sobre Rusia, véase M. Rubel (ed.), *Karl Marx/Friedrich Engels: Die russische Kommune*, Múnich, Hanser, 1972.

3. En 1858 había afirmado lo siguiente: «El movimiento de emancipación de los siervos en Rusia me parece importante, por cuanto marca el comienzo de una historia interna del país, que puede estorbar su tradicional política exterior», *cfr.* Karl Marx a Friedrich Engels, 29 de abril de 1858, MEO, XL, p. 340. Por aquel entonces, los siervos de la gleba constituían casi el 38 por ciento de la población de Rusia.

4. *Cfr.* H. Eaton, «Marx and the Russians», en *Journal of the History of Ideas*, XLI, 1980, 1, p. 89, donde se enumeran cronológicamente los nombres de todos

los ciudadanos rusos con los que Marx llegó a reunirse o con los que mantuvo correspondencia.

5. Karl Marx al director de *Anales Patrios*, noviembre de 1877, MEO, XLV, p. 234. [*Cfr.* trad. cast.: «Carta a la Redacción de *Otiechéstvennie Zapiski*», en K. Marx y F. Engels, *Escritos sobre Rusia II. El porvenir de la comuna rural rusa*, México D. F., Cuadernos de Pasado y Presente, 1980, p. 63].

6. Paul Lafargue cuenta, de hecho, que Engels le repetía una y otra vez a Marx: «Con gusto quemaría las publicaciones sobre la situación de la agricultura en Rusia que desde hace años te impiden terminar *El capital*», en Enzensberger (ed.), *Colloqui con Marx e Engels, op. cit.*, p. 429.

7. *Cfr.* K. Marx y F. Engels, *Die Bibliotheken von Karl Marx und Friedrich Engels*, MEGA², IV, 32, pp. 184-187. Para las ediciones italianas remitimos a la «Critica dei pregiudizi filosofici contro la proprietà comunitaria della terra», en N. Černyševskij, *Scritti politico-filosofici*, Lucca, Marina Pacini Fazzi, 2001, pp. 65-107.

8. El concepto de populismo en la Rusia del siglo XIX es asimilable a un anticapitalismo de izquierdas. Para un estudio sobre su significado semántico, véase R. Pipes, «*Narodnichestvo:* A Semantic Inquiry», en *Slavic Review*, XXIII, 1964, 3, pp. 421-458. Andrzey Walicki, *Marxisti e populisti. Il dibattito sul capitalismo*, Milán, Jaca Book, 1973, p. 33 [hay trad. cast.: A. Walicki, *Populismo y marxismo en Rusia*, Barcelona, Estela, 1971] ha situado el nacimiento del populismo en el año 1869, en concomitancia con la publicación de las *Cartas históricas* (1868-1870), de Piotr Lavrov, de *¿Qué es el progreso?* [1869], de Nikolái Mijailovski, y de *La situación de la clase obrera en Rusia* [1869], de Vasili Bervi-Flerovski [p. 24 trad. cast.].

9. Karl Marx a Sigfrid Meyer, 21 de enero de 1871, *MEO*, XLIV, p. 165.

10. Karl Marx a Nikolái Danielson, 18 de enero de 1873, *ibidem*, p. 582 [p. 47 trad. cast.].

11. Karl Marx a Nikolái Danielson, 12 de diciembre de 1872, *ibidem*, pp. 567-568 [p. 43 trad. cast.].

12. Marx, *Il capitale op. cit.*, I, p. 40 [p. 15 trad. cast.].

13. N. Černyševskij, «Critica dei pregiudizi filosofici contro la proprietà comunitaria della terra», en *idem*, *Scritti politico-filosofici, op. cit.*, p. 66.

14. *Ibidem*, p. 103.

15. *Ibidem*, p. 104.

16. *Ibidem*.

17. *Cfr.* M. Natalizi, *Il caso Černyševskij*, Milán, Bruno Mondadori, 2006, p. 55. Para la relación de Chernishevski con su ambiente cultural, véase N. G. O. Pereira, *The Thought and Teachings of N. G. Černyševskij*, La Haya, Mouton, 1975.

18. Ya en la *Contribución a la crítica de la economía política, op. cit.*, p. 16, Marx había expresado críticas similares contra las tesis de Aleksandr Herzen. *Cfr.* F. Ven-

turi, *Il populismo russo*, Turín, Einaudi, 1972, I, *Herzen, Bakunin, Černyševskij*, [hay trad. cast.: F. Venturi, *El populismo ruso*, 2 vols., Madrid, Revista de Occidente, 1975], quien recuerda acertadamente que Chernishevski no consideraba la *obshchina* «una institución típicamente rusa, característica del espíritu eslavo [...] sino únicamente [...] la supervivencia en Rusia de formas de organización social ya desaparecidas en otros lugares», p. 266 [p. 296 trad. cast.].

19. Černyševskij, *Critica dei pregiudizi filosofici*, *op. cit.*, p. 91.

20. Para Venturi, *Il populismo russo*, *op. cit.*, I, este era el tema central de la discusión de Chernishevski sobre la *obshchina*: «Esta debía ser vivificada y transformada por el socialismo occidental, no mostrada como modelo y símbolo de una misión rusa», p. 286 [p. 311 trad. cast.].

21. Walicki, *Marxisti e populisti*, *op. cit.*, ha señalado que para Chernishevski el capitalismo representaba «un gran progreso comparado con las formas de sociedad precapitalistas». Para él, el «enemigo número uno» no era «el capitalismo, sino el atraso ruso», p. 27 [p. 20 trad. cast.]. Según Natalizi, *Il caso Černyševskij*, *op. cit.*, Chernishevski no fue ni mucho menos un adversario del progreso burgués en Rusia. Si de verdad tenemos que utilizar una etiqueta, sería la de occidentalista», p. 3.

22. Černyševskij, *Critica dei pregiudizi filosofici*, *op. cit.*, p. 74.

23. *Ibidem*, pp. 90-92.

24. Venturi, *Il populismo russo*, *op. cit.*, I, añadía que Chernishevski esperaba que en un futuro Rusia pudiera «conservar los elementos de colectivismo agrario ya existentes, insertándolos en el desarrollo económico general del país», p. 270 [p. 299 trad. cast.].

25. Walicki, *Marxisti e populisti*, *op. cit.*, dice que Chernishevski pretendía «evadir los estadios intermedios de desarrollo, o, por lo menos, reducir considerablemente su duración. Su principal argumento [a favor de] la comuna era una concepción dialéctica del progreso, reclamando que el primer estadio de cualquier desarrollo es, como regla general, similar, en cuanto a su forma, al tercero; así, el primitivo colectivismo comunal es similar, en cuanto a su forma al desarrollado colectivismo de una sociedad socialista», p. 26 [p. 19 trad. cast.].

26. Černyševskij, *Critica dei pregiudizi filosofici*, *op. cit.*, p. 101.

27. A. Herzen, *The Russian People and Socialism: An Open Letter to Jules Michelet*, Londres, Weidenfeld and Nicolson, 2011, p. 199. Para el concepto de «liberación de la carga del pasado» como ventaja de las fuerzas de la revolución, véase Walicky, *Marxisti e populisti*, *op. cit.*, pp. 102-103 [pp. 155-156 trad. cast.].

28. Para la vida de esta revolucionaria rusa, véase J. Bergman, *Vera Zasulich: A Biography*, Palo Alto, Stanford University Press, 1983.

29. Vera Zasúlich a Karl Marx, en K. Marx, *Oeuvres. Économie II*, edición de M. Rubel, París, Gallimard, 1968, pp. 1556-1557. La traducción de esta carta ha estado cargo del autor. [*Cfr.* trad. cast.: K. Marx y F. Engels, *Escritos sobre*

Rusia. II. El porvenir de la comuna rural rusa, México D. F., Cuadernos de Pasado y Presente, 1980, p. 29].

30. *Ibidem*.

31. *Ibidem*. A este respecto, *cfr.* M. Buber, *Sentieri in utopia. Sulla comunità*, Génova, Marietti, 2009 [hay trad. cast.: M. Buber, *Caminos de utopía*, México D. F., Fondo de Cultura Económica, 1955], quien comenta: «La decisión acerca de cuál […] sea la verdad histórica se deja en manos de Marx», p. 141 [p. 118 trad. cast.].

32. Walicki, *Marxisti e populisti, op. cit.*, observaba acertadamente que, después de leer a Morgan, Marx «dirigió su mirada de nuevo hacia el populismo ruso, que constituía entonces el intento más significativo de encontrar lo más nuevo en lo más viejo», p. 165 [p. 141 trad. cast.].

33. K. Marx y F. Engels, *Manifesto del partito comunista*, MEO, VI, p. 514. [*Cfr.* trad. cast.: Marx y Engels, *Manifiesto del partido comunista*, *op. cit.*, p. 87].

34. *Ibidem*, p. 489 [p. 6 trad. cast.].

35. *Ibidem*, p. 492 [p. 58 trad. cast.].

36. *Ibidem*, p. 497 [p. 64 trad. cast.].

37. K. Marx, *Discorso per l'anniversario del People's Paper*, MEO, XIV, p. 655. [*Cfr.* trad. cast.: «Discurso pronunciado en la fiesta de aniversario del People's Paper», en C. Marx y F. Engels, *Obras escogidas*, I, Moscú, Progreso, 1974, p. 267].

38. Marx, *Grundrisse, op. cit.*, II, pp. 11-12 [p. 362 trad. cast.]. Para un comentario de este texto tan relevante como complejo de Marx, véase M. Musto (ed.), *I Grundrisse di Karl Marx. Lineamenti fondamentali della critica dell'economia politica 150 anni dopo*, Pisa, Ets, 2015. [Hay trad. cast.: M. Musto (ed.), *Los Grundrisse de Karl Marx. Fundamentos de la crítica de la economía política 150 años después*, Bogotá, Fondo de Cultura Económica y Universidad Nacional de Colombia, 2018].

39. Marx, *El capital, op. cit.*, I, p. 825 [p. 953 trad. cast.].

40. *Ibidem*.

41. *Ibidem*.

42. *Ibidem*, p. 373 [p. 401 trad. cast.].

43. *Ibidem*, pp. 376-377 [p. 405 trad. cast.].

44. *Ibidem*, p. 375 [p. 405 trad. cast.].

45. *Ibidem*, p. 648 [p. 731 trad. cast.]. A este respecto, véase también lo que Marx le decía a Engels en una carta con fecha de 7 de diciembre de 1867, en la que proporcionaba a su amigo, que estaba preparando una reseña sobre *El capital*, una síntesis de los principales asuntos que le habría gustado que se señalaran en la recensión de su libro. En aquella ocasión, calificó su trabajo como la demostración de que «la sociedad actual, considerada desde el punto de vista económico, se encuentra preñada de una nueva forma superior». Tras una arriesgada comparación entre sus descubrimientos y la teoría de la evolución de Charles Darwin,

Marx recuerda que en su obra se ponía en evidencia «un progreso escondido, en el que las relaciones económicas modernas van acompañadas de desalentadoras consecuencias inmediatas». Gracias a su «disposición crítica [...] tal vez a su pesar», había «puesto fin a cualquier socialismo de gabinete, o sea a todo utopismo». Por último, entre las frases sugeridas a Engels, destaca la declaración con la que quiso reafirmar una convicción muy profunda: «Si el señor Lassalle insultaba a los capitalistas y adulaba a esos aristócratas prusianos de tres al cuarto, el señor Marx, en cambio, demuestra la "necesidad" histórica de la producción capitalista», Karl Marx a Friedrich Engels, MEO, XLII, p. 443.

46. Marx, *Grundrisse*, *op. cit.*, II, pp. 404-405 [p. 301 trad. cast.].

47. *Ibidem*, p. 396.

48. *Ibidem*, pp. 404-405 [II, pp. 231-232 trad. cast.]

49. *Ibidem*, p. 121 [I, p. 455 trad. cast.].

50. *Ibidem*, p. 183 [II, p. 33 trad. cast.].

51. *Ibidem*, p. 184 [II, p. 33 trad. cast.].

52. Marx, *El capital*, *op. cit.*, I, p. 136.

53. *Ibidem*, p. 611.

54. K. Marx, *Istruzioni per i delegati del consiglio centrale provvisorio. Le singole questioni*, MEO, XX, p. 192. [*Cfr.* trad. cast.: «Instrucción sobre diversos problemas a los delegados del Consejo Central Provisional», en Marx y Engels, *Obras escogidas*, II, *op. cit.*, p. 42].

55. *Idem*, *El capital*, *op. cit.*, I, p. 596.

56. *Ibidem*, p. 611.

57. *Ibidem*, pp. 608-609.

58. *Ibidem*, p. 611.

59. *Ibidem*, p. 97.

60. K. Marx, *Critica dell'anarchismo*, Turín, Einaudi, 1972, p. 355. [Para la trad. cast., *cfr.* «Acotaciones al libro de Bakunin "El Estado y la Anarquía"», en Marx y Engels, *Obras escogidas*, II, *op. cit.*, p. 238].

61. Marx y Engels, *Crítica del programa de Gotha*, *op. cit.*, p. 25.

62. Este texto se cita a veces con el título *Consideraciones preliminares del programa del partido obrero francés*.

63. Guesde, Lafargue, Marx, *Programma elettorale dei lavoratori socialisti*, *op. cit.*, p. 138.

64. Marx, *El capital*, *op. cit.*, I, p. 17.

65. *Idem*, *Glosse marginali su Wagner*, *ibidem*, p. 1404. [*Cfr.* trad. cast.: Marx, *Notas marginales al «Tratado de economía política» de Adolph Wagner*, *op. cit.*, p. 34].

66. Véase J. H. Billington, *Mikhailovsky and Russian Populism*, Oxford, Clarendon Press, 1958.

67. *Cfr.* Walicki, *Marxisti e populisti*, *op. cit.*, p. 59: «De aquí sacaba Mijailovskii la conclusión de que los gremios y los contemporáneos *arteli* rusos habían

limitado la libertad individual; sin embargo pensó que las consecuencias negativas de esta limitación habían sido menos peligrosas que los resultados negativos del desarrollo capitalista» [p. 47 trad. cast.]. «De aquí sacaba Mijailovskii la conclusión de que era totalmente injustificado decir que el capitalismo había liberado al individuo o que la economía política burguesa había mostrado un cuidado excesivo por la libertad y el bienestar individual» [p. 48 trad. cast.]. «Entre los autores cuyos libros contribuyeron de forma más decisiva a que Mijailovskii llegara a tales conclusiones, Marx fue quien "jugó el papel principal"» [p. 48 trad. cast.].

68. Para algunos escritos de Mijailovski y otros fundadores de este importante movimiento remitimos a G. Migliardi (ed.), *Il populismo russo*, Milán, Franco Angeli, 1985.

69. N. Mijailovski, *Karl Marx pered sudom g. Yu. Zhukovskogo* [«Karl Marx ante el tribunal de Yu. Zhukovski»], en *idem*, *Sochinenija* [«Obras»], San Petersburgo, B. M. Vol'f, 1897, IV, p. 171, citado en Walicki, *Marxisti e populisti, op. cit.*, p. 146 [pp. 108-109 trad. cast.]. Este artículo iba a continuación de la crítica a Marx aparecida en *Véstnik Evropy* («El mensajero de Europa»), firmado por Yuri Zhukovski, y de la defensa de *El capital* de Marx realizada por Ziber en los *Anales Patrios*. *Cfr.* C. Smith, *Marx at the Millennium*, Londres, Pluto, 1996, pp. 53-55. En 1894, Mijailovski volvió a tratar el asunto en un artículo publicado en la revista *Rússkoye bogátstvo* («Riqueza Rusa»), en el cual reiteraba lo que había afirmado diecisiete años antes.

70. *Cfr.* K. Marx, *Nachtrag zu den Noten des ersten Buches*, en *idem*, *Das Kapital*, MEGA^2, II, 5, p. 625. El «Apéndice a las notas del Libro Primero» fue eliminado en las posteriores ediciones de *El capital* y, por lo tanto, no ha sido incluida en las principales traducciones de la obra, entre ellas la italiana. Véase M. Musto y B. Amini (eds.), *The Routledge Handbook of Marx's «Capital»: A Global History of Translation, Dissemination and Reception*, Londres-Nueva York, Routledge, en prensa (2024). [El texto aparece citado en una nota en *El capital*, *op. cit.*, pp. 1080-1081].

71. Recientemente, White ha planteado de nuevo una interpretación similar, *Marx and Russia*, *op. cit.*, según la cual, tras la publicación de *El capital*, «Marx revisó su actitud hacia las concepciones de Herzen, cuando no hacia el propio Herzen», p. 8.

72. *Karl Marx alla redazione degli «Annali Patrii»*, MEO, XLV, p. 234. [*Cfr.* trad. cast.: «Carta a la redacción de *Otiéchestviennie Zapiski*», en Marx y Engels, *Escritos sobre Rusia. II. El porvenir de la comuna rural rusa*, *op. cit.*, p. 62].

73. Herzen, «La rivoluzione in Russia», en Migliardi (ed.), *Il populismo russo*, *op. cit.*, p. 79.

74. *Karl Marx alla redazione degli «Annali Patrii»* MEO, XLV, p. 233. [*Cfr.* trad. cast.: «Carta a la redacción de *Otiéchestviennie Zapiski*», en Marx y Engels, *Escritos sobre Rusia. II. El porvenir de la comuna rural rusa*, *op. cit.*, p. 92].

75. Para las ideas de Tkachov, *cfr.* Venturi, *Il populismo russo, op. cit.*, II, *Dalla liberazione dei servi al nihilismo*, pp. 326-393. [*Cfr.* trad. cast.: F. Venturi, *El populismo ruso, op. cit.*, II, «Pëtr Nikitich Tkachëv», pp. 629-673].

76. Este adjetivo desde luego está de más; la cursiva es del autor.

77. F. Engels, *Questioni sociali dalla Russia*, MEO, XXIV, p. 119. [*Cfr.* trad. cast.: F. Engels, «Acerca de la cuestión social en Rusia», en Marx y Engels, *Escritos sobre Rusia. II. El porvenir de la comuna rural rusa, op. cit.*, p. 71].

78. *Ibidem*, pp. 119-120 [p. 71 trad. cast.].

79. En un mensaje conservado solo en parte, pues Marx lo escribió a lápiz en la tapa del folleto de la *Carta abierta al señor Friedrich Engels* de Piotr Tkachov, el pensador alemán afirmaba que el contenido de aquel texto era «tan estúpido que Bakunin podría haber aportado su granito de arena» a su redacción; en Karl Marx a Friedrich Engels, febrero-marzo 1875, MEO, XLV, p. 51. Maximilien Rubel, *Marx: Life and Works*, Londres, Macmillan, 1980, observa que fue el propio Marx el que le pidió a Engels que «publicara una respuesta», p. 105.

80. F. Engels, *Questioni sociali dalla Russia*, MEO, XXIV, p. 125 [*Cfr.* trad. cast.: F. Engels, «Acerca de la cuestión social en Rusia», p. 77]. *Cfr.* Venturi, *Il populismo russo, op. cit.*, I, pp. 171-175 [pp. 225-228 trad. cast.].

81. *Karl Marx alla redazione degli «Annali Patrii»*, MEO, XLV, p. 233 [p. 63 trad. cast.].

82. Marx, *El capital, op. cit.*, I, pp. 891-954.

83. *Karl Marx alla redazione degli «Annali Patrii»*, MEO, XLV, p. 234 [p. 64 trad. cast.]. Véase asimismo *idem, Le Capital*, París, Flammarion, 1985, p. 169. Este añadido tan relevante, introducido por Marx mientras se llevaba a cabo la traducción francesa de su texto por obra de Joseph Roy, no fue incluida por Engels en la cuarta edición alemana de 1890, que posteriormente se convertiría en la versión standard de las traducciones del *magnum opus* marxiano.

84. Marx, *El capital, op. cit.*, I, p. 7. En la edición francesa, Marx restringió ligeramente el alcance de esta afirmación: «*Le pays le plus développé industriellement ne fait que montrer à ceux qui le suivent sur l'échelle industrielle de leur propre avenir*» [«El país más desarrollado industrialmente no hace más que mostrar a los que lo siguen en la escala industrial su propio porvenir»]. K. Marx, *Le Capital*, MEGA^2, II, 7, p. 12. En el libro *Provincializing Europe: Postcolonial Thought and Historical Difference*, Princeton, Princeton University Press, 2000, Dipesh Chakrabarty ha interpretado erróneamente este pasaje tomándolo como un típico ejemplo de historicismo que sigue el principio «primero en Europa, y luego en otros sitios», p. 7. Además, ha presentado las «ambigüedades de la prosa de Marx» como si fueran características de quienes consideran «la historia como una sala de espera, un periodo necesario para la transición al capitalismo en cualquier momento y lugar en concreto. Este es el periodo al que [...] a menudo es relegado el tercer mundo», p. 65. En cualquier caso, Neil Lazarus, «The Fetish of "the West" in Postcolonial Theory»,

en C. Bartolovich y N. Lazarus (eds.), *Marxism, Modernity and Postcolonial Studies*, Cambridge, Cambridge University Press, 2002, ha subrayado justamente que «no toda la narrativización histórica es teleológica o "historicista"», p. 63.

85. Marx, *El capital, op. cit.*, I, p. 7.

86. *Idem, Resoconto di un discorso di Karl Marx alla celebrazione dell'anniversario dell'Associazione operaia tedesca di cultura di Londra*, MEO, XX, p. 398.

87. *Karl Marx alla redazione degli «Annali Patrii»*, MEO, XLV, p. 234 [pp. 63-64 trad. cast.].

88. *Ibidem*, p. 235 [p. 64 trad. cast.].

89. *Ibidem*.

90. *Ibidem*, p. 235 [p. 65 trad. cast.]. White, *Marx and Russia, op. cit.*, considera que las palabras dirigidas a Mijailovski constituyen una «acusación sorprendente». A su juicio, «Marx no había considerado nunca que el desarrollo del capitalismo fuera un hecho meramente histórico, empírico. Había concebido el capitalismo como un sistema universal, la manifestación exterior de la especie interior del hombre. *El capital* se había limitado al desarrollo del capitalismo en el plano histórico solo porque Marx no había conseguido descubrir las fases más esenciales y lógicas del proceso». Las recientes publicaciones, en la *Marx-Engels-Gesamtausgabe* (MEGA²), de los manuscritos inacabados y de los apuntes de estudio de Marx demuestran, por el contrario, hasta qué punto sus investigaciones estuvieron marcadas por el estudio empírico y centradas en el análisis histórico. Al contrario de como en el pasado han supuesto muchos de sus intérpretes, no se inspiraron nunca en una nueva filosofía de la historia, ni tampoco recurrieron obsesivamente al método dialéctico. Los materiales de la MEGA² ratifican, con un testimonio definitivo, la falacia de este tipo de interpretaciones. *Cfr.* M. Musto (ed.), *Sulle tracce di un fantasma. L'opera di Karl Marx tra filologia e filosofia*, Roma, Manifestolibri, 2005, e *idem, Karl Marx. Biografia intellettuale e politica, 1857-1883*, Turín, Einaudi, 2018.

91. *Cfr.* P. P. Poggio, *L'obščina. Comune contadina e rivoluzione in Russia*, Milán, Jaca Book, 1978, p. 148.

92. Ha habido varios intentos de explicar cuáles fueron las razones que impulsaron a Marx a no publicar su réplica a Mijailovski. Cuando, en 1885, Engels envió la carta a la dirección del *Mensajero del Norte*, afirmó que no había sido publicada «por motivos que me son desconocidos», F. Engels, *Scritti 1883-1889*, MEO, XXVI, p. 202. Sin embargo, un año antes, en una carta enviada a Vera Zasúlich, decía: «Esta es la respuesta que escribió [Marx]; tiene todo el carácter de un documento hecho para ser publicado en Rusia, pero no lo mandó nunca a San Petersburgo por miedo a que la simple mención de su nombre pudiera comprometer la existencia de la revista que publicara su respuesta», Friedrich Engels a Vera Zasúlich, 6 de marzo de 1884, MEO, XLVII, p. 90. Debemos señalar, en cualquier caso, que no existen pruebas de que la revista rusa en cuestión

corriera ningún riesgo político real si hubiera decidido dar cabida en sus páginas a un texto escrito por Marx. Sin aportar las pruebas necesarias para demostrar su tesis, H. Wada, «Marx and Revolutionary Russia», en T. Shanin (ed.), *Late Marx and the Russian Road*, Nueva York, Monthly Review, 1983, ha defendido que «la verdadera razón, supongo, fue más bien que Marx, después de releer su carta, vio que algo fallaba en su crítica a Mijailovski», p. 60 [Hay trad. cast.: H. Wada, «Marx y la Rusia revolucionaria», en T. Shanin (ed.), *El Marx tardío y la vía rusa*, Madrid, Revolución, 1990, p. 84]. Para todo el episodio, *cfr.* White, *Marx and Russia, op. cit.*, que recuerda cómo, mientras tanto, en el número de los *Anales Patrios*, que llevaba el artículo de Mijailovski, apareció una réplica de Ziber en la que reiteraba que «el proceso formulado por Marx era obligatorio universalmente», p. 33. Su convencimiento de que «el capitalismo era un fenómeno universal, confirmado en todas las sociedades en un determinado estadio de su desarrollo», constituye un ejemplo muy significativo de cómo era percibido Marx en Rusia.

93. Según White, *Marx and Russia, op. cit.*, esa «percepción llegó a tener un empuje y una resistencia notables, hasta tal punto que, cuando la carta de Marx fue finalmente publicada, resultó difícil quitársela de encima», p. 33. Para la relación entre populismo y marxismo en Rusia, véase también R. Pipes, *Struve: Liberal on the Left, 1870-1905*, Cambridge, Harvard University Press, 1970, y un libro más reciente, V. Oittinen, *Marx's Russian Moment*, Londres, Palgrave, 2023, en particular el cap. III.

94. *Cfr.* Buber, *Sentieri in utopia, op. cit.*, p. 141, quien afirmaba: «Sus esfuerzos por dar la respuesta acertada son de admirable solidez y exactitud. Ya antes se había ocupado de tan difícil asunto y ahora profundiza de nuevo y con particular intensidad en su problema. Vemos una y otra vez cómo tacha una formulación de gran refinamiento y precisión para buscar luego otra más exacta aún. Aunque sólo constituyen una serie de esbozos fragmentarios, esos estudios me parecen constituir el ensayo más importante para abarcar sintéticamente el tema de la comunidad aldeana rusa» [p. 118 trad. cast.].

95. K. Marx, *Progetti preliminari della lettera a Vera Zasulič*, MEO, XLVI, Abbozzo II, p. 392 (en adelante: Marx, *Progetti preliminari*, seguido del número de borrador y de página). [*Cfr.* trad. cast.: Marx y Engels, *Escritos sobre Rusia. II. El porvenir de la comuna rusa, op. cit.*, que sigue ese mismo sistema (Borrador II, p. 45)].

96. Para una datación alternativa de los borradores de la carta a Zasúlich, véase H. Wada, «Marx and revolutionary Russia», en Shanin, *Late Marx and the Russian Road op. cit.*, pp. 64-65 [pp. 88-90 trad. cast.].

97. Marx, *Progetti preliminari*, III, p. 396 [p. 47 trad. cast.].

98. Marx, *Progetti preliminari*, II, pp. 392-393 [p. 47 trad. cast.].

99. *Cfr.* T. Shanin, «Late Marx: Gods and Craftsmen», en *idem, Late Marx and the Russian Road, op. cit.*, p. 16. [*Cfr.* trad. cast.: Shanin, «El último Marx: dioses y artesanos», en *idem, El Marx tardío y la vía rusa, op. cit.*, p. 32].

100. Marx, *Progetti preliminari*, II, p. 393 [p. 47 trad. cast.].

101. Idem, *I risultati futuri della dominazione britannica in India*, MEO, XII, p. 223. [*Cfr.* trad. cast.: «Futuros resultados de la dominación británica en la India», en Marx y Engels, *Obras escogidas*, II, *op. cit.*, p. 263].

102. *Ibidem*, p. 227 [p. 265 trad. cast.].

103. *Ibidem*, pp. 228-229 [p. 266 trad. cast.]. Marx añadió además la siguiente frase: «El periodo burgués de la historia está llamado a sentar las bases materiales de un nuevo mundo», *ibidem*.

104. *Cfr.*, por ejemplo, E. Said, *Orientalismo*, Milán, Feltrinelli, 2008, pp. 155-156. [Hay trad. cast.: E. W. Said, *Orientalismo*, Barcelona, Debolsillo, 2002, pp. 212-213]. A este respecto, véase el reciente volumen de Anderson, *Marx at the Margins*, *op. cit.*, p. 238. Edward Said no solo sostenía que «los análisis económicos de Marx encajan perfectamente en una típica empresa orientalista», sino que llegó incluso a insinuar que «se desvía[n] hacia la antigua desigualdad entre Este y Oeste», p. 156 [pp. 213-214 trad. cast.]. En realidad, la de Said era una lectura limitada, superficial y sectaria de las obras de Marx. El primero que puso en evidencia los fallos de esta interpretación fue Sadiq Jalal al-Azm. En su artículo «Orientalism and Orientalism in Reverse», en *Khamsin*, VIII, 1980, denunciaba que «esta exposición de las opiniones y de los análisis de Marx sobre procesos históricos y situaciones sumamente complejos, es una farsa. [...] No hay nada específico ni con Asia ni con Oriente en la amplia interpretación teórica de Marx», pp. 14-15. Efectivamente, por lo que respecta a «capacidades productivas, organización social, ascendiente histórico, poder militar y desarrollos científicos y tecnológicos..., Marx, como cualquiera, conocía la superioridad de la Europa moderna sobre Oriente. Pero acusarlo de [...] transformar este hecho contingente en una realidad necesaria para todos los tiempos es simplemente absurdo», pp. 15-16.

105. También A. Ahmad, en *Theory: Classes, Nations, Literatures*, Londres, Verso, 1992, ha demostrado perfectamente cómo Said «descontextualizó las citas, con escaso sentido de qué era lo que [representaba] el pasaje citado», p. 231, en la obra de Marx, simplemente para «incluir[las] en [su] archivo orientalista», p. 223. En contra de su presunto eurocentrismo, véase también I. Habib, «Marx's Perception of India», en I. Husain (ed.), *Karl Marx on India*, Nueva Delhi, Tulika, 2006, pp. xix-liv. En cualquier caso, los artículos de Marx de 1853 ofrecen una visión todavía parcial y simplista del colonialismo, si se comparan con las posteriores reflexiones que elaboró sobre este tema. Para los límites de estos textos, véase K. Lindner, *Marx, Marxism and the Question of Eurocentrism*, Londres, Palgrave, 2022.

106. Para Eric Hobsbawm, *Prefazione* a Karl Marx, *Forme economiche precapitalistiche*, Roma, Editori Riuniti, 1985, «el creciente interés de Marx en el comunismo primitivo» tenía que ver con «su odio y desprecio cada vez mayores

hacia la sociedad capitalista [...] parece probable que Marx, quien antes había dado la bienvenida al impacto del capitalismo occidental sobre las estancadas economías precapitalistas como una fuerza inhumana pero históricamente progresiva, se sintiera cada vez más horrorizado por esta inhumanidad», p. 48. [*Cfr.* trad. cast.: K. Marx y E. W. Hobsbawm, *Formaciones económicas precapitalistas*, México D. F., Cuadernos de Pasado y Presente, 1971, p. 47].

107. Marx, *Progetti preliminari*, III, p. 396 [p. 52 trad. cast.].

108. *Ibidem*, p. 399 [p. 56 trad. cast.].

109. *Ibidem*, p. 398 [p. 55 trad. cast.].

110. Marx, *Progetti preliminari*, II, p. 392 [p. 47 trad. cast.].

111. *Ibidem*, p. 393 [p. 48 trad. cast.].

112. Marx, *Progetti preliminari*, I, p. 386 [p. 37 trad. cast.].

113. Marx, *Progetti preliminari*, II, p. 393 [pp. 48-49 trad. cast.].

114. Marx, *Progetti preliminari*, III, p. 399 [p. 56 trad. cast.].

115. Marx, *Progetti preliminari*, I, p. 386 [p. 38 trad. cast.].

116. *Ibidem*, p. 389 [p. 41 trad. cast.].

117. *Ibidem*, p. 385 [p. 35 trad. cast.].

118. Marx, *Progetti preliminari*, II, p. 393 [p. 49 trad. cast.].

119. Marx, *Progetti preliminari*, III, p. 397 [pp. 53-54 trad. cast.].

120. Marx, *Progetti preliminari*, I, p. 387 [pp. 49-50 trad. cast.].

121. Véase la interpretación de Wada, «Marx and Revolutionary Russia», *op. cit.*, p. 60, donde el autor sostiene que los borradores han demostrado la existencia de «un cambio significativo desde la publicación de *El capital* en 1867» [p. 64 trad. cast.]. De un modo parecido, Enrique Dussel, *El último Marx (1863-1882) y la liberación latinoamericana*, México D. F., Siglo XXI, 1990, habla de un «cambio de rumbo», pp. 260, 268-269, y Tomonaga Tairako, «Marx on Capitalist Globalization», en *Hitotsubashi Journal of Social Studies*, XXXV, 2003, ha afirmado que Marx «cambió su perspectiva sobre la revolución global llevada a cabo por la clase obrera», p. 12. Otros autores han propuesto una lectura «tercermundista» del último Marx, en la que el sujeto revolucionario ya no son los obreros de las fábricas, sino las masas de los campos y de las periferias. Para otras reflexiones sobre estos temas, aunque con distintas interpretaciones entre sí, véanse también los trabajos de Umberto Melotti, *Marx and the Third World*, Londres, Palgrave, 1977; Kenzo Mohri, «Marx and "Underdevelopment"», en *Monthly Review*, XXX, 1979, 11, pp. 32-43; Néstor Kohan, *Marx en su (tercer) mundo. Hacia un socialismo no colonizado*, Buenos Aires, Biblos, 1998; y Jean Tible, *Marx Selvagem*, São Paulo, Autonomia Literária, 2018.

122. A este respecto, véase lo que dice Marian Sawer en su excelente libro *Marxism and the Question of the Asiatic Mode of Production*, La Haya, Martinus Nijhoff, 1977, p. 67: «Lo que ocurrió en la década de 1870 en particular no fue que Marx cambiara de parecer sobre el carácter de las comunas rurales, ni que

decidiera que habrían podido constituir la base del socialismo tal como eran; más bien, empezó a contemplar la posibilidad de que esas comunas fueran revolucionadas no ya por el capitalismo, sino por el socialismo [...]. Con la intensificación de la comunicación social y la modernización de los métodos de producción, el sistema de aldea habría podido ser incorporado a una sociedad socialista. En 1882, a Marx todavía le parecía una auténtica alternativa a la desintegración total de la *obshchina* debido al impacto del capitalismo». A este respecto, véase asimismo G. Sofri, *Il modo di produzione asiatico. Storia di una controversia marxista*, Turín, Einaudi, 1969: «Durante los últimos años de su vida, el estudio de las condiciones sociales de Rusia lo llevó a admitir la posibilidad, en determinadas condiciones, de un paso a una forma superior de comunismo saltándose la fase capitalista. Aun teniendo en cuenta que Rusia le parecía por entonces un país "semiasiático" más avanzado que India y que China, parece innegable que se produjo una evolución gradual del pensamiento de Marx», p. 70. [Hay trad. cast.: G. Sofri, *El modo de producción asiático. Historia de una controversia marxista*, Barcelona, Península, 1971].

123. A raíz de la reforma emancipadora de 1861, los campesinos podían comprar la tierra, pero solo mediante el pago de algunas indemnizaciones en forma de tributos.

124. Marx, *Progetti preliminari*, III, p. 398 [p. 54 trad. cast.].

125. *Ibidem* [pp. 54-55 trad. cast.].

126. Marx, *Progetti preliminari*, I, p. 388 [p. 43 trad. cast.].

127. *Ibidem*, p. 387 [p. 40 trad. cast.].

128. *Ibidem*.

129. Marx, *Progetti preliminari*, III, p. 398 [p. 55 trad. cast.].

130. *Ibidem*, pp. 398-399 [pp. 55-56 trad. cast.].

131. *Cfr.* Venturi, «Introduzione» a *idem, Il populismo ruso, op. cit.*, I, «Marx, en resumen, acababa aceptando las ideas de Chernishevski». p. XLI [p. 34 trad. cast.]. De la misma opinión era también Walicki, *Marxisti e populisti, op. cit.*, p. 163: «El razonamiento de Marx guarda un gran parecido con la *Crítica de los prejuicios filosóficos contra la propiedad comunal de la tierra* de Chernishevski» [p. 139 trad. cast.]. Según afirmaba, si los populistas rusos hubieran podido leer los manuscritos preparatorios de la carta a Vera Zasúlich, *cfr.* p. 162, habrían «encontrado en ellos, sin duda, una inapreciable y autorizada justificación de sus esperanzas» [p. 139 trad. cast.].

132. Marx, *Progetti preliminari*, I, p. 390 [p. 40 trad. cast.].

133. *Ibidem*, p. 388 [p. 40 trad. cast.].

134. *Ibidem*, p. 389 [p. 41 trad. cast.].

135. Forma colectiva de asociación cooperativa de origen tártaro, basada en los vínculos de la comunidad de sangre, en la que impera la responsabilidad solidaria de sus miembros respecto al Estado y hacia terceros; *cfr.* Poggio, *L'obščina, op. cit.*, p. 119.

136. Marx, *Progetti preliminari*, I, p. 388 [p. 40 trad. cast.].

137. Subdivisión administrativa tradicional existente en Rusia y en la Europa oriental.

138. Marx, *Progetti preliminari*, I, pp. 386-387 [p. 38 trad. cast.].

139. *Ibidem*, p. 391 [p. 45 trad. cast.].

140. K. Marx y F. Engels, *Prefazione* all'edizione russa del *Manifesto del partito comunista*, MEO, VI, p. 663. [*Cfr.* trad. cast.: Marx y Engels, «Prefacio» a la segunda edición rusa del *Manifiesto del partido comunista*, *op. cit.*, pp. 24-25].

141. Según Walicki, *Marxisti e populisti*, *op. cit.*, pp. 156-157, el breve texto de 1882 «reafirma la tesis de que el socialismo tiene mayores posibilidades en los países altamente desarrollados, pero, al mismo tiempo, considera que el desarrollo económico de los países puede verse esencialmente modificada bajo la influencia de las condiciones internacionales» [p. 133 trad. cast.].

142. *Naródnaya Volia* [«Voluntad del pueblo»], 5 de febrero de 1882, reeditado en *Literatura partii Narodnoj Voli* [«Literatura del partido *Voluntad del Pueblo*»], París, Société nouvelle de librairie et d'édition, 1905, p. 558.

143. Karl Marx a Vera Zasúlich, 8 de marzo de 1881, MEO, XLVI, p. 57 [p. 58 trad. cast.].

144. Marx se refería a la ejecutiva de una organización secreta de populistas, fundada en 1879 a raíz de la escisión de *Zemlyá y Volya* (ZIV), «Tierra y libertad», que había optado por la lucha «terrorista».

145. Karl Marx a Vera Zasúlich, 8 de marzo de 1881, MEO, XLVI, pp. 57-58 [p. 60 trad. cast.].

146. *Ibidem* [p. 60 trad. cast.].

147. Según Álvaro García Linera, *Forma valor y forma comunidad*, Buenos Aires, Prometeo, 2010, «uno de los trágicos errores del marxismo del siglo xx ha sido la propensión a querer convertir la historia real y los acontecimientos vivos en abnegados sirvientes de una filosofía de la historia», p. 229. Véase asimismo É. Balibar, *La filosofía di Marx*, Roma, Manifestolibri, 1994, pp. 87-120 [hay trad. cast.: É. Balibar, *La filosofía de Marx*, Buenos Aires, Ediciones Nueva Visión, 2000, pp. 85-134]; y D. Bensaïd, *Marx for Our Times: Adventures and Misadventures of a Critique*, Londres, Verso, 2002, en particular el capítulo «A New Way of Writing History», pp. 9-39 [hay trad. cast.: D. Bensaïd, *Marx intempestivo. Grandezas y miserias de una aventura crítica*, Buenos Aires, Ediciones Herramienta, 2003, «Una nueva escritura de la historia», pp. 29-72].

148. Karl Marx a Vera Zasúlich, 8 de marzo de 1881, MEO, XLVI, p. 57 [p. 60 trad. cast.].

149. David Riazánov, que fue el primero en descubrir y publicar los borradores preliminares de la carta, afirmaría que Marx no respondió a Zasúlich como habría querido debido a su disminuida capacidad para el trabajo. Véase D. Riazánov, «The Discovery of the Drafts», en Shanin (ed.), *Late Marx, op. cit.*,

p. 129 [*Cfr.* trad. cast.: D. Riazánov, «El descubrimiento de los borradores», en Shanin (ed.), *El Marx tardío, op. cit.*, p. 166]. Es esta una idea que comparte Maximilien Rubel en *Marx crítico del marxismo, op. cit.*, p. 214. Mucho más convincente es Venturi, «Introduzione» a *idem, Il populismo russo, op. cit.*, I, según el cual los borradores redactados para contestar a Zasúlich «demostraban, de manera muy viva, sus vacilaciones, sus dudas ante el problema central del populismo», p. XLI [*cfr.* trad. cast.: Venturi, «Introducción» a *idem, El populismo ruso, op. cit.*, I, p. 34]. Poggio, *L'obščina, op. cit.*, ha afirmado que Marx «vacilaba a la hora de posicionarse de forma contundente sobre un tema explosivo por sus implicaciones tanto políticas como teóricas», p. 157. Walicki, *Marxisti e populisti, op. cit.*, pp. 166-167, observaba acertadamente que, en la carta a Zasúlich, «se exageró curiosamente, sin duda, el posible papel que podía jugar la comuna campesina como motor de la regeneración social de Rusia». Sostenía, asimismo: «Por otra parte, hallamos en estos esbozos de Marx muchas ideas geniales que debilitaron el método decimonónico basado en la interpretación del cambio social en términos de un proceso natural conforme a la ley» [p. 142 trad. cast.].

150. Zasúlich y Gueorgui Plejánov llegaron incluso hasta el punto de ocultar la carta escrita por Marx, en este caso por evidentes razones políticas. El documento no fue publicado hasta 1924, más de cuarenta años después de ser redactado.

151. Friedrich Engels a Nikolái Danielson, 24 de febrero de 1893, en K. Marx y F. Engels, *India Cina Russia*, Milán, Il Saggiatore, 1960, p. 346. [Para la versión castellana, *cfr.* Marx, Danielson y Engels, *Correspondencia (1868-1895), op. cit.*, pp. 300-301].

152. Según Venturi, «Introduzione» a *idem, Il populismo russo op. cit.*, I, p. XLIV, «con el gran impulso industrializador de finales del XIX las dudas de Marx parecían, de momento, desvanecerse en el pasado, mientras iba afirmándose una nueva y rígida visión del desarrollo burgués». [*Cfr.* trad. cast.: Venturi, «Introducción», *El populismo ruso, op. cit.*, I, p. 36].

153. Venturi, *Il populismo russo, op. cit.*, III, *Dall'andata nel popolo al terrorismo*, p. 251, observaba que los militantes de *Zemlyá i volia* [«Tierra y libertad»] «no aceptaron el materialismo, no compartieron el obrerismo de Marx, aun admitiendo en sus líneas generales el examen que él hizo del desarrollo de la sociedad burguesa. Y no creían en un socialismo que naciera al término del desarrollo capitalista». [*Cfr.* trad. cast.: Venturi, *El populismo ruso, op. cit.*, II, p. 921].

154. «[Para Plejánov] no quedaba otra solución que dedicarse por entero a una tarea de organización, solo quedaba prepararse para una lenta evolución en la que el socialismo era la meta, y no ya el elemento económico de una revolución inmediata», *ibidem*, p. 329 [p. 980 trad. cast.]. A este respecto, véase asimismo H. Baron, «Lo sviluppo del capitalismo in Russia nel pensiero di Plecha-

nov», en *Storia del marxismo contemporaneo*, Milán, Istituto Giangiacomo Feltrinelli, Feltrinelli, 1974, pp. 426-450.

155. La revolucionaria Vera Figner afirmaba que el nombre de la vieja organización *Zemlyá i volia* («Tierra y libertad») quedó repartido entre los dos movimientos nacidos de sus cenizas: *Chornyi peredel* («Reparto negro») se quedó con la palabra «tierra», y *Naródnaya volia* («Voluntad del pueblo») se quedó con la palabra «libertad», pues el término *volia* significa tanto «voluntad» como «libertad». *Cfr.* Walicki, *Marxisti e populisti*, *op. cit.*, p. 93 [p. 78 trad. cast.].

156. Citado en Venturi, *Il populismo russo*, *op. cit.*, III, p. 354. [*Cfr.* trad. cast.: Venturi, *El populismo ruso*, *op. cit.*, II, pp. 999-1000].

157. *Ibidem*, p. 671 [p. 989 trad. cast.].

158. Karl Marx a Adolph Sorge, 5 de noviembre de 1880, MEO, XLVI, p. 35.

159. *Ibidem*.

160. Karl Marx a Jenny Longuet, 11 de abril de 1881, *ibidem*, p. 68. [*Cfr.* trad. cast.: Marx y Engels, *Correspondencia*, *op. cit.*, p. 317].

161. Karl Marx a Jenny Longuet, 11 de abril de 1881, MEO, XLVI, p. 68 [p. 317 trad. cast.]. Para las simpatías populistas de Marx, véase asimismo el testimonio de Morózov, que contaba la anécdota de una conversación mantenida con él en diciembre de 1880, en el transcurso de la cual Marx se mostró «muy interesado [...] por las acciones de Voluntad del pueblo [...] y dijo que la lucha [de esta organización] contra la autocracia le parecía [...] una especie de cuento de hadas, una historia sacada de una novela fantástica», Nikolái Morózov, en Enzensberger (ed.), *Colloqui con Marx e Engels*, *op. cit.*, p. 424.

162. En el libro *Le repliche della storia. Karl Marx tra la Rivoluzione francese e la critica della politica*, Turín, Bollati Boringhieri, 1989, Bruno Bongiovanni invita a no «infravalorar el horizonte de la política internacional a la hora de proporcionar una interpretación del itinerario intelectual de Marx [...] frente a Rusia». En su opinión, «basándonos en el conjunto de los escritos de Marx», cabe deducir que llegó a tener un convencimiento de la concatenación de los acontecimientos en la siguiente sucesión: «Guerra contra Rusia, derrota militar de Rusia, revolución rusa (no socialista, sino jacobina), ausencia (¿temporal o permanente?) del gendarme reaccionario de Europa, transformación socialista en Europa [...] retorno de la revolución a Rusia, donde, entonces y solo entonces, se podría utilizar la *obshchina* en la transición al socialismo», pp. 201-202. No obstante, lo que Bongiovanni define como «la mecánica del desarrollo de la revolución» se debilita mucho en las reflexiones del último Marx. La revolución no debe, por fuerza, empezar en Europa y llegar a Rusia solo en el «segundo asalto», p. 212.

163. Con razón, aunque con un «irreversiblemente» de más, Bongiovanni afirma que «la [comunidad] *Gemeinschaft*, en última instancia, no puede transus-

tanciarse milagrosamente en socialismo sin la presencia, esta sí irreversiblemente emancipadora, de la [sociedad] *Gesellschaft*», *ibidem*, p. 189.

164. Durante toda su vida Marx permaneció fiel a su máxima preferida: «*De omnibus dubitandum*»; *cfr.* K. Marx, *Confessioni*, MEO, XLII, p. 595.

3. LOS TORMENTOS DEL VIEJO NICK

1. Esta expresión fue utilizada por primera vez en 1846, a propósito de las divergencias entre Marx y el comunista alemán Wilhelm Weitling y fue empleada posteriormente también en el debate del proceso de Colonia contra los comunistas de 1852. *Cfr.* Rubel, *Marx critico del marxismo*, *op. cit.*, p. 82, nota 2.

2. Esta denominación apareció por primera vez en 1854; *cfr.* G. Haupt, *L'internazionale socialista dalla comune a Lenin*, Turín, Einaudi, 1978, p. 140, nota 4.

3. Hyndman observó acertadamente que, «en torno a 1880, Marx era literalmente un desconocido para el público inglés, salvo como un peligroso o incluso un loco promotor de la revolución y como uno de los responsables, en cuanto dirigente de la Internacional, de la terrible Comuna de París, en la cual ningún hombre como es debido podía pensar sin sentir espanto y horror», en Enzensberger (ed.), *Colloqui con Marx e Engels*, *op. cit.*, p. 405.

4. Karl Kautsky, *ibidem*, p. 438. *Cfr.* Musto, *Ripensare Marx e i marxismi*, *op. cit.*, pp. 189-198.

5. Friedrich Engels a Eduard Bernstein, 25 de octubre de 1881, MEO, XLVI, p. 115.

6. *Ibidem*, p. 117.

7. *Ibidem*.

8. *Ibidem*, p. 119.

9. *Ibidem*.

10. Karl Marx a Charles Longuet, 4 de enero de 1881, MEO, XLVI, p. 45.

11. *Ibidem*.

12. *Cfr.* J. Most, *Capitale e lavoro*, Milán, SugarCo, 1979. [Puede verse una traducción en castellano online en <http://www.antorcha.net>].

13. *Cfr.* C. Cafiero, *Il Capitale di Carlo Marx brevemente compendiato da Carlo Cafiero. Libro Primo: Sviluppo della Produzione Capitalistica*, Milán, E. Bignami e C. Editori, 1879. [*Cfr.* trad. cast.: C. Cafiero, *«El Capital» al alcance de todos. Compendio de «El Capital»*, Madrid, Júcar, 1977].

14. F. Nieuwenhuis, *Kapitaal en Arbeid*, La Haya, s. e., 1881.

15. *Ibidem*, p. 3.

16. Karl Marx a Ferdinand Nieuwenhuis, 22 de febrero de 1881, MEO, XLVI, p. 53.

17. *Ibidem.*

18. K. Marx, Intervista con il fondatore del socialismo moderno. Corrispondenza speciale della «Tribune», MEO, XLV, p. 389. [*Cfr.* trad. cast.: «Entrevista a Karl Marx», en G. Tridon (ed.), *Espiando a Marx. Informes de la policía secreta y otros documentos sobre Karl Marx*, Barcelona, Ganz1912, 2006, p. 85].

19. Friedrich Engels a Karl Kautsky, 1 de febrero de 1881, MEO, XLVI, p. 46.

20. *Ibidem.*

21. *Ibidem*, p. 47.

22. Karl Marx a Nikolái Danielson, 19 de febrero de 1881, *ibidem*, p. 50. [*Cfr.* trad. cast.: Marx, Danielson y Engels, *Correspondencia (1868-1895)*, *op. cit.*, p. 164].

23. Karl Marx a Friedrich Sorge, 15 de diciembre de 1881, *ibidem*, p. 129.

24. Karl Marx a Jenny Longuet, 7 de diciembre de 1881, *ibidem*, p. 126.

25. Karl Marx a Nikolái Danielson, 13 de diciembre de 1881, *ibidem*, p. 128. [*Cfr.* trad. cast.: Marx, Danielson y Engels, *Correspondencia (1868-1895)*, *op. cit.*, p. 201].

26. En la correspondencia de Marx se encuentran un par de alusiones al «sabihondo de Hyndman», *ibidem*, p. 68, anteriores y posteriores al final de su relación, que demuestran hasta qué punto Marx fue siempre bastante crítico con este personaje. Véase, por ejemplo, Karl Marx a Jenny Longuet, 11 de abril de 1881: «Anteayer [...] una invasión de Hyndman y esposa a quienes les gusta mucho permanecer largo rato. No me disgusta la mujer, porque tiene un modo brusco, no convencional y decidido de pensar y hablar, pero es gracioso ver con cuánta admiración mira la cara de su satisfecho y charlatán marido», *ibidem*, p. 67 [p. 316 trad. cast.]. Unos meses después del conflicto que puso fin a su relación, Marx le hizo el siguiente comentario a Friedrich Sorge: «Durante muchas noches este individuo ha insistido en sonsacarme y aprender en forma más fácil», *ibidem*, p. 130 [p. 323 trad. cast.].

27. H. Hyndman, *England for All*, Nueva York, Barnes & Noble, 1974, p. xxxviii.

28. Se trata de la primera versión de la carta, conservada por Marx, MEO, XLVI, p. 84. Hyndman, en prueba de su mediocre talla humana y de su carácter infantil, reconocería: «Destruí la mayor parte de las cartas que me envió Marx a raíz de nuestras [*sic*] divergencias», Hyndman, *The Record of an Adventurous Life*, *op. cit.*, p. 283. Jenny von Westphalen ya lo había previsto todo cuando el 2 de julio de 1881 escribió desde Eastbourne a su hija Laura: «El sábado el corto de vista ese de Hyndman se ha encontrado de buenas a primeras con un duro golpe. No creo que llegue a enfrentarse cara a cara con la carta [*sc.* de Marx], aunque, pese a su mordacidad, fue redactada con tanto ingenio que la cólera resulta casi imperceptible. Me parece que el Moro estuvo muy afortunado en su

composición», en Y. Kapp, *Eleanor Marx*, I, *Vita famigliare (1855-1883)*, Turín, Einaudi, 1977, p. 193.

29. Karl Marx a Henry Hyndman, 2 de julio de 1881, MEO, XLVI, p. 84.

30. Karl Marx a Friedrich Sorge, 15 de diciembre de 1881, *ibidem*, pp. 129-130 [pp. 322-323 trad. cast.].

31. *Ibidem*, p. 130 [p. 323 trad. cast.]. Posteriormente, Hyndman contactó también con Engels, que le escribió una carta a finales de marzo de 1882 en los siguientes términos: «Me alegrará mucho conocerlo a usted personalmente, en cuanto haya usted arreglado sus relaciones con mi amigo Marx, al que, por lo que veo, ahora considera usted digno de citar», Friedrich Engels a Henry Hyndman, *ibidem*, p. 182. Marx comentaría: «El tipo ese se tiene más que merecido sentirse irritado con tu brevísima carta, sobre todo porque en su descaro hacia mí contaba con que yo, por "reparos motivados por la propaganda", no podía comprometerlo públicamente. Y él de hecho lo sabía», Karl Marx a Friedrich Engels, 8 de abril de 1882, *ibidem*, p. 187.

32. Karl Marx a Henry Hyndman, 2 de julio de 1881, *ibidem*, p. 84.

33. *Cfr.* E. Bottigelli, «La rupture Marx-Hyndman», en *Annali dell'Istituto Giangiacomo Fentrinelli*, III, 1961: «Las causas de la ruptura no son de índole personal ni se deben a las ambiciones de un autor frustrado. Son una toma de postura teórica por la cual Marx comunicaba a la Federación Democrática y a uno de sus principales fundadores que él no tenía nada que ver con aquella iniciativa», p. 625.

34. Henry Hyndman a Karl Marx, 25 de febrero de 1880, IISH, *Marx-Engels Papers*, C 261, C 262. Gran parte de las cartas del socialista inglés no han sido publicadas nunca. Algunas de ellas son citadas en C. Tsuzuki, *H. M. Hyndman and British Socialism*, Londres, Oxford University Press, 1961, p. 34.

35. Karl Marx a Henry Hyndman, 8 de diciembre de 1880, MEO, XLVI, p. 38.

36. *Ibidem*.

37. A este respecto, véanse las declaraciones de Marx reseñadas por Mountstuart Elphinstone, en Enzensberger (ed.), *Colloqui con Marx e Engels, op. cit.*, p. 400.

38. J. Rae, «The Socialism of Karl Marx and the Young Hegelians», en *The Contemporary Review*, XL, julio-diciembre de 1881, pp. 587-607.

39. Karl Marx a Friedrich Sorge, 15 de diciembre de 1881, MEO, XLVI, p. 129 [p. 322 trad. cast.].

40. E. Belfort Bax, «Leaders of Modern Thought: XXIII. Karl Marx», en *Modern Thought*, III, diciembre de 1881, 12, pp. 349-354.

41. *Ibidem*, p. 354.

42. Karl Marx a Friedrich Sorge, 15 de diciembre de 1881, MEO, XLVI, p. 130 [p. 323 trad. cast.].

43. F. Engels, *Prefazione all'edizione inglese*, en Marx, *Il capitale, op. cit.*, I,

p. 56. [*Cfr.* trad. cast.: *F. Engels*, «Prólogo a la edición inglesa», en Marx, *El capital*, *op. cit.*, p. 30].

44. K. Marx, *Das Kapital. Zweites Buch: Der Zirkulationsprozeß des Kapitals. Zu benutzende Textstellen früherer Darstellungen* (Manuskript I bis IV), MEGA², II, 11, pp. 525-548.

45. *Idem, Das Kapital. Zweites Buch: Der Zirkulationsprozeß des Kapitals. Erster Abschnitt* (Fragment II), *ibidem*, pp. 550-697.

46. *Idem, Das Kapital. Zweites Buch: Der Zirkulationsprozeß des Kapitals.* (Manuskript VIII), *ibidem*, pp. 698-828.

47. *Cfr.* Otani, Vasina, Vollgraf, *Einführung*, *ibidem*, p. 881. Para un análisis de los estudios más al día de *El capital* de Marx remitimos a M. Musto (ed.), *Marx's Capital after 150 Years: Critique and Alternative to Capitalism*, Londres–Nueva York, Routledge, 2019.

48. Karl Marx a Friedrich Engels, 18 de julio de 1877, MEO, XLV, p. 198.

49. Karl Marx a Friedrich Engels, 25 de julio de 1877, *ibidem*, p. 204.

50. Karl Marx a Friedrich Sorge, 27 de septiembre 1877, *ibidem*, p. 225.

51. Marx se refería a las *Teorías de la plusvalía*.

52. Karl Marx a Sigmund Schott, 3 de noviembre de 1877, *ibidem*, p. 236. Con la expresión «tercera parte», Marx se refería a los estudios sobre la historia de las teorías económicas iniciados a comienzos de la década de 1860. La segunda, en cambio, tenía que ver con los que después publicó Engels, como los libros Segundo y Tercero de *El capital*. *Cfr.* Karl Marx a Ludwig Kugelmann, 13 de octubre de 1866, MEO, XLII, p. 579 [hay trad. cast.: C. Marx, *Cartas a Kugelmann*, La Habana, Editorial de Ciencias Sociales, 1975, p. 46]. Hay que señalar, no obstante, que en su carta a Schott, Marx proporcionaba una representación del estado de sus manuscritos que no se correspondía con la realidad. Carl-Erich Vollgraf, «Marx's Further Work on *Capital* after Publishing. Volume I: On the Completion of Part II of MEGA²», en M. van der Linden y G. Hubmann (eds.), *Marx's Capital: An Unfinishable Project?*, Leiden, Brill, 2018, ha puesto acertadamente de manifiesto que algunas partes importantes de las *Teorías de la plusvalía* no contenían aún «su interpretación elaborada de forma completa». Además, muchas páginas de ese texto «no [estaban] bien ponderadas [y resultaban] pedantes», p. 62.

53. Esos extractos se encuentran sobre todo en IISH, *Marx-Engels Papers*, B 129 y B 138.

54. Karl Marx a Sigmund Schott, 29 de marzo de 1878, MEO, XLV, pp. 254-255. *Cfr.* IISH, *Marx-Engels Papers*, B 140, B 141 y B 146. Para los juicios de Marx sobre Kaufman, véase asimismo la carta de Karl Marx a Nikolái Danielson, 10 de abril de 1879, MEO, XLV, p. 299 [pp. 123-129 trad. cast.].

55. Karl Marx a Thomas Allsop, 28 de abril de 1878, *ibidem*, p. 257.

56. Karl Marx a Nikolái Danielson, 28 de noviembre de 1878, *ibidem*, p. 287 [p. 93 trad. cast.]. Para la crítica marxiana de las concepciones de Bastiat, véase

K. Marx, *Introduzione alla critica dell'economia politica*, M. Musto (ed.), Macerata, Quodlibet, 2023, pp. 71 y 79. [Para la trad. cast. de la obra, véase K. Marx, *Introducción general a la crítica de la economía política/1857*, México D. F., Siglo XXI, 1968, pp. 78 y 90].

57. Karl Marx a Friedrich Sorge, 4 de abril de 1876, MEO, XLV, p. 95.

58. Karl Marx a George Rivers, 24 de agosto de 1878, *ibidem*, p. 265.

59. Karl Marx a Nikolái Danielson, 15 de noviembre de 1878, *ibidem*, p. 286 [p. 94 trad. cast.].

60. *Cfr.* Vollgraf, «Marx's Further Work on *Capital*», *op. cit.*, pp. 64-65.

61. K. Marx, *Exzerpte und Notizen zur Geologie, Mineralogie und Agrikulturchemie. März bis September 1878*, MEGA², IV, 26, pp. 3-94.

62. *Ibidem*, pp. 139-679.

63. F. Engels, *Karl Marx*, en K. Marx, *Capitale e salario di Karl Marx*, Roma, Critica Sociale, 1893, p. 10.

64. Eleanor Marx a Carl Hirsch, 8 de junio de 1878, MEO, XLV, p. 399.

65. Karl Marx a Friedrich Engels, 18 de septiembre de 1878, *ibidem*, p. 273.

66. «Intervista con il fondatore del socialismo moderno. Corrispondenza speciale della *Tribune*», 5 de enero de 1879, *ibidem*, p. 383. [*Cfr.* trad. cast.: «Entrevista a Karl Marx», en Tridon (ed.), *Espiando a Marx, op. cit.*, pp. 77].

67. *Ibidem*, p. 385 [pp. 79-80 trad. cast.].

68. *Ibidem*, p. 386 [p. 80 trad. cast.].

69. *Ibidem* [p. 80 trad. cast.].

70. *Ibidem*, pp. 388-389 [p. 84 trad. cast.].

71. *Ibidem*, p. 389 [p. 80 trad. cast.].

72. *Ibidem*, p. 384 [p. 78 trad. cast.].

73. Mountstuart Elphinstone, en Enzensberger (ed.), *Colloqui con Marx e Engels, op. cit.*, p. 400.

74. Karl Marx a Nikolái Danielson, 15 de noviembre de 1878, MEO, XLV, p. 285 [p. 93 trad. cast.].

75. Karl Marx a Nikolái Danielson, 10 de abril de 1879, *ibidem*, pp. 295-296 [p. 123 trad. cast.].

76. *Ibidem*, p. 297 [p. 125 trad. cast.].

77. *Ibidem*, p. 299 [p. 128 trad. cast.].

78. *Ibidem*, p. 298 [p. 127 trad. cast.].

79. *Ibidem*, p. 297 [p. 127 trad. cast.].

80. *Ibidem*, pp. 297-298 [p. 127 trad. cast.].

81. Karl Marx a Ferdinand Nieuwenhuis, 27 de junio de 1880, MEO, XLVI, p. 14.

82. Karl Marx a Nikolái Danielson, 10 de abril de 1879, MEO, XLV, p. 297 [p. 199 trad. cast.].

83. *Ibidem*, p. 295 [p. 123 trad. cast.]. Para los viajes de Marx a Karlsbad,

véanse E. E. Kisch, *Karl Marx in Karlsbad*, Berlín, Aufbau, 1953, y Musto, *Karl Marx. Biografía, op. cit.*, pp. 153-159.

84. Karl Marx a Jenny Longuet, 19 de agosto de 1879, MEO, XLV, p. 310.

85. Karl Marx a Friedrich Engels, 25 de agosto de 1879, *ibidem*, p. 314.

86. Karl Marx a Friedrich Sorge, 19 de septiembre de 1879, *ibidem*, p. 340.

87. Karl Marx a Friedrich Engels, 10 de septiembre de 1879, *ibidem*, p. 323.

88. Karl Marx a Nikolái Danielson, 19 de septiembre 1879, *ibidem*, p. 340 [p. 149 trad. cast.].

89. Según M. Heinrich, «*Capital* after MEGA: Discontinuities, Interruptions, and New Beginnings», en *Crisis & Critique*, III, 2016, 2, Marx comprendió que, «respecto a las teorías del crédito y de la crisis, ya no era posible prescindir del papel del Estado, en particular de los bancos nacionales y del crédito público. Del mismo modo, tampoco era posible prescindir del papel del comercio internacional, de los tipos de cambio y de las fluctuaciones del crédito internacional». Además, Marx se convenció de que sus conocimientos acerca de las «cuestiones tecnológicas —en las que se había basado el Libro Primero de *El capital*— ya no eran suficientes, habida cuenta de los enormes progresos» que se habían producido en los últimos años, pp. 132.

90. Friedrich Engels a Johann Philipp Becker, 19 de diciembre de 1879, MEO, XLV, p. 358.

91. Karl Marx a Laura Lafargue, 18 de diciembre de 1871, MEO, XLIV, p. 370.

92. Karl Marx a Maurice Lachâtre, 18 de marzo de 1872, *ibidem*, p. 438. [La carta aparece reproducida como Prólogo a la Edición Francesa de *El capital*; *cfr.* K. Marx, *El capital*, Madrid, Siglo XXI, 1975, p. 21].

93. Karl Marx a Nikolái Danielson, 28 de mayo de 1872, *ibidem*, p. 485 [p. 27 trad. cast.]

94. Jenny Marx (hija) a Ludwig Kugelmann, 3 de mayo de 1872, *ibidem*, p. 671. [*Cfr.* trad. cast.: C. Marx, *Cartas a Kugelmann*, La Habana, Editorial de Ciencias Sociales, 1975, p. 239].

95. Moro era como lo llamaban la familia y los compañeros de lucha más próximos a él: «Nunca lo llamaban Marx, ni tampoco Karl, sino solo "Moro", y del mismo modo cada uno de nosotros tenía su propio sobrenombre; donde acababan los sobrenombres terminaba también la intimidad más estrecha. "Moro" era su sobrenombre desde los tiempos de la universidad, y en la *Nueva Gaceta Renana* también lo llamaban siempre "Moro". Si me hubiera dirigido a él de otra manera, habría creído que había algún problema», Friedrich Engels a Theodor Cuno, 29 de marzo de 1883, MEO, XLVI, p. 363. En este sentido, véanse otros dos testimonios de 1881. August Bebel escribió: «Su esposa y sus hijas siempre llamaban "Moro" a Marx, como si no tuviera otro nombre. Dicho sobrenombre había surgido a raíz de su cabellera y su barba, negros como ala de cuervo

que, a diferencia del bigote, por entonces ya estaban cubiertas de canas», en Enzensberger (ed.), *Colloqui con Marx e Engels, op. cit.*, pp. 416. Bernstein, por su parte, contaba: «Yo quería despedirme, pero Engels me llamó y me dijo: "No, no, venga usted también a ver al Moro". "¿Al Moro? ¿Quién es ese?". "Marx. ¿Quién, si no?" —replicó Engels, como si se tratara de la cosa más natural del mundo», *ibidem*, p. 418. Para una lista completa de los numerosísimos diminutivos de la familia Marx, véase O. Meier (ed.), *The Daughters of Karl Marx: Family Correspondence, 1866-1898*, Nueva York-Londres, Harcourt Brace Jovanovich, 1982, p. XIII.

96. Jenny Marx (hija) a Ludwig Kugelmann, 27 de junio de 1872, MEO, XLIV, p. 676 [p. 241 trad. cast.].

97. Friedrich Engels a Ludwig Kugelmann, 1 de julio de 1873, *ibidem*, p. 621.

98. Karl Marx a Friedrich Sorge, 27 de septiembre de 1877, MEO, XLV, p. 225.

99. Marx, *El capital, op. cit.*, I, p. 22.

100. Karl Marx a Friedrich Sorge, 27 de septiembre de 1877, MEO, XLV, p. 225.

101. Karl Marx a Nikolái Danielson, 15 de noviembre de 1878, *ibidem*, p. 285 [p. 93 trad. cast.].

102. Karl Marx a Nikolái Danielson, 28 de noviembre de 1878, *ibidem*, p. 288 [p. 96 trad. cast.]. Para una lista de las modificaciones y los añadidos contenidos en la traducción francesa que no fueron incluidos en la tercera ni en la cuarta edición alemana —esto es, en la versión canónica de *El capital* a partir de la cual ha sido traducida también la principal versión italiana—, véase K. Marx, *Das Kapital. Kritik der politischen Ökonomie. Hamburgo, Erster Band, 1890*, MEGA², II, 10, pp. 732-783. Para una revisión en este sentido de dicha versión, hemos de remitir a K. Anderson, «The "Unknown" Marx's *Capital Volume I*: The French Edition of 1872-75, 100 Years Later», en *Review of Radical Political Economics*, XV, 1985, 4, pp. 71-80; y a J. d'Hondt, «La traduction tendencieuse du *Capital* par Joseph Roy», en G. Labica (bajo la dirección de), *1883-1983. L'oeuvre de Marx, un siècle après*, París, PUF, 1985, pp. 131-137. El primer libro dedicado íntegramente a la traducción francesa de *El capital* es el reciente volumen de M. Musto (ed.), *Marx and «Le Capital»: Evaluation, History, Reception*, Londres-Nueva York, Routledge, 2022.

103. La labor editorial llevada a cabo por Engels tras el fallecimiento de su amigo con el fin de dar a la imprenta las partes de *El capital* que este último no logró acabar, fue sumamente compleja. Los múltiples manuscritos, borradores y fragmentos del Libro Segundo y del Libro Tercero, escritos entre 1864 y 1881, corresponden, en los volúmenes de la MEGA², a unas 2.350 páginas, aproximadamente. Engels consiguió dar a la imprenta el Libro Segundo en 1885 y el Libro Tercero en 1894, pero debemos tener presente que estos dos volúmenes fueron

reconstruidos a partir de textos incompletos, a menudo heterogéneos, y, por otra parte, al haber sido elaborados en periodos distintos, las opiniones de Marx resultan discordantes.

104. Véase, por ejemplo, la carta de Karl Marx a Nikolái Danielson, 13 de diciembre de 1881, MEO, XLVI, p. 128 [p. 174 trad. cast.], en la que afirmaba: «En primer lugar debo recuperar la salud, luego desearía terminar lo antes posible el segundo tomo». Solo a raíz de la tercera edición del Libro Primero, cuya publicación ya había sido anunciada por su editor, habría podido Marx dedicarse a mejorar nuevamente el texto, tal como era su deseo.

105. Friedrich Engels a Jenny Longuet, 17 de junio de 1881, MEO, XLVI, p. 80.

106. Karl Marx a Friedrich Sorge, 20 de junio de 1881, *ibidem*, p. 81.

107. Friedrich Engels a Karl Marx, 7 de julio de 1881, *ibidem*, p. 85.

108. *Cfr.* Karl Marx a Laura Lafargue, 13 de abril de 1882, *ibidem*, p. 189. En esta carta, Marx compartía sus recuerdos con su hija y le decía: «Cuántas veces pienso en ti en Eastbourne, sentada junto al lecho del dolor de mi Jenny, y en las cariñosas visitas diarias que tanto animaban al cascarrabias del Viejo Nick», p. 189. Véase asimismo Kapp, *Eleanor Marx*, I, *Vita famigliare (1855-1883)*, *op. cit.*, p. 200.

109. Jenny von Westphalen a Laura Lafargue, *op. cit.*, *ibidem*. La colección más completa de cartas de Jenny von Westphalen está disponible en alemán en A. Limmroth y R. Hecker (eds.), *Jenny Marx. Die Briefe*, Berlín, Dietz, 2014.

110. Karl Marx a Jenny Longuet, 22 de julio de 1881, MEO, XLVI, p. 87.

111. Karl Marx a Friedrich Engels, 27 julio de 1881, *ibidem*, p. 88.

112. La primera carta firmada de este modo por Marx data del año de la publicación de *El capital*; *cfr.* Karl Marx a Laura Lafargue, 13 de mayo de 1867, MEO, XLII, p. 596. Entre los muchos textos-basura escritos sobre Marx, en los cuales se le acusa incluso de antisemitismo o de racismo, está el de un cura rumano, prolífico autor de libros «ridículos», Richard Wurmbrand, que acusó a Marx de ser un espíritu diabólico, *cfr. Was Karl Marx a Satanist?*, Glendale, Diane Books, 1979. En esta obra se afirma que Marx «tenía del mundo la visión del diablo y su misma maldad. A veces parecía saber que estaba realizando la obra del mal», p. 14. Marx, por el contrario, usaba el apelativo Viejo Nick en tono burlón y cariñoso. En septiembre de 1869, decía en una carta a su hija Laura: «Siento no poder celebrar el cumpleaños de mi gorrioncito en casa, pero los pensamientos del Viejo Nick están contigo: te llevo encerradita en mi corazón», Karl Marx a Laura Lafargue, 25 de septiembre de 1869, MEO, XLIII, p. 685; y, una vez más, tras el nacimiento de uno de los hijos de Laura, decía: «Abrace usted de mi parte al pequeño Schnappy y dígale que el Viejo Nick está muy orgulloso de las dos fotografías de su sucesor», Karl Marx a Paul Lafargue, 4 de febrero de 1871, MEO, XLIV, p. 175.

113. Karl Marx a Friedrich Engels, 27 de julio de 1881, MEO, XLVI, p. 89.

114. *Ibidem*.

115. Friedrich Engels a Karl Marx, 29 de julio de 1881, *ibidem*, pp. 89-90.

116. Karl Marx a Friedrich Engels, 3 de agosto de 1881, *ibidem*, p. 90. Con la caballerosidad que lo caracterizaba, Engels le respondió inmediatamente: «No vayan a salirte canas por treinta miserables libras. Si necesitas más, dímelo y te hago un cheque por una cantidad superior», Friedrich Engels a Karl Marx, 5 de agosto de 1881, *ibidem*, p. 92.

117. Karl Marx a Friedrich Engels, 3 de agosto 1881, *ibidem*, p. 90.

118. *Ibidem*, p. 91.

119. Marx no se puso en contacto con algunos de ellos hasta unos días más tarde: «Llevo aquí casi dos semanas; todavía no he ido a París ni he visitado a ninguno de mis conocidos. El estado de mi mujer no consentía ni una cosa ni la otra», Karl Marx a Carl Hirsch, 6 de agosto de 1881, *ibidem*, p. 93.

120. Karl Marx a Friedrich Engels, 9 de agosto de 1881, *ibidem*, p. 94.

121. *Ibidem*.

122. Marx también le comunicó el asunto a su otra hija, Laura, que se encontraba en Londres: «El estado de mamá es siempre preocupante como consecuencia de su debilidad cada vez mayor. Por eso quería yo —teniendo en cuenta que esta vez solo podemos hacer el viaje en pequeñas etapas— salir a finales de esta semana a toda costa y así se lo comuniqué a la enferma. Pero ella frustró mis planes enviando ayer a lavar nuestra ropa blanca», Karl Marx a Laura Lafargue, 9 de agosto de 1881, *ibidem*, p. 96.

123. Karl Marx a Friedrich Engels, 9 de agosto de 1881, *ibidem*, p. 94.

124. Yvonne Kapp supone que el «problema [de Eleanor] era doble y apremiante [...] [por un lado] intentaba poner fin a su noviazgo [clandestino] con Lissagaray», nunca aceptado por la familia, y, al mismo tiempo, tras actuar en varias funciones, «deseaba iniciar una carrera» como actriz de teatro, Kapp, *Eleanor Marx*, I, *Vita famigliare (1855-1883)*, *op. cit.*, pp. 208-209.

125. Karl Marx a Jenny Longuet, 18 de agosto de 1881, MEO, XLVI, p. 108. A Engels le contó que el doctor Donkin había considerado casi «un milagro que [a Eleanor] no le hubiera dado antes un colapso semejante», Karl Marx a Friedrich Engels, 18 de agosto de 1881, *ibidem*, p. 107.

126. Karl Marx a Jenny Longuet, 18 de agosto de 1881, *ibidem*, p. 109.

127. Karl Marx a Friedrich Engels, 19 de agosto de 1881, *ibidem*, p. 109.

128. Karl Marx a Karl Kautsky, 1 de octubre de 1881, *ibidem*, p. 114.

129. Karl Marx a Minna Kautsky, 1 de octubre de 1881, *ibidem*, p. 115.

130. Karl Marx a Karl Kautsky, 1 de octubre de 1881, *ibidem*, p. 114.

131. Paul Lafargue, en Enzensberger (ed.), *Colloqui con Marx e Engels*, *op. cit.*, pp. 441-442.

132. «No debes dejar a los niños. Sería una verdadera locura y le causaría a

papá una preocupación mayor que la alegría o el bien que pudiera hacerle tenerte aquí», en Kapp, *Eleanor Marx*, I, *Vita famigliare (1855-1883), op. cit.*, p. 201.

133. Friedrich Engels a Eduard Bernstein, 25 de octubre de 1881, MEO, XLVI, p. 120. Engels no exageraba, ni mucho menos, como demuestra también lo que diría posteriormente Marx en una carta a Becker: «Una pleuresía, unida a una bronquitis, agravó tanto mi estado que por un momento, es decir, durante varios días, los médicos dudaron de que pudiera sobrevivir», Karl Marx a Johann Philipp Becker, 10 de diciembre de 1881, *ibidem*, p. 127.

134. Friedrich Engels a Johann Philipp Becker, 4 de noviembre de 1881, *ibidem*, pp. 120-121.

135. Friedrich Engels a Eduard Bernstein, 30 de noviembre de 1881, p. 124.

136. Engels comentó en tono de júbilo: «Ningún proletariado ha tenido un comportamiento tan magnífico. En Inglaterra, tras el gran fracaso de 1848, cayó en la apatía y al final en la resignación ante la explotación burguesa, con la salvedad de la lucha aislada de las *Trade-Unions* ["sindicatos"] por el aumento de los salarios», Friedrich Engels a Eduard Bernstein, 30 de noviembre de 1881, *ibidem*, p. 121.

137. Kapp, *Eleanor Marx*, I, *Vita famigliare (1855-1883), op. cit.*, p. 201.

138. Eleanor Marx, en Enzensberger (ed.), *Colloqui con Marx e Engels, op. cit.*, pp. 443-444. Posteriormente Marx diría en una carta a Danielson que había estado tan enfermo que «durante tres de las últimas seis semanas de vida de mi mujer no pude verla, si bien estábamos en dos habitaciones contiguas», Karl Marx a Nikolái Danielson, 13 de diciembre de 1881, MEO, XLVI, p. 128 [p. 174 trad. cast.].

139. Karl Marx a Jenny von Westphalen, 21 de junio de 1856, MEO, XL, p. 561.

140. Karl Marx a Jenny von Westphalen, 15 de diciembre de 1863, MEO, XLI, p. 698. Para la vida de Jenny von Westphalen y su relación con Marx remitimos al libro de M. Gabriel, *Love and Capital*, Nueva York-Boston-Londres, Little, Brown and Company, 2011. También ha sido publicado recientemente A. Limmroth, *Jenny Marx. Die Biographie*, Berlín, Dietz, 2018. Entre las obras de fecha anterior, véanse L. Dornemann, *Jenny Marx: Der Lebensweg einer Sozialistin*, Berlín, Dietz, 1971, y H. F. Peters, *Red Jenny: A Life with Karl Marx*, Nueva York, St. Martin's, 1986.

141. Karl Marx a Jenny Longuet, 7 de diciembre 1881, MEO, XLVI, p. 124.

142. Kapp, *Eleanor Marx*, I, *Vita famigliare (1855-1883), op. cit.*, p. 201.

143. Engels, *op. cit., ibidem*, p. 202.

144. Karl Marx a Jenny Longuet, 7 de diciembre de 1881, MEO, XLVI, p. 124.

145. *Ibidem.*

146. Karl Marx a Johann Philipp Becker, 10 de diciembre de 1881, *ibidem*, p. 127.

147. Karl Marx a Nikolái Danielson, 13 de diciembre de 1881, *ibidem*, p. 128 [p. 174 trad. cast.].

148. Karl Marx a Friedrich Sorge, 15 de diciembre de 1881, *ibidem*, p. 129.

149. Marx, *Per la critica dell'economia politica*, *op. cit.*, p. 6. [*Cfr.* trad. cast.: Marx, *Contribución a la crítica de la economía política*, *op. cit.*, p. 6.

150. *Cfr.* M. Krätke, «Marx and World History», en *International Review of Social History*, LXIII, 2018, 1, quien afirma que Marx concebía ese proceso como el «desarrollo, en su conjunto, del comercio, la agricultura, la industria minera, el sistema fiscal y las infraestructuras», p. 123. Según Krätke, Marx elaboró estos extractos basándose en una convicción madurada desde hacía tiempo: «Dar al movimiento socialista unas bases sociocientíficas sólidas, en vez de [crear] una filosofía política», p. 92.

151. Para la vida de este historiador italiano, véase S. Botta, *Vita privata di Carlo Botta. Ragguagli domestici ed aneddotici raccolti dal suo maggior figlio*, Florencia, G. Barbera, 1877.

152. Para la biografía intelectual de Schlosser, véase M. Gottlob, *Geschichtsschreibung zwischen Aufklärung und Historismus. Johannes von Müller und Friedrich Christoph Schlosser*, Frankfurt, Peter Lang, 1989, en particular la sección IV.

153. *Cfr.* B. Kaiser, *Ex libris Karl Marx und Friedrich Engels. Schicksal und Verzeichnis einer Bibliothek*, Berlín, Dietz, 1967, pp. 36-37. Véase asimismo MEGA[2], IV, 32, pp. 158 y 586-587.

154. En la correspondencia de Marx no existe referencia alguna a estos estudios y, por lo tanto, resulta muy difícil establecer su datación exacta. Los editores del tomo *Marx Engels Werke*, XIX, Berlín, Dietz, 1962, encuadraron cronológicamente estos extractos entre «aproximadamente finales de 1881 y finales de 1882», pp. 621-622. Maximilien Rubel, en la «Cronologia della vita e dell'opera di Karl Marx, 1818-1883», en *idem*, *Karl Marx*, *op. cit.*, afirmó que datan «sin duda alguna» de finales de 1881, p. 539. Si bien la primera hipótesis es demasiado genérica, la segunda tampoco parece del todo precisa, pues es muy probable que Marx siguiera adelante con este proyecto después de haber realizado la parte más visible del mismo, incluso durante algún periodo de 1882. Resulta presumible por los distintos tipos de subrayado que presentan los manuscritos, y por la carta enviada a su hija Eleanor el 23 de diciembre de 1882, MEO, XLVI, p. 326. Cabe, por lo tanto, conjeturar que estos cuadernos datarían de las dos únicas fases de actividad intelectual de los últimos dieciocho meses de su vida, pasadas ambas entre Londres y la isla de Wight: el periodo que va del otoño de 1881 al 9 de febrero de 1882, y el que va de entre primeros de octubre de 1882 al 12 de enero de 1883. Sin duda debemos excluir la posibilidad de que Marx trabajara en su cronología histórica durante los ocho meses de 1882 pasados entre Francia, Argelia y Suiza.

155. Su contenido en algunos casos difiere ligeramente de las fechas in-

dicadas por Engels. La única parte publicada de estos manuscritos corresponde aproximadamente a una sexta parte del total del tercer y del cuarto cuaderno (la mayoría de las páginas dadas a la imprenta procede de este último). Los textos en cuestión aparecieron en 1953, en una antología carente de indicaciones filológicas, editada por Wolfgang Harich, *Marx y Engels y Lenin y Stalin, Zur deutschen Geschichte*, Berlín, Dietz, 1953. Ocho años después, el título se cambió por el de K. Marx y F. Engels, *Über Deutschland und die deutsche Arbeiterbewegung*. Las partes tomadas de los *Extractos cronológicos* están incluidas en el primer volumen, *Von der Frühzeit bis zum 18. Jahrhundert*, Berlín, Dietz, 1973, pp. 285-516.

156. Krätke, «Marx and World History», *art. cit.*, afirma que «Marx no concedió espacio alguno al eurocentrismo; no consideraba en absoluto que la historia universal fuera sinónimo de "historia europea"», p. 104.

157. *Cfr.* el tomo publicado recientemente: K. Marx, *Exzerpte aus Georg Ludwig von Maurer: Einleitung zur Geschichte der Mark-, Hof-, Dorf- und Stadt-Verfassung und der öffentlichen Gewalt*, MEGA^2, IV, 18, pp. 542-559, 563-577 y 589-600.

158. Karl Marx a Friedrich Engels, 25 de marzo de 1868, MEO, XLIII, p. 57.

159. En su artículo «Marx and World History», *art. cit.*, Krätke, además de ofrecer una estupenda reconstrucción del contenido de estos cuatro cuadernos de apuntes, afirma que Marx localizó «en el desarrollo económico de las ciudades Estado italianas, [iniciado] a finales del siglo XIII [...], el comienzo del capitalismo moderno», p. 116.

160. Krätke sostiene que la caída del Estado mongol «indujo a Marx a reflexionar sobre los límites del poder político ejercido sobre territorios vastísimos», *ibidem*, p. 112.

161. IISH, B 159, 113. Este breve comentario de Marx aparece reproducido en Krätke, «Marx and World History», *art. cit.*, p. 114.

162. Una parte de estos extractos publicados en la edición de Harich de 1953 suma más de noventa páginas; *cfr.* K. Marx y F. Engels, *Über Deutschland und die deutsche Arbeiterbewegung*, Berlín, Dietz, 1978, pp. 424-516.

163. *Cfr.* Krätke, «Marx and World History» *art. cit.*, afirma que el cuarto cuaderno de los *Extractos cronológicos* pone de manifiesto «la fuerza de Marx como especialista en ciencias sociales históricamente bien informado, que alterna con facilidad el desarrollo interno de determinados países con la gran política europea e internacional, sin perder por ello de vista los fundamentos económicos del conjunto», p. 116.

164. Friedrich Engels a Karl Marx, 8 de enero de 1882, MEO, XLVI, p. 141.

165. Friedrich Engels a Ferdinand Nieuwenhuis, 29 de diciembre de 1881, *ibidem*, p. 132.

166. Karl Marx a Jenny Longuet, 17 de diciembre de 1881, *ibidem*, p. 131.

167. Karl Marx a Friedrich Engels, 5 de enero de 1882, *ibidem*, p. 138.

168. Karl Marx a Laura Lafargue, 4 de enero de 1882, *ibidem*, p. 137.

169. Carta de Eleanor Marx a Jenny Longuet, 8 de enero de 1882, citada en Kapp, *Eleanor Marx*, I, *Vita famigliare (1855-1883)*, *op. cit.*, p. 208. Para todo este episodio, *cfr. ibidem*, pp. 208-211. Véase también la carta de Karl Marx a Laura Lafargue, 4 de enero de 1882: «Mi compañera (dicho sea entre nosotros) casi no come; sufre de fuertes tics nerviosos; se pasa todo el día leyendo y escribiendo [...] parece que soporta estar conmigo solo por sentido del deber, como una mártir que se autosacrifica», MEO, XLVI, p. 137.

170. *Cfr. Stenographische Berichte über die Verhandlungen des Reichstags*, I, Berlín, 1882, p. 486. La intervención de Bismarck se produjo tras su derrota electoral en los grandes centros industriales de Alemania.

171. Karl Marx a Friedrich Engels, 15 de enero de 1882, MEO, XLVI, p. 147.

172. Friedrich Engels a Eduard Bernstein, 25 de enero de 1882, *ibidem*, 150. A su juicio, «Italia ofrece en este caso menos garantías que cualquier otro lugar, excepto naturalmente el imperio de Bismarck». *Cfr.* asimismo Karl Marx a Piotr Lavrov, 23 de enero de 1882, *ibidem*, p. 148.

173. *Cfr.* G. Badia, «Marx en Algérie», en K. Marx, *Lettres d'Alger et de la Côte d'Azur*, París, Le Temps des Cerises, 1997, p. 17.

174. Eleanor Marx, en Enzensberger (ed.), *Colloqui con Marx e Engels, op. cit.*, p. 452.

175. Karl Marx a Friedrich Engels, 12 de enero de 1882, MEO, XLVI, p. 142. Para Eleanor Marx y la relación especial que mantenía con su padre, además del excelente libro de Kapp, *Eleanor Marx*, I, *Vita famigliare (1855-1883)*, *op. cit.*, y *Eleanor Marx*, II, *Gli anni dell'impegno (1884-1898)*, Turín, Einaudi, 1980, véanse también C. Tsuzuki, *The Life of Eleanor Marx, 1855-1898: A Socialist Tragedy*, Oxford, Clarendon Press, 1967; E. Weissweiler, *Tussy Marx: Das Drama der Vatertochter*, Colonia, Kiepenheuer & Witsch, 2002; y la obra más reciente, R. Holmes, *Eleanor Marx: A Life*, Londres, Bloomsbury, 2014.

176. *Cfr.* Karl Marx a Friedrich Engels, 17 de febrero de 1882, «de pasaporte y cosas por el estilo no hay ni que hablar. En el billete solo pone el nombre y el apellido del pasajero», MEO, XLVI, p. 160.

177. Este viaje a la capital argelina no ha despertado nunca particular atención entre los biógrafos de Marx. El propio Jacques Attali, pese a ser de origen argelino, en su libro *Karl Marx*, Roma, Fazi, 2006 [hay trad. cast.: J. Attali, *Karl Marx o el espíritu del mundo*, Buenos Aires, Fondo de Cultura Económica, 2014], dedica solo media página a este episodio, señalando, entre otras inexactitudes, que Marx desconoció la sublevación de Orán, que duró desde el verano de 1881 hasta la primavera de 1883 (*cfr.* p. 265). En cambio, en el libro de M. Vesper, *Marx*

in Algier, Bonn, Pahl-Rugenstein Nachfolger, 1995, se reconstruyen con gran precisión todos los episodios que protagonizó Marx durante su visita a Argel. También son interesantes el volumen de R. Gallissot (ed.), *Marxisme et Algérie*, París, Union générale d'éditions, 1976; y la novela de H. J. Krysmanski, *Die letzte Reise des Karl Marx*, Frankfurt, Westend, 2014, inicialmente concebida como guion para una película sobre la estancia de Marx en Argel que no llegó a realizarse nunca por falta de financiación.

4. EL ÚLTIMO VIAJE DEL MORO

1. Karl Marx a Friedrich Engels, 1 de marzo de 1882, MEO, XLVI, p. 171.
2. Karl Marx a Jenny Longuet, 16 de marzo de 1882, *ibidem*, p. 175.
3. Karl Marx a Friedrich Engels, 1 de marzo de 1882, *ibidem*, p. 173.
4. Karl Marx a Lafargue, 20 de marzo de 1882, *ibidem*, p. 177. Y a continuación añadía: «Pero este sol africano y el aire milagroso de aquí fueron una idea fija de la que no soy responsable (!)».
5. Karl Marx a Jenny Longuet, 16 de marzo de 1882, *ibidem*, p. 174.
6. Karl Marx a Jenny Longuet, 27 de marzo de 1882, *ibidem*, p. 179. Y un poco más adelante añadía: «*Entre nous* ["dicho sea entre nosotros"]: Aunque en la isla de Wight tuvimos un tiempo poco favorable, mi salud mejoró mucho [...] pero en Londres el nerviosismo de Engels —y también Lafargue, que es un charlatán, opinaba que los "paseos", el aire fresco, etc., eran todo lo que me hacía falta— logró sacarme de mis casillas. Pensé que no podía soportarlo más. ¡De ahí mi impaciencia por marcharme de Londres a toda costa! Realmente se puede matar a una persona por el amor más sincero [...] en semejantes casos no hay nada más peligroso para un convaleciente», *ibidem*.
7. Karl Marx a Paul Lafargue, 20 de marzo de 1882, *ibidem*, pp. 176-177.
8. Karl Marx a Friedrich Engels, 1 de marzo de 1882, *ibidem*, p. 171.
9. Karl Marx a Friedrich Engels, 28-31 de marzo de 1882, *ibidem*, p. 181.
10. Karl Marx a Jenny Longuet, 16 de marzo de 1882, *ibidem*, p. 174.
11. Karl Marx a Jenny Longuet, 27 de marzo de 1882, *ibidem*, p. 179.
12. Karl Marx a Friedrich Engels, 1 de marzo de 1882, *ibidem*, pp. 170-171.
13. Karl Marx a Friedrich Engels, 4 de abril de 1882, *ibidem*, p. 183.
14. Karl Marx a Piotr Lavrov, 23 de enero de 1882, *ibidem*, p. 148.
15. Karl Marx a Jenny Longuet, 27 de marzo de 1882, *ibidem*, p. 180. En octubre de 1881, el editor Otto Meissner había pedido a Marx que le remitiera las correcciones o añadidos necesarios del Libro Primero de su gran obra, con vistas a una nueva edición.
16. Karl Marx a Paul Lafargue, 20 de marzo de 1882, *ibidem*, p. 176.
17. Karl Marx a Jenny Longuet, 6 de abril de 1882, *ibidem*, p. 183.

18. Karl Marx a Friedrich Engels, 20 de mayo de 1882, *ibidem*, p. 210.

19. *Cfr.* Paul Lafargue a Friedrich Engels, 19 de junio de 1882, en F. Engels, P. Lafargue y L. Lafargue, *Correspondence*, I, *1868-1886*, Moscú, Foreign Languages Publishing House, 1959, p. 87.

20. *Cfr.* Friedrich Engels a Eduard Bernstein, 22 de febrero de 1882, MEO, XLVI, p. 168. Indudablemente Lafargue exageraba cuando afirmó que «Marx ha vuelto con la cabeza llena de África y de árabes. Ha aprovechado su estancia en Argel para devorar su biblioteca sobre el asunto, porque a mí me parece que ha leído un gran número de obras sobre la situación de los árabes», Paul Lafargue a Friedrich Engels, 16 de junio de 1882, en Engels, Lafargue y Lafargue, *Correspondence, op. cit.*, I, p. 83. Resulta mucho más verosímil, como ha señalado Badia, que Marx no pudiera «enterarse de grandes cosas sobre la situación social y política de la colonia francesa. Por el contrario, [sus] cartas desde Argel dan testimonio de su curiosidad multiforme», en Badia, «Marx en Algérie», *op. cit.*, p. 13.

21. Marx, *Über Formen vorkapitalistischer Produktion op. cit.*, p. 109. [Para una traducción al castellano, *cfr.* K. Marx, «Cuaderno Kovalevsky (Extractos)», en *Escritos sobre la comunidad ancestral*, La Paz, Fondo Editorial y Archivo Histórico de la Asamblea Legislativa Plurinacional, 2015, p. 163].

22. A este respecto, *cfr.* Vesper, *Marx in Algier, op. cit.*, pp. 33-34, que reproduce algunos fragmentos seleccionados del artículo «Les Concessions», aparecido en el periódico local.

23. Karl Marx a Paul Lafargue, 20 de marzo de 1882, MEO, XLVI, p. 176. Marx añadió: «La misma usanza puede observarse en diversos lugares de Sudamérica».

24. Esta cifra corresponde solo a las misivas conservadas. En realidad, Marx escribió otras. En efecto, una parte de las que fueron dirigidas a su hija Eleanor desgraciadamente se extraviaron: «Desde Argel me escribió largas cartas. Muchas de ellas ya no las poseo porque, atendiendo a sus deseos, se las mandé también a Jenny y ella me devolvió solo unas pocas», Eleanor Marx, en Enzensberger (ed.), *Colloqui con Marx e Engels, op. cit.*, pp. 452-453.

25. Karl Marx a Jenny Longuet, 6 de abril de 1882, MEO, XLVI, p. 184.

26. Karl Marx a Laura Lafargue, 13-14 de abril de 1882, *ibidem*, p. 192.

27. *Ibidem*, pp. 189-190.

28. Karl Marx a Friedrich Engels, 8 de abril de 1882, *ibidem*, pp. 186-187.

29. Karl Marx a Friedrich Engels, 18 de abril de 1882, *ibidem*, pp. 196-197.

30. Karl Marx a Laura Lafargue, 13-14 de abril de 1882, *ibidem*, p. 193.

31. *Ibidem*.

32. Karl Marx a Friedrich Engels, 28 de abril de 1882, *ibidem*, p. 199.

33. En esa misma carta, Marx decía que, aunque durante aquellas ocho semanas, antes de hacerse la foto, «de hecho [no había tenido] ni un solo día de paz

completa… *j'ai fait encore bonne mine a mauvais jeu* ["he seguido poniendo al mal tiempo buena cara"; en francés en el original de la carta]», *ibidem*. Engels quedó muy contento con el aspecto de su amigo y escribió lo siguiente: «En Argel [Marx] se ha hecho unas fotografías y efectivamente vuelve a tener buena cara», Friedrich Engels a August Bebel, 16 de mayo de 1882, *ibidem*, p. 207. Véase asimismo Vesper, *Marx in Algier, op. cit.*, pp. 130-135.

34. Karl Marx a Friedrich Engels, 8 de mayo de 1882, MEO, XLVI, p. 201.

35. Karl Marx a Eleanor Marx, 28 de mayo de 1882, *ibidem*, p. 212.

36. *Cfr.* Karl Marx a Friedrich Engels, 5 de junio de 1882, *ibidem*, p. 217.

37. Karl Marx a Friedrich Engels, 20 de mayo de 1882, *ibidem*, p. 209. Marx no avisó de aquello a sus hijas, que se habrían «preocupado en vano», y solo informó a Engels «de los últimos acontecimientos», *ibidem*, p. 208.

38. Karl Marx a Friedrich Engels, 8 de mayo de 1882, *ibidem*, p. 202.

39. Karl Marx a Eleanor Marx, 28 de mayo de 1882, *ibidem*, p. 213.

40. *Ibidem*, p. 214. Sin embargo, el ingeniero inglés Joseph Jaggers descubrió la manera de hacer saltar la banca sin recurrir a ningún sistema científico, sino sencillamente estudiando una disfunción mecánica que tenía el casino. En 1873, se dio cuenta de la existencia de una ruleta más desequilibrada que las demás, en la que había nueve números que salían con más frecuencia. Consiguió ganar un millón y medio de francos antes de que el casino se percatara del defecto y se encargara de subsanarlo con una sencilla labor de mantenimiento.

41. Karl Marx a Friedrich Engels, 5 de junio de 1882, *ibidem*, p. 216.

42. *Ibidem*, pp. 217-218.

43. Karl Marx a Jenny Longuet, 4 de junio de 1882, *ibidem*, p. 216.

44. Karl Marx a Friedrich Engels, 5 de junio de 1882, *ibidem*, p. 218. Se alude a la obra de Adolph von Knigge titulada precisamente *Sobre el trato con las personas*.

45. Karl Marx a Jenny Longuet, 4 de junio de 1882, *ibidem*, p. 216.

46. Karl Marx a Friedrich Engels, 9 de junio de 1882, *ibidem*, p. 218.

47. *Ibidem*. Como señalaría luego Engels, «sobre sus próximas peregrinaciones decidirán los médicos», Friedrich Engels a Friedrich Sorge, 20 de junio de 1882, *ibidem*, p. 222.

48. Karl Marx a Friedrich Engels, 24 de junio de 1882, *ibidem*, p. 225. Para las pésimas condiciones meteorológicas que lo persiguieron incluso después de regresar a casa de su hija, véase el comentario de Lafargue: «Los parisinos están desesperados, no han conocido nunca un mes de junio como este. Es tan horroroso que cabría pensar que estamos en Inglaterra. Marx soporta el mal tiempo. Me ha dicho que dondequiera que ha ido hasta ahora, se ha encontrado con una queja general a propósito del tiempo en cuanto llega a un sitio y se sienta a una mesa: tan bueno ayer y tan asqueroso hoy. "Es culpa mía —decía Marx—. Llevo el mal tiempo conmigo". Si hubiera vivido en la Edad Media, lo habrían

quemado en la hoguera como a un brujo», Paul Lafargue a Friedrich Engels, 16 de junio de 1882, en Engels, Lafargue y Lafargue, *Correspondence, op. cit.*, I, p. 85.

49. Karl Marx a Friedrich Engels, 4 de julio de 1882, MEO, XLVI, p. 230.

50. Karl Marx a Friedrich Engels, 3 de agosto de 1882, *ibidem*, pp. 234-235.

51. Karl Marx a Friedrich Engels, 21 de agosto de 1882, *ibidem*, p. 243. Entretanto, Engels diría en una carta a Jenny: «En cualquier caso tenemos todos los motivos para estar satisfechos con los progresos que ha hecho, a pesar del tiempo adverso que lo ha perseguido y de las tres pleuresías que ha sufrido, dos de ellas muy graves... Un poco más de Enghien o de Cauterets para acabar con los restos de la bronquitis y luego una cura climática en los Alpes o en los Pirineos harán que se recupere por completo y le permitirán reanudar el trabajo», Friedrich Engels a Jenny Longuet, 27 de agosto de 1882, *ibidem*, pp. 248-249.

52. Karl Marx a Laura Lafargue, 17 de junio de 1882, *ibidem*, p. 220.

53. Karl Marx a Friedrich Engels, 24 de agosto de 1882, *ibidem*, p. 245.

54. Karl Marx a Friedrich Engels, 21 de agosto de 1882, *ibidem*, p. 243.

55. Karl Marx a Friedrich Engels, 24 de agosto de 1882, *ibidem*, p. 245.

56. Karl Marx a Friedrich Engels, 4 de septiembre de 1882, *ibidem*, p. 250.

57. Friedrich Engels a Karl Marx, 12 de septiembre de 1882, *ibidem*, p. 251.

58. Karl Marx a Friedrich Engels, 16 de septiembre de 1882, *ibidem*, p. 257.

59. Karl Marx a Friedrich Engels, 28 de septiembre de 1882, *ibidem*, p. 265.

60. Karl Marx a Friedrich Engels, 30 de septiembre de 1882, *ibidem*, pp. 265-266.

61. Friedrich Engels, *Il funerale di Karl Marx*, MEO, XXIV, p. 649. [*Cfr.* trad. cast.: F. Engels, «Discurso ante la tumba de Marx», en Marx y Engels, *Obras escogidas*, III, *op. cit.*, p. 91].

62. *Ibidem* [p. 91 trad. cast.].

63. Serguéi Podolinski a Karl Marx, 30 de marzo de 1880, IISH, *Marx-Engels Papers*, D 3701.

64. Serguéi Podolinski a Karl Marx, 18 de abril de 1880, IISH, *Marx-Engels Papers*, D 3702. Las dos cartas de Podolinski a Marx aparecen traducidas al inglés en J. Martínez-Alier, *Ecological Economics: Energy, Environment and Society*, Oxford, Basil Blackwell, 1987, p. 62.

65. Sobre por qué Engels y Marx volvieron a ocuparse de este autor, véase J. B. Foster y P. Burkett, *Marx and the Earth: An Anti-Critique*, Leiden, Brill, 2016, pp. 122-123. A su juicio, para Podolinski, «el socialismo se ha convertido únicamente en la universalización de un sistema de trabajo muscular eficiente en beneficio de todos», p. 117.

66. Friedrich Engels a Karl Marx, 19 de diciembre de 1882, MEO, XLVI, p. 320.

67. *Ibidem*. En su *Petit traité de la décroissance sereine*, París, Mille et une Nuits, 2007, Serge Latouche afirma erróneamente que Podolinski «intentó en vano sen-

sibilizar a Marx con la crítica ecológica», p. 30. [Hay trad. cast.: S. Latouche, *Pequeño tratado del decrecimiento sereno*, Barcelona, Icaria, 2009]. Según Martínez-Alier, *Ecological Economics op. cit.*, «La reacción de Engels al artículo de Podolinski [...] fue desde luego una ocasión fallida crucial en el diálogo entre marxismo y ecología», p. 222. Se oponen a esta interpretación Paul Burkett y John Bellamy Foster en «The Podolinsky Myth: An Obituary. Introduction to "Human Labour and Unity Force" by Sergei Podolinsky», en *Historical Materialism*, XVI, 2008, 1, pp. 115-161. Engels —que había leído el texto de Podolinski en una versión italiana publicada en *La Plebe*— añadió también otras consideraciones sobre Podolinski en la carta a Marx del 22 de diciembre de 1882.

68. Marx ya había hecho un extenso resumen de las tesis de este libro en 1876; *cfr.* IISH, *Marx-Engels Papers*, B 130, B 131, B 132.

69. K. Marx, RGASPI Moscú, f. 1, o p. 1, d. 2940.

70. Para la relación entre Marx y Lankester *cfr.* L. S. Feuer, «The Friendship of Edwin Ray Lankester and Karl Marx: The Last Episode in Marx's Intellectual Evolution», en *Journal of the History of Ideas*, XL, 1979, 4, pp. 633-648.

71. Edwin Ray Lankester a Karl Marx, 25 de diciembre de 1880, MEO, XLVI, p. 647.

72. Karl Marx a Laura Lafargue, 9 de octubre de 1882, *ibidem*, p. 267.

73. Friedrich Engels a Paul Lafargue, 30 de octubre de 1882, *ibidem*, p. 276. Dos días antes, Engels había escrito a August Bebel a Alemania diciendo: «M[arx] se va a la isla de Wight pasado mañana [...]. Está en pleno proceso de restablecimiento y, si no vuelve a sufrir una nueva pleuritis, el próximo otoño estará más fuerte de lo que ha estado nunca desde hace años»; Friedrich Engels a August Bebel, 28 de octubre de 1882, *ibidem*, p. 275. Pero posteriormente Engels ofreció una reconstrucción menos optimista y más real de la situación: «[Marx] estaba tan harto de esa vida yendo de acá para allá sin hacer nada, que un nuevo exilio al sur de Europa probablemente le habría perjudicado tanto moralmente como le había resultado útil físicamente. Cuando llegaron las nieblas a Londres, lo mandaron a la isla de Wight», Friedrich Engels a Friedrich Sorge, 15 de marzo de 1883, *ibidem*, p. 360.

74. Karl Marx a Eleanor Marx, 10 de noviembre de 1882, *ibidem*, p. 291.

75. Karl Marx a Friedrich Engels, 11 de noviembre de 1882, *ibidem*, p. 294.

76. Karl Marx a Friedrich Engels, 8 de noviembre de 1882, *ibidem*, pp. 286-287.

77. Karl Marx a Eleanor Marx, 10 de noviembre de 1882, *ibidem*, p. 291.

78. Friedrich Engels a Karl Marx, 23 de noviembre de 1882, *ibidem*, p. 301.

79. Karl Marx a Friedrich Engels, 4 de diciembre de 1882, *ibidem*, p. 307.

80. Karl Marx a Laura Lafargue, 14 de diciembre de 1882, *ibidem*, p. 311.

81. Karl Marx a Friedrich Engels, 18 de diciembre de 1882, *ibidem*, p. 319.

82. Karl Marx a Laura Lafargue, 14 de diciembre de 1882, *ibidem*, p. 311.

83. Marx se refería a la guerra anglo-egipcia que en 1882 enfrentó a las fuerzas egipcias, capitaneadas por Ahmad 'Urabi, y a las tropas del Reino Unido. El conflicto terminó con la batalla de Tell al-Kebir (13-14 de septiembre de 1882), que puso fin a la llamada rebelión de 'Urabi, iniciada en 1879. El resultado de la guerra permitió la creación de un protectorado inglés en Egipto.

84. Karl Marx a Eleanor Marx, 9 de enero de 1883, MEO, XLVI, pp. 332-333.

85. M. G. Mulhall, «Egyptian Finance», en *The Contemporary Review*, XLII, 1882, pp. 525-535; *cfr.* IISH, *Marx-Engels Papers*, B 168, pp. 11-18.

86. Véase IISH, *Marx-Engels Papers*, B 168, pp. 11-18. Al comentar estos apuntes en «Accumulation and Its Discontents», *op. cit.*, pp. 183-188, Smith ha defendido su actualidad afirmando que lo que Marx vio y de lo que habló en el caso de Egipto fue un ejemplo precoz de lo que en la época contemporánea llamamos globalización. Véase asimismo *ibidem*, p. 153.

87. *Cfr.* IISH, *Marx-Engels Papers*, A 113 y B 167.

88. *Cfr.* Walicki, *Marxisti e populisti*, *op. cit.*: «Era evidente que no podía suscribir el ideal del trabajo dividido y no socializado, puesto que había aprendido mucho de Marx, a quien a menudo citaba en su libro, Para él [*i. e.* Vorontsov], y a diferencia de Marx, la socialización del trabajo era una muestra del progreso y una necesidad del desarrollo económico», p. 106 [p. 89 trad. cast.].

89. V. Vorontsov, *Los destinos del capitalismo en Rusia*, San Petersburgo, s. e., 1882, pp. 13-14, citado en Walicki, *Marxisti e populisti*, *op. cit.*, pp. 102-103 [pp. 86-87 trad. cast.]. Debemos señalar que estas citas no fueron incluidas en las páginas en las que Marx puso comentarios al margen o subrayados; *cfr.* K. Marx y F. Engels, *Die Bibliotheken von Karl Marx und Friedrich Engels*, MEGA², IV, 32, p. 667. Para una crítica a los límites de la concepción de Vorontsov, véase R. Luxemburg, *L'accumulazione del capitale*, Turín, Einaudi, 1960, pp. 259-318. [*Cfr.* trad. cast.: R. Luxemburgo, *La acumulación del capital*, Barcelona, Grijalbo, 1978].

90. Para más noticias acerca del uso de estos textos por Marx remitimos al volumen K. Marx y F. Engels, *Die Bibliotheken von Karl Marx und Friedrich Engels*, MEGA², IV, 32, pp. 597, 343, 463, 667, 603-604, 245-246, 186.

91. K. Marx, *Notizen zur Reform von 1861 und der damit verbundenen Entwicklung in Rußland*, MEW, XIX, pp. 407-424.

92. Karl Marx a Laura Lafargue, 14 de diciembre de 1882, MEO, XLVI, p. 311.

93. Karl Marx a Friedrich Engels, 11 noviembre de 1882, *ibidem*, p. 294.

94. Esta afirmación se encuentra en la carta del 2-3 de noviembre de 1882 de Friedrich Engels a Eduard Bernstein, con el cual, evocando la ocurrencia que Marx le soltó a Lafargue, se lamentaba en los siguientes términos: «Bueno, pues lo que en Francia se llama "marxismo" es un producto totalmente propio de allí», *ibidem*, p. 279. Estas mismas palabras fueron repetidas en otra carta suya del 7 de

septiembre de 1890, publicada seis días después, dirigida a la redacción de la revista *Der Sozialdemokrat* (*cfr.* F. Engels, «Antwort an die Redaktion der *Sächsischen Arbeiter-Zeitung*», MEW, XXII, p. 69) y en otras dos cartas personales: a Conrad Schmidt, del 5 de agosto de 1890, y a Paul Lafargue, del 27 de agosto de 1890 (*cfr.* MEO, XLVIII, pp. 465 y 478). La frase fue reproducida de forma errónea por Kautsky, quien afirmaba que Marx la había utilizado refiriéndose a él [*cfr.* B. Kautsky (ed.), *Friedrich Engels' Briefwechsel mit Karl Kautsky*, Viena, Danubia, 1955, p. 90]. Por último, fue empleada por el traductor de *El capital* al ruso, German Lopatin, en una carta a María Nikoláyevna Oshánina del 20 de septiembre de 1883: «¿Se acuerda usted de cuando le decía yo que el propio Marx no fue nunca marxista? Engels contaba que, durante la lucha de Brousse, Malon y compañía contra los demás, Marx dijo una vez riendo: "Solo puedo decir una cosa: ¡que no soy marxista!"», en Enzensberger (ed.), *Colloqui con Marx e Engels, op. cit.*, p. 456. A este respecto, véase Rubel, *Marx critico del marxismo, op. cit.*, pp. 60-61.

95. Karl Marx a Eleanor Marx, 23 de diciembre de 1882, MEO, XLVI, p. 326. Marx se refería a la tabla cronológica de historia universal que había empezado a preparar en otoño de 1881.

96. Karl Marx a James Williamson, 6 de enero de 1883, *ibidem*, p. 329.

97. Karl Marx a Friedrich Engels, 10 de enero de 1883, *ibidem*, p. 333.

98. Karl Marx a Eleanor Marx, 8 de enero de 1883, *ibidem*, p. 330.

99. Karl Marx a Friedrich Engels, 10 de enero de 1883, *ibidem*, p. 334.

100. Karl Marx a Eleanor Marx, 9 de enero de 1883, *ibidem*, p. 332.

101. La declaración de Eleanor Marx aparece en Enzensberger (ed.), *Colloqui con Marx e Engels, op. cit.*, p. 453.

102. Karl Marx a James Williamson, 13 de enero de 1883, MEO, XLVI, p. 335.

103. Friedrich Engels a Eduard Bernstein, 18 de enero de 1883, *ibidem*, p. 336.

104. Friedrich Engels a Eduard Bernstein, 8 de febrero de 1883, *ibidem*, p. 339.

105. Friedrich Engels a Laura Lafargue, 16 de febrero de 1883, *ibidem*, pp. 343-344.

106. Friedrich Engels a Laura Lafargue, 17 de febrero de 1883, *ibidem*, p. 344.

107. Friedrich Engels a Eduard Bernstein, 27 de febrero de 1883, *ibidem*, p. 351.

108. Friedrich Engels a August Bebel, 7 de marzo de 1883, *ibidem*, p. 355.

109. Friedrich Engels a Laura Lafargue, 10 de marzo de 1883, *ibidem*, p. 356.

110. Según Helmut Dressler, *Ärzte um Karl Marx*, Berlín, Volk und Gesundheit, 1970, Engels indicó como causa de la muerte de Marx «una hemorragia interna debida a una úlcera pulmonar». «No sabemos —dice Dressler— si esa era también la opinión de los médicos que lo asistieron. Dados sus múltiples significados, el concepto de "úlcera pulmonar" ya no se utiliza hoy en día. Pero suponemos que la muerte de Marx fue causada por una tuberculosis pulmonar

generalizada [...]. En 1882 [...] Marx había sufrido un derrame en el lado izquierdo, a raíz de una pleuritis húmeda, que en el 95 por ciento de los casos es de naturaleza tuberculosa. No hay pruebas suficientes para poder hablar de hidrotórax o de una acumulación de materia líquida, sobre todo asociada a una insuficiencia cardiaca o a un colapso renal. Por otra parte, ciertos síntomas, como la tos con expectoración "terrible", el dolor en el lado izquierdo del pecho y un estado general precario, acompañado de insomnio y pérdida de apetito permiten pensar en un origen tuberculoso», pp. 145-146.

111. Friedrich Engels a Friedrich Sorge, 15 de marzo de 1883, MEO, XLVI, p. 360.

112. Referencia a la llamada *Carta sobre la felicidad*, que Epicuro escribió a Meneceo.

113. En este sentido, véanse las consideraciones de Engels: «En mi opinión, la muerte de su esposa primero, y luego, en una fase ya muy crítica, la de Jenny, han contribuido a provocar la crisis final», Friedrich Engels a Wilhelm Liebknecht, 14 de marzo de 1883, MEO, XLVI, p. 358.

114. Véanse las palabras de Engels en una carta parecida escrita el día antes: «El movimiento seguirá su camino, pero tendrá que prescindir de la intervención serena, oportuna y ponderada que hasta ahora le ha ahorrado muchas fatigosas desviaciones», Friedrich Engels a Eduard Bernstein, 14 de marzo de 1883, *ibidem*, p. 358.

115. Friedrich Engels a Friedrich Sorge, 15 de marzo de 1883, *ibidem*, pp. 360-361.

Bibliografía

Escritos de Karl Marx

Marx Engels Opere (MEO)

Dalla critica della filosofia hegeliana del diritto [1843], III, pp. 3-143. [Hay
    trad. cast.: K. Marx, *Crítica de la filosofía del derecho de Hegel*, Barce-
    lona, Gedisa, 2023].
L'ideologia tedesca [1845-1846], V, pp. 7-574 (con Friedrich Engels). [Hay
    trad. cast.: K. Marx y F. Engels, *La ideología alemana*, Madrid, Akal,
    2014].
Miseria della filosofia [1847], VI, pp. 105-225. [Hay trad. cast.: K. Marx,
    Miseria de la filosofía, México D. F., Siglo XX I, 1987].
Manifesto del partito comunista [1848], VI, pp. 483-518 (con Friedrich En-
    gels). [Hay trad. cast.: K. Marx y F. Engels, *Manifiesto del partido co-
    munista*, Madrid, Fundación de Investigaciones Marxistas, 1998].
Prefazione all'edizione russa del *Manifesto del partito comunista* [1882], VI,
    pp. 662-663 (con Friedrich Engels). [Hay trad. cast.: K. Marx y
    F. Engels, «Prólogo a la edición rusa», *Manifiesto del partido comunista*,
    Madrid, Fundación de Investigaciones Marxistas, 1998].
I risultati futuri della dominazione britannica in India [1853], XII, pp. 223-229.
    [Hay trad. cast.: K. Marx, «Futuros resultados de la dominación bri-
    tánica en la India», en C. Marx y F. Engels, *Obras escogidas*, II, Moscú,
    Progreso, 1980].
Discorso per l'anniversario del People's Paper [1856], XIV, p. 655. [Hay trad.
    cast.: C. Marx y F. Engels, «Discurso pronunciado en la fiesta de ani-

versario del People's Paper», en *Obras escogidas*, I, Moscú, Progreso, 1974].

Statuti provvisori dell'Associazione internazionale degli operai [1864], XX, pp. 14-17. [Hay trad. cast.: C. Marx y F. Engels, «Estatutos generales de la Asociación Internacional de los Trabajadores», en *Obras escogidas*, II, Moscú, Progreso, 1980].

Resoconto di un discorso di Karl Marx alla celebrazione dell'anniversario dell'Associazione operaia tedesca di cultura di Londra [1865], XX.

Istruzioni per i delegati del consiglio centrale provvisorio. Le singole questioni [1867], XX, pp. 189-199. [Hay trad. cast.: C. Marx y F. Engels, «Instrucción sobre diversos problemas a los delegados del Consejo Central Provisional», en *Obras escogidas*, II, Moscú, Progreso, 1980].

La guerra civile in Francia [1871], XXII, pp. 275-324. [Hay trad. cast.: K. Marx, *La guerra civil en Francia*, Madrid, Fundación Federico Engels, 2003].

Lettere: 1856-1859, XL. [Hay varias trad. cast.: C. Marx y F. Engels, *Correspondencia*, Buenos Aires, Cartago, 1973; K. Marx, N. F. Denielson y F. Engels, *Correspondencia (1868-1895)*, México D. F., Siglo XX, 1981; y K. Marx y F. Engels, *Cartas sobre las ciencias de la naturaleza y las matemáticas*, Barcelona, Anagrama, 1975].

Lettere: gennaio 1860-settembre 1864, XLI.

Lettere: ottobre 1864-dicembre 1867, XLII.

Lettere: gennaio 1868-luglio 1870, XLIII.

Lettere: luglio 1870-dicembre 1873, XLIV.

Lettere: gennaio 1874-dicembre 1879, XLV.

Karl Marx alla redazione degli «Annali Patrii», noviembre 1877, XLV. [Hay trad. cast.: K. Marx y F. Engels, «Carta a la redacción de *Otiéchestviennie Zapiski*», en *Escritos sobre Rusia II. El porvenir de la comuna rural rusa*, México D. F., Cuadernos de Pasado y Presente, 1980].

Lettere: gennaio 1880-marzo 1883, XLVI.

Progetti preliminari della lettera a Vera Zasulič [1881], XLVI, pp. 381-400. [Hay trad. cast.: K. Marx y F. Engels, «Los borradores de Marx», en *Escritos sobre Rusia II. El porvenir de la comuna rural rusa*, México D. F., Cuadernos de Pasado y Presente, 1980].

Marx-Engels Gesamtausgabe (MEGA²)

K. Marx, *Das Kapital. Kritik der Politischen Ökonomie. Erster Band*, II, 5. [Hay trad. cast.: K. Marx, *El capital*, México D. F., Siglo XXI, 1975].

—, *Le Capital*, París 1872-1875, II, 7.

—, *Das Kapital. Zweites Buch. Der Zirkulationsprozeß des Kapitals. Zu benutzende Textstellen früherer Darstellungen (Manuskript I bis IV)*, II, 11, pp. 525-548.

—, *Das Kapital. Zweites Buch. Der Zirkulationsprozeß des Kapitals. Erster Abschnitt (Fragmente II)*, II, 11, pp. 550-697.

—, *Das Kapital. Zweites Buch. Der Zirkulationsprozeß des Kapitals. (Manuskript VIII)*, II, 11, pp. 698-828.

—, *Mehrwertrate und Profitrate mathematisch behandelt*, II, 14, pp. 19-150.

—, *Exzerpte aus Georg Ludwig von Maurer: Einleitung zur Geschichte der Mark-, Hof-, Dorf- und Stadt-Verfassung und der öffentlichen Gewalt*, IV, 18, pp. 542-559, 563-577, 589-600.

—, *Entstehung und Überlieferung*, en *Exzerpte und Notizen: Februar 1864 bis Oktober 1868, November 1869, März, April, Juni 1870, Dezember 1872*, IV, 18, pp. 1038-1144.

—, *Exzerpte und Notizen zur Geologie, Mineralogie und Agrikulturchemie. März bis September 1878*, IV, 26, pp. 3-94.

—, *Exzerpte aus Werken von Lothar Meyer, Henry Enfield Roscoe, Carl Schorlemmer, Benjamin Witzschel, Wilhelm Friedrich Kühne, Ludimar Hermann, Johannes Ranke und Joseph Beete Jukes*, IV, 31.

— y F. Engels, *Die Bibliotheken von Karl Marx und Friedrich Engels*, IV, 32.

Ediciones independientes

Introduzione alla critica dell'economia politica [1857], edición de M. Musto, Macerata, Quodlibet, 2023. [Hay trad. cast.: K. Marx, *Introducción general a la crítica de la economía política/1857*, México D. F., Siglo XXI, 1968].

Grundrisse. Lineamenti fondamentali della critica dell'economia politica [1857-1858], 2 vols., Florencia, La Nuova Italia, 1970. [Hay trad. cast.: K. Marx, *Elementos fundamentales para la crítica de la economía política (Grundrisse) 1857-1858*, Madrid, Siglo XXI, 1976].

Per la critica dell'economia politica [1859], Roma, Editori Riuniti, 1957. [Hay trad. cast.: K. Marx, *Contribución a la crítica de la economía política*, México D. F., Fondo de Cultura Económica, 1980].

Il capitale. Libro I, capitolo VI inedito [1863-1864], Florencia, La Nuova Italia, 1969.

Il capitale [1867], I, Roma, Editori Riuniti, 1964.

Le Capital [1867], París, Flammarion, 1985.

Estratti e commenti critici a «Stato e Anarchia» di Bakunin [1875], en K. Marx, *Critica dell'anarchismo*, Turín, Einaudi, 1972, pp. 312-367. [Hay trad. cast.: C. Marx y F. Engels, «Acotaciones al libro de Bakunin "El Estado y la Anarquía"», en *Obras escogidas*, II, Moscú, Progreso, 1980].

Critica al programma di Gotha [1875], Roma, Editori Riuniti, 1990. [Hay trad. cast.: C. Marx y F. Engels, *Crítica del programa de Gotha. Crítica del programa de Erfurt*, Madrid, Fundación Federico Engels, 2004].

Excerpts from M. M. Kovalevskij, *Communal Landownership. Causes, Course and Consequences of Its Decline* [1879-1880], en L. Krader, *The Asiatic Mode of Production: Sources, Development and Critique in the Writings of Karl Marx*, Assen, Van Gorcum, 1975, pp. 343-412. [Hay trad. cast.: K. Marx, «Cuaderno Kovalevsky (Extractos)», en *Escritos sobre la comunidad ancestral*, La Paz, Fondo Editorial y Archivo Histórico de la Asamblea Legislativa Plurinacional, 2015].

Über Formen vorkapitalistischer Produktion, Frankfurt a. M., Campus, 1977. *Notes on Indian History* [1879-1880], Honolulu, University Press of the Pacific, 2001.

Glosse marginali al «Trattato di economia política» di Adolf Wagner [1880], en *Il capitale. Critica dell'economia politica*, Turín, Einaudi, 1975, II, pp. 1399-1438. [Hay trad. cast.: K. Marx, *Notas marginales al «Tratado de economía política» de Adolph Wagner*, Córdoba, Argentina, Cuadernos de Pasado y Presente, 1982].

Programma elettorale dei lavoratori socialisti [1880], en M. Musto, *L'ultimo Marx, 1881-1883. Saggio di biografia intellettuale*, Roma, Donzelli, 2016, pp. 135-140. [Hay trad. cast.: «Programa electoral de los trabajadores socialistas», en M. Musto, *Karl Marx (1881-1883). El último viaje del Moro*, Apéndice II, México D. F., Siglo XXI, 2020, pp. 193-196].

L'inchiesta operaia [1880], Nápoles, La Città del Sole, 2006.

Chronologische Auszüge [1881], en K. Marx y F. Engels, *Über Deutschland und die deutsche Arbeiterbewegung*, I, *Von der Frühzeit bis zum 18. Jahrhundert*, Berlín, Dietz, 1973, pp. 285-516.

Quaderni antropologici [1881], Milán, Unicopli, 2009. [Hay trad. cast.: K. Marx, *Los apuntes etnológicos de Karl Marx. Transcritos, anotados e introducidos por Lawrence Krader*, Madrid, Siglo XXI, 1988].

Manoscritti matematici [1881], Milán, Spirali, 2005.

Notizen zur Reform von 1861 und der damit verbundenen Entwicklung in Rußland [1881-1882], MEW, XIX, pp. 407-424.

Il capitale [1885], II, Roma, Editori Riuniti, 1989.

Il capitale [1894], III, Roma, Editori Riuniti, 1965.

India Cina Russia, Milán, Il Saggiatore, 1960 (con F. Engels).

Scritti sull'alienazione. Per una critica della società capitalistica, edición de M. Musto, Roma, Donzelli, 2018.

Œuvres. Économie I, edición de M. Rubel, París, Gallimard, 1963.

Œuvres. Économie II, edición de M. Rubel, París, Gallimard, 1968.

Manuscritos inéditos

K. Marx, IISH, Ámsterdam, *Marx-Engels Papers*, A 167.

—, IISH, Ámsterdam, *Marx-Engels Papers*, B 130, B 131, B 132, B140, B141, B146, B 157, B 158, B 159, B 160, B 161, B 167, B 168.

—, IISH, Ámsterdam, *Marx-Engels Papers*, D 3701, D 3702.

—, RGASPI, Moscú, f. 1, o p. 1, d. 2940.

OBRAS DE OTROS AUTORES

Ahmad, A., *Theory: Classes, Nations, Literatures*, Londres, Verso, 1992.

Alcouffe, A., «Introduction» a *idem* (ed.), *Les manuscrits mathématiques de Marx*, París, Economica, 1985, pp. 9-109.

Anderson, K., «The 'Unknown' Marx's *Capital* Volume I: The French Edition of 1872-75, 100 Years Later», en *Review of Radical Political Economics*, XV, 1985, 4, pp. 71-80.

—, *Marx at the Margins: On Nationalism, Ethnicity, and Non-Western Societies*, Chicago, University of Chicago Press, 2010. [Hay trad. cast.:

Anderson, K. B., *Marx en los márgenes. Nacionalismo, etnicidad y sociedades no occidentales*, Barcelona, Verso Libros, 2024].

«Annales de l'Assemblée nationale du 1873», XVII.

Attali, J., *Karl Marx*, Roma, Fazi, 2006. [Hay trad. cast.: Attali, J., *Karl Marx o El espíritu del mundo*, Buenos Aires, Fondo de Cultura Económica, 2007].

Al-Azm, S. J., «Orientalism and Orientalism in Reverse», en *Khamsin*, 1980, 8, pp. 5-26.

Badia, G., «Marx en Algérie», en K. Marx, *Lettres d'Alger et de la Côte d'Azur*, edición de G. Badia, París, Le Temps des Cerises, 1997, pp. 7-39.

Baksi, P. (ed.), *Karl Marx and Mathematics: A Collection of Texts in Three Parts*, Nueva Delhi, Aakar Books, 2019.

Balibar, É., *La filosofia di Marx*, Roma, Manifestolibri, 1994. [Hay trad. cast.: Balibar, É., *La filosofía de Marx*, Buenos Aires, Ediciones Nueva Visión, 2000].

Baron, H., «Lo sviluppo del capitalismo in Russia nel pensiero di Plechanov», en *Storia del marxismo contemporaneo*, Istituto Giangiacomo Milán, Feltrinelli, 1974.

Beckett, J. C., *The Making of Modern Ireland, 1603-1923*, Londres, Faber and Faber, 1981.

Belfort Bax, E., «Leaders of Modern Thought: XXIII. Karl Marx», en *Modern Thought*, III, diciembre de 1881, 12, pp. 349-354.

Bensaid, D., *Marx for Our Times: Adentures and Misadventures of a Critique*, Verso, Londres, 2002. [Hay trad. cast.: Bensaid, D., *Marx intempestivo. Grandezas y miserias de una aventura crítica*, Buenos Aires, Ediciones Herramienta, 2003].

Bergman, J., *Vera Zasulich: A Biography*, Stanford, Stanford University Press, 1983.

Berlin, I., *Karl Marx*, Florencia, La Nuova Italia, 1994. [Hay trad. cast.: Berlin, I., *Karl Marx. Su vida y su entorn,* Madrid, Alianza, 1988].

Billington, J. H., *Mikhailovsky and Russian Populism*, Oxford, Clarendon Press, 1958.

Bloch, M., *Marxism and Anthropology: The History of a Relationship*, Londres, Routledge, 1983.

Bongiovanni, B., *Le repliche della storia. Karl Marx tra la Rivoluzione francese e la critica della politica*, Turín, Bollati Boringhieri, 1989.

Botta, S., *Vita privata di Carlo Botta. Ragguagli domestici ed aneddotici raccolti dal suo maggior figlio*, Florencia, G. Barbera, 1877.

Bottigelli, E., «La rupture Marx-Hyndman», en *Annali dell'Istituto Giangiacomo Feltrinelli*, 1961, pp. 621-629.

Briggs, A. y J. Callow, *Marx in London: An Illustrated Guide*, Londres, Lawrence and Wishart, 2008.

Brown, H., *Marx on Gender and the Family: A Critical Study*, Leiden, Brill, 2012.

Buber, M., *Sentieri in Utopia. Sulla comunità*, Milán, Marietti, 2009. [Hay trad. cast.: Buber, M., *Caminos de utopía*, México D. F., Fondo de Cultura Económica, 1955].

Burkett, P. y Foster, J. B., «The Podolinsky Myth: An Obituary. Introduction to "Human Labour and Unity Force" by Sergei Podolinsky», en *Historical Materialism*, XVI, 2008, 1, pp. 115-161.

Cafiero, C., *Il Capitale di Carlo Marx brevemente compendiato da Carlo Cafiero. Libro Primo: Sviluppo della Produzione Capitalistica*, Milán, E. Bignami e C. Editori, 1879.

Casiccia, A., *La concezione materialista della società antica e della società primitiva*, en L. H. Morgan, *La società antica. Le linee del progresso umano dallo stato selvaggio alla civiltà*, edición italiana a cargo de A. Casiccia, Milán, Feltrinelli, 1970, pp. XVII-XXVII.

Černyševskij, N., «Critica dei pregiudizi filosofici contro la proprietà co-munitaria della terra», en *idem, Scritti politico-filosofici*, Lucca, Pacini Fazzi, 2001.

Chakrabarty, D., *Provincializing Europe: Postcolonial Thought and Historical Difference*, Princeton, Princeton University Press, 2000.

Claeys, G., *Marx and Marxism*, Londres, Penguin, 2018.

Dardot, P. y Laval, C., *Marx, prénom: Karl*, París, Gallimard, 2012.

D'Hondt, J., «La traduction tendencieuse du *Capital* par Joseph Roy», en G. Labica (dir.), *1883-1983. L'oeuvre de Marx, un siècle après*, París, PUF, 1985, pp. 131-137.

Dornemann, L., *Jenny Marx: Der Lebensweg einer Sozialistin*, Berlín, Dietz 1971.

Douglas, R., *Land, People and Politics: A History of the Land Question in the United Kingdom, 1878-1952*, Londres, Allison and Busby, 1976.

Draper, H., *Karl Marx's Theory of Revolution, III, The «Dictatorship of the Proletariat»*, Nueva York, Monthly Review, 1986.

Dressler, H., *Ärzte um Karl Marx*, Berlín, Volk und Gesundheit, 1970.

Ducange, J.-N., *Jules Guesde: The Birth of Socialism and Marxism in France*, Londres, Palgrave, 2020.

Dunayevskaya, R., *Rosa Luxemburg, Women's Liberation, and Marx's Philosophy of Revolution*, Chicago, University of Illinois Press, 1991. [Hay trad. cast.: Dunayevskaya, R., *Rosa Luxemburgo. La liberación feminista y la filosofía marxista de la revolución*, México D. F., Fondo de Cultura Económica, 1999].

Dussel, E., *El último Marx (1863-1882) y la liberación latinoamericana*, México D. F., Siglo XXI, 1990.

Eaton, H., «Marx and the Russians», en *Journal of the History of Ideas*, 41, 1980, 1, pp. 89-112.

Engels, F., *Antwort an die Redaktion der "Sächsischen Arbeiter-Zeitung"*, MEW, XXII, pp. 68-69.

—, *Il funerale di Karl Marx*, MEO, XXIV, pp. 648-652. [Hay trad. cast.: F. Engels, «Discurso ante la tumba de Marx», en C. Marx y F. Engels, *Obras escogidas*, III, Moscú, Progreso, 1980, p. 91].

—, *Questioni sociali dalla Russia*, MEO, XXIV. [Hay trad. cast.: F. Engels, «Acerca de la cuestión social en Rusia», en K. Marx y F. Engels, *Escritos sobre Rusia. II. El porvenir de la comuna rusa*, Apéndices I y II, México D. F., Cuadernos de Pasado y Presente, 1980, pp. 67-97].

—, *Scritti 1883-1889*, MEO, XXVI.

—, *Lettere: aprile 1883-dicembre 1887*, MEO, XLVII.

—, *Lettere: gennaio 1888-dicembre 1890*, MEO, XLVIII.

—, *Karl Marx*, en K. Marx, *Capitale e salario di Karl Marx*, Roma, Critica Sociale, 1893. [Hay trad. cast.: K. Marx, *Salario, precio y ganancia. Trabajo asalariado y capital*, Madrid, Fundación Federico Engels, 2003].

—, *Prefazione all'edizione inglese*, en K. Marx, *Il capitale*, I, Roma, Editori Riuniti, 1964, pp. 53-57. [Hay trad. cast.: F. Engels, «Prólogo a la edición inglesa», en K. Marx, *El capital*, México D. F., Siglo XXI, 1975].

—, *Prefazione* a K. Marx, *Il capitale*, II, Roma, Editori Riuniti, 1989, pp. 9-26.

—, *L'origine della famiglia, della proprietà privata e dello Stato*, Roma, Editori Riuniti, 1993. [Hay trad. cast.: F. Engels, *El origen de la familia, la propiedad privada y el estado*, Madrid, Fundación Federico Engels, 2006].

—, Lafargue, P., Lafargue, L., *Correspondence*, I, Foreign Languages Moscú, Publishing House, 1959.

Enzensberger, H. M. (ed.), *Colloqui con Marx e Engels. Testimonianze sulla vita di Marx e Engels*, Turín, Einaudi, 1977. [Hay trad. cast.: Enzensberger, H. M. (ed.), *Conversaciones con Marx y Engels*, Barcelona, Anagrama, 1975].

Feuchtwanger, E. J., *Gladstone*, Londres, Allen Road, 1975.

Feuer, L. S., «The Friendship of Edwin Ray Lankester and Karl Marx: The Last Episode in Marx's Intellectual Evolution», en *Journal of the History of Ideas*, XL, 1979, 4, pp. 633-648.

Foner, P. S. (ed.), *Karl Marx Remembered: Comments at the Time of His Death*, San Francisco, Synthesis Publications, 1983.

Foster, J. B. y Burkett, P., *Marx and the Earth: An Anti-Critique*, Leiden, Brill, 2016.

Gabriel, M., *Love and Capital: Karl and Jenny Marx and the Birth of a Revolution*, Nueva York, Little, Brown and Company, 2011.

Gailey, C. W., «Community, State, and Questions of Social Evolution in Karl Marx's *Ethnological Notebooks*», en J. Solway (ed.), *The Politics of Egalitarianism*, Nueva York, Berghahn Books, 2006, pp. 31-52.

Gallissot, R. (ed.), *Marxisme et Algérie*, París, Union générale d'éditions, 1976.

García Linera, Á., *Forma valor y forma comunidad*, Buenos Aires, Prometeo, 2010.

Garlin, S., *Three American Radicals: John Swinton, Charles P. Steinmetz, and William Dean Howells*, Boulder, Westview Press, 1991.

George, H., «The Kearney Agitation in California», en *The Popular Science Monthly*, XVII, agosto de 1880, pp. 433-453.

—, *An Anthology of Henry George's Thought*, edición de K. C. Wenzer, Rochester, University of Rochester Press, 1997.

—, *Progresso e povertà*, Utet, Turín. [Hay trad. cast.: *Progreso y miseria*, Robert Schalkenbauch Foundation, 2019, <www.schalkenbauch.org>].

Godelier, M., *Antropologia e marxismo*, Roma, Editori Riuniti, 1977.

—, *The Mental and the Material*, Londres, Verso, 2012. [Hay trad. cast.: Godelier, M., *Lo ideal y lo material. Pensamiento, economías, sociedades*, Madrid, Taurus, 1989].

Gottlob, M., *Geschichtsschreibung zwischen Aufklärung und Historismus. Johannes von Müller und Friedrich Christoph Schlosser*, Frankfurt a. M., Peter Lang, 1989.

Guesde, J., *Textes Choisis, 1867-1882*, París, Éditions sociales,1959.

Habib, I., «Marx's Perception of India», en I. Husain (ed.), *Karl Marx on India*, Nueva Delhi, Tulika, 2006, pp. XIX-LIV.

Hall, A. R., *Filosofi in guerra*, Bolonia, Il Mulino, 1982.

Harstick, H.-P., «Einführung. Karl Marx und die zeitgenössische Verfassungsgeschichtsschreibung», en K. Marx, *Über Formen vorkapitalistischer Produktion*, Frankfurt a. M., Campus, 1977.

Harstick, H. P., Sperl, R., Strauß, H., *Einführung*, MEGA^2, IV, 32, pp. 7-102.

Haupt, G., *L'internazionale socialista dalla comune a Lenin*, Turín, Einaudi, 1978.

Heinrich, M., «Capital after MEGA: Discontinuities, Interruptions, and New Beginnings», en *Crisis & Critique*, III, 2016, 2.

Herzen, A., *The Russian People and Socialism: An Open Letter to Jules Michelet*, Londres, Weidenfeld and Nicolson, 2011.

Hobsbawm, E., *Prefazione* a K. Marx, *Forme economiche precapitalistiche*, Roma, Editori Riuniti, 1985. [Hay trad. cast.: Hobsbawm, E., «Introducción», en K. Marx, *Formaciones económicas precapitalistas*, Cuadernos de Presente y Pasado, México D. F., Siglo XXI, 197].

Holmes, R., *Eleanor Marx: A Life*, Londres, Bloomsbury, 2014.

Hudis, P., «Accumulation, Imperialism, and Pre-capitalist Formations. Luxemburg and Marx on the Non-Western World», en *Socialist Studies*, VI, 2010, 2, pp. 75-91.

Hyndman, H., *The Record of an Adventurous Life*, Nueva York, Macmillan, 1911.

—, *England for All*, Nueva York, Barnes & Noble, 1974.

—, IISH, *Marx-Engels Papers*, C 261, C 262.

Jones, G. S., *Karl Marx: Greatness and Illusion*, Harvard, Harvard University Press, 2016. [Hay trad. cast.: Jones, G. S., *Karl Marx: Grandeza e ilusión*, Barcelona, Taurus, 2016].

Kaiser, B., *Ex libris Karl Marx und Friedrich Engels. Schicksal und Verzeichnis einer Bibliothek*, Berlín, Dietz, 1967.

Kapp, Y., *Eleanor Marx*, I, *Vita famigliare (1855-1883)*, Einaudi, Turín, 1977; II, *Gli anni dell'impegno (1884-1898)*, Turín, Einaudi, 1980.

Kautsky, B. (ed.), *Friedrich Engels' Briefwechsel mit Karl Kautsky*, Viena, Danubia, 1955.

Kisch, E. E., *Karl Marx in Karlsbad*, Berlín, Aufbau, 1953.

Klein, M., *The Life and Legend of Jay Gould*, Baltimore, Johns Hopkins University Press, 1997.

Kohan, N., *Marx en su (tercer) mundo. Hacia un socialismo no colonizado*, Buenos Aires, Biblos, 1998.

Krader, L. (ed.), *The Ethnological Notebooks of Karl Marx*, Assen, Van Gorcum, 1972, pp. 1-85. [Hay trad. cast.: Krader, L. (ed.), *Los apuntes etnológicos de Karl Marx*. Madrid, Siglo XXI, 1988].

—, *The Asiatic Mode of Production: Sources, Development and Critique in the Writings of Karl Marx*, Assen, Van Gorcum, 1975.

Krätke, M. R., «Marx and World History», en *International Review of Social History*, LXIII, 2018, 1, pp. 91-125.

Krysmanski, H. J., *Die letzte Reise des Karl Marx*, Frankfurt a. M., Westend, 2014.

Lanzardo, D., «Intervento socialista nella lotta operaia: l'inchiesta operaia di Marx», en *Quaderni Rossi*, abril de 1965, 5, pp. 1-24.

Latouche, S., *Petit traité de la décroissance sereine*, París, Mille et une Nuits2007. [Hay trad. cast.: Latouche, S., *Pequeño tratado del decrecimiento sereno*, Barcelona, Icaria, 2009].

Lazarus, N., «The Fetish of 'the West' in Postcolonial Theory», en C. Bartolovich y N. Lazarus (eds.), *Marxism, Modernity and Postcolonial Studies*, Cambridge, Cambridge University Press, 2002, pp. 43-64.

Liedman, S.-E., *A World to Win: The Life and Works of Karl Marx*, Londres, Verso, 2018.

Limmroth, A., *Jenny Marx. Die Biographie*, Berlín, Dietz, 2018.

— y Hecker, R., *Jenny Marx. Die Briefe*, Berlín, Dietz, 2014.

Lindner, K., *Marx, Marxism and the Question of Eurocentrism*, Londres, Palgrave, 2022.

Lombardo Radice, L., «Dai manoscritti matematici di K. Marx», en *Critica Marxista-Quaderni*, 1972, 6, pp. 273-286.

Luxemburg, R., *L'accumulazione del capitale*, Turín, Einaudi, 1960. [Hay trad. cast.: Luxemburgo, R., *La acumulación del capital*, Barcelona, Grijalbo, 1978].

Martínez-Alier, J., *Ecological Economics: Energy, Environment and Society*, Oxford, Basil Blackwell, 1987.

Matthew, H. C. G., *Gladstone: 1875-1898*, Londres, Clarendon Press, 1995.

McLellan, D., *Karl Marx*, Milán, Rizzoli, 1976. [Hay trad. cast.: McLellan, D., *Karl Marx: su vida y sus ideas*, Barcelona, Crítica, 1977].

Mehring, F., *Vita di Marx*, Roma, Editori Riuniti, 1966. [Hay trad. cast.: Mehring, F., *Carlos Marx*, Madrid, Cenit, 1932].

Meier, O. (eds.), *The Daughters of Karl Marx: Family Correspondence 1866-1898*, Nueva York, Harcoxurt Brace Jovanovich, 1982.

Melotti, U., *Marx and the Third World*, Londres, Palgrave, 1977.

Migliardi, G. (ed.), *Il populismo russo*, Milán, Franco Angeli, 1985.

Mohri, K., Marx and «Underdevelopment», en *Monthly Review*, XXX, 1979, 11, pp. 32-42.

Morgan, L. H., *La società antica. Le linee del progresso umano dallo stato selvaggio alla civiltà*, edición italiana a cargo de A. Casiccia, Milán, Feltrinelli, 1970. [Hay trad. cast.: Morgan, L. H., *La sociedad primitiva*, Madrid, Ayuso, 1975].

Moses, D., *The Promise of Progress: The Life and Work of Lewis Henry Morgan*, Columbia, University of Missouri Press, 2009.

Most, J., *Capitale e lavoro*, Milán, SugarCo, 1979. [Hay trad. cast.: Most, J., *Capital y trabajo*, México D. F., Extemporáneos, 1974].

Mulhall, M. G., «Egyptian Finance», en *The Contemporary Review*, XLII, 1882, pp. 525-535.

Musto, M. (ed.), *Sulle tracce di un fantasma. L'opera di Karl Marx tra filologia e filosofia*, Roma, Manifestolibri, 2005.

—, «La riscoperta di Karl Marx», en *Il Pensiero Politico*, XLI, 2008, 1, pp. 44-66.

—, *Ripensare Marx e i marxismi. Studi e saggi*, Roma, Carocci, 2011.

— (ed.), *Lavoratori di tutto il mondo, unitevi! Indirizzi, Risoluzioni, Discorsi e Documenti*, Roma, Donzelli, 2014.

— (ed.), *I Grundrisse di Karl Marx. Lineamenti fondamentali di critica dell'economia politica 150 anni dopo*, Pisa, Ets, 2015. [Hay trad. cast.: Musto, M. (ed.), *Los Grundrisse de Karl Marx. Fundamentos de la crítica de la economía política 150 años después*, Bogotá, Ediciones Fondo de Cultura Económica y Universidad Nacional de Colombia, 2018].

—, *L'ultimo Marx, 1881-1883. Saggio di biografia intellettuale*, Roma, Donzelli, 2016. [Hay trad. cast.: Musto, M., *Karl Marx, 1881-1883. El último viaje del Moro*, Buenos Aires, Siglo XXI, 2020].

—, *Another Marx: Early Manuscripts to the International*, Londres, Bloomsbury, 2018.

—, *Karl Marx. Biografia intellettuale e politica, 1857-1883*, Turín, Einaudi, 2018.

— (ed.), *Marx Revival. Concetti essenziali e nuove letture critiche*, Roma, Donzelli, 2019.

— (ed.), *Marx's Capital after 150 Years: Critique and Alternative to Capitalism*, Londres-Nueva York, Routledge, 2019.

—, «New Profiles of Marx after the *Marx-Engels-Gesamtausgabe (MEGA^2)*», en *Contemporary Sociology*, XLIX, 2020, 4, pp. 407-419.

— (ed.), *Rethinking Alternatives with Marx: Economy, Ecology and Migration*, Londres, Palgrave Macmillan, 2021.

— (ed.), *Marx and «Le Capital»: Evaluation, History, Reception*, Londres-Nueva York, Routledge, 2022.

— y Amini, B. (eds.), *The Routledge Handbook of Marx's «Capital»: A Global History of Translation, Dissemination and Reception*, Londres-Nueva York, Routledge, en prensa (2024).

Natalizi, M., *Il caso Černyševskij*, Milán, Bruno Mondadori, 2006.

Nicolaevskij, B. y Mänchen-Helfen, O., *Karl Marx. La vita e l'opera*, Turín, Einaudi, 1969. [Hay trad. cast.: Nikolaevskii, B. y Maenchen-Helfen, O., *La vida de Carlos Marx*, Madrid, Ayuso, 1973].

Nieuwenhuis, F. D., *Kapitaal en Arbeid*, La Haya, s. e., 1881.

Oittinen, V., *Marx's Russian Moment*, Londres, Palgrave, 2023.

Otani, T., Vasina, L., Vollgraf, C.-E., *Einführung*, MEGA², II, 11, pp. 843-905.

Payne, R., *Marx: A Biography*, Nueva York, Simon & Schuster, 1969. [Hay trad. cast.: Payne, R., *Marx. Su vida y su leyenda*, Barcelona, Bruguera, 1969].

Pereira, N. G. O., *The Thought and Teachings of N. G. Černyševskij*, La Haya, Mouton, 1975.

Perlman, S., «The Anti-Chinese Agitation in California», en J. R. Commons, D. J. Saposs, H. L. Sumner, E. B. Mittelman, H. E. Hoagland, J. B. Andrews, S. Perlman, *History of Labour in the United States*, II, Nueva York, Macmillan, 1918, pp. 252-268.

Peters, H. F., *Red Jenny: A Life with Karl Marx*, Nueva York, St. Martin's, 1986.

Pipes, R., «Narodnichestvo: A Semantic Inquiry», en *Slavic Review*, XXIII, 1964, 3, pp. 421-458.

—, *Struve: Liberal on the Left, 1870-1905*, Cambridge, Harvard University Press, 1970.

Poggio, P. P., *L'obščina. Comune contadina e rivoluzione in Russia*, Milán, Jaca Book, 1978.

Prawer, S. S., *La biblioteca di Marx*, Milán, Garzanti, 1978.

Rae, J., «The Socialism of Karl Marx and the Young Hegelians», en *The Contemporary Review*, XL, 1881, pp. 587-607.

Renehan, E. J., *Dark Genius of Wall Street: The Misunderstood Life of Jay Gould, King of the Robber Barons*, Nueva York, Basic Books, 2006.

Rjazanov, D., «Comunicazione sull'eredità letteraria di Marx ed Engels», en L. Goldmann, *L'ideologia tedesca e le tesi su Feuerbach*, Roma, Samonà e Savelli, 1969.

Rubel, M. (ed.), *Karl Marx/Friedrich Engels: Die russische Kommune*, Múnich, Hanser, 1972.

—, *Marx: Life and Works*, Londres, Macmillan, 1980.

—, *Marx critico del marxismo*, Bolonia, Cappelli, 1981.

—, *Karl Marx. Saggio di biografia intellettuale*, Milán, Colibrì, 2001. [Hay trad. cast.: Rubel, K., *Karl Marx. Ensayo de biografía intelectual*, Buenos Aires, Paidós, 1970].

Rühle, O., *Karl Marx: His Life and Work*, Dresde, Avalun, 1928. [Hay trad. cast.: Rühle, O., *Carlos Marx*, Santiago de Chile, Ercilla, 1934].

Said, E., *Orientalismo*, Milán, Feltrinelli, 2008. [Hay trad. cast.: Said, E., *Orientalismo*, Barcelona, DeBolsillo, 2002].

Sawer, M., *Marxism and the Question of the Asiatic Mode of Production*, La Haya, Martinus Nijhoff, 1977.

Shanin, T., «Late Marx: Gods and Craftsmen», en *idem* (ed.), *Late Marx and the Russian Road*, Nueva York, Monthly Review, 1983, pp. 3-39. [Hay trad. cast.: Shanin, T., «El último Marx: dioses y artesanos», en *idem* (ed.), *El Marx tardío y la vía rusa*, Madrid, Revolución, 1990, pp. 13-58].

Shannon, R., *Gladstone*, II, *1865-1898*, Chapel Hill, The University of North Carolina Press, 1999.

Smith, C., *Marx at the Millennium*, Londres, Pluto, 1996.

Sofri, G., *Il modo di produzione asiatico. Storia di una controversia marxista*, Turín, Einaudi, 1969. [Hay trad. cast.: Sofri, G., *El modo de producción asiático. Historia de una controversia marxista*, Barcelona, Ediciones Península, 1971].

Sperber, J., *Karl Marx: A Nineteenth-Century Life*, Nueva York, Liveright, 2013. [Hay trad. cast.: Sperber, J., *Karl Marx: Una vida decimonónica*, Barcelona, Galaxia Gutenberg, 2014].

Stenographische Berichte über die Verhandlungen des Reichstags, I, Berlín, 1882.

Swinton, J., *Karl Marx*, MEO, LXVI.

Tairako, T., «Marx on Capitalist Globalization», en *Hitotsubashi Journal of Social Studies*, XXXV, 2003, pp. 11-16.

Tible, J., *Marx Selvagem*, São Paulo, Autonomia Literária, 2018.

Tichelman, F., *Schriften aus dem Karl-Marx-Haus*, XXX, *Marx on Indonesia and India*, Tréveris, Karl-Marx-Haus, 1983.

Tsuzuki, C., *H.M. Hyndman and British Socialism*, Londres, Oxford University Press, 1961.

—, *The Life of Eleanor Marx, 1855-1898: A Socialist Tragedy*, Oxford, Clarendon Press, 1967.

Venturi, F., *Il populismo russo*, 3 vols., Turín, Einaudi, 1972; I, *Herzen, Bakunin, Cernysevskij*; II, *Dalla liberazione dei servi al nihilismo*; III, *Dall'andata nel popolo al terrorismo*. [Hay trad. cast.: Venturi, F., *El populismo ruso*, 2 vols., Madrid, Revista de Occidente, 1975].

Vesper, M., *Marx in Algier*, Pahl-Rugenstein Bonn, Nachfolger, 1995.

Vollgraf, C.-E., «Marx's Further Work on *Capital* after Publishing Volume I: On the Completion of Part II of MEGA²», en M. van der Linden y G. Hubmann (eds.), *Marx's Capital: An Unfinishable Project?*, Leiden, Brill, 2018.

Vorländer, K., *Karl Marx*, Florencia, Sansoni, 1948.

Vorontsov, V., *I destini del capitalismo in Russia*, San Petersburgo, s. e., 1882.

Wada, H., *Marx and Revolutionary Russia*, en T. Shanin (ed.), *Late Marx and the Russian Road*, Nueva York, Monthly Review, 1983, pp. 40-76. [Hay trad. cast.: Wada, H., «Marx y la Rusia revolucionaria», en T. Shanin (ed.), *El Marx tardío y la vía rusa*, Madrid, Revolución, 1990, pp. 59-99].

Walicki, A., *Controversy Over Capitalism: Studies in the Social Philosophy of the Russian Populists*, Oxford, Clarendon Press, 1969.

—, *Marxisti e populisti. Il dibattito sul capitalismo*, Milán, Jaca Book, 1973. [Hay trad. cast.: Walicki, A., *Populismo y marxismo en Rusia*, Barcelona, Estela, 1971].

Webb, D., *Marx, Marxism, and Utopia*, Aldershot, Ashgate, 2000.

Weissweiler, E., *Tussy Marx: Das Drama der Vatertochter*, Colonia, Kiepenheuer & Witsch, 2002.

White, J., *Marx and Russia: The Fate of a Doctrine*, Londres, Bloomsbury, 2018.

Wurmbrand, R., *Was Karl Marx a Satanist?*, Glendale, Diane Books, 1979.

Yanovskaya, S., «Preface to the 1968 Russian Edition», en K. Marx, *Mathematical Manuscripts*, Londres, New Park Publications, 1983, pp. VII-XXVI.

Índice onomástico